生活质量的测度：
方法与国外实践

SHENGHUO ZHILIANG DE CEDU FANGFA YU GUOWAI SHIJIAN

河南省高等学校哲学社会科学优秀著作资助项目

李冻菊 著

郑州大学出版社

图书在版编目（CIP）数据

生活质量的测度：方法与国外实践／李冻菊著. — 郑州：郑州大学出
版社，2022. 1

（卓越学术文库）

ISBN 978-7-5645-8012-4

Ⅰ.①生… Ⅱ.①李… Ⅲ.①生活质量 - 研究 Ⅳ.①C913.3

中国版本图书馆 CIP 数据核字（2021）第 138386 号

生活质量的测度：方法与国外实践

策划编辑	孙保营	封面设计	苏永生
责任编辑	郜 毅	版式设计	凌 青
责任校对	席静雅	责任监制	李瑞卿

出版发行	郑州大学出版社	地　　址	郑州市大学路 40 号（450052）
出版人	孙保营	网　　址	http://www.zzup.cn
经　销	全国新华书店	发行电话	0371-66966070
印　刷	河南文华印务有限公司		
开　本	710 mm×1 010 mm　1 / 16		
印　张	23.25	字　　数	385 千字
版　次	2022 年 1 月第 1 版	印　　次	2022 年 1 月第 1 次印刷

书　号	ISBN 978-7-5645-8012-4	定　　价	116.00 元

本书如有印装质量问题，请与本社联系调换。

目录

1

上篇　测度的方法

第一章

生活质量测度的方法

一、生活质量的概念

1958年，美国经济学家加尔布雷思（John Kenneth Galbraith, 1908—2006）①在他的著作《丰裕社会》中首次提出了"生活质量"（quality of life, QOL）概念。在加尔布雷思看来，生活质量的本质是一种主观体验，它包括个人对于一生经历的满意程度，内在的知足感以及在社会中自我实现的体会。此后，生活质量研究与社会指标运动相结合，受到了社会学、心理学和经济学等多个学科研究者的关注，并逐渐分化为两大研究取向：客观生活质量（objective quality of life）研究和主观生活质量（subjective quality of life）研究。客观生活质量研究总体上坚持的仍然是西方国家17世纪以来的经济和社会报告传统，只是在侧重点上更倾向于社会的全面进步和人与环境的协调发

---

① 约翰·肯尼思·加尔布雷思，美国经济学家和政府官员。新制度学派的领军人物。出生于加拿大安大略省，曾就学于多伦多大学安大略省农学院（现圭尔夫大学），1934年在加州大学伯克利分校获博士学位。在新政和第二次世界大战期间，在政府任多种重要职务。1949—1975年重返哈佛大学教书，依然活跃于公共事务上，担任约翰·肯尼迪总统的顾问及驻印度大使（1961—1963）。其具有影响力的自由派著作（常因文字优美受到赞扬）检验了美国资本主义和消费主义的强弱。在《丰裕社会》（1958）中，他要求少强调生产，多注意公用事业。在《新工业国家》（1967）中，他呼吁用知识上和政治上的新措施解决美国经济竞争衰减的问题，展示了美国"管理的"资本主义和社会主义之间日益增多的相同点。

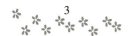

展。而主观生活质量研究则侧重于对人们的态度、期望、感受、欲望、价值等方面的考察，着眼于人们的幸福体验，这一研究取向常常被称之为"主观福利"（subjective well-being）研究。加尔布雷思在 1960 年发表的美国《总统委员会国民计划报告》（Presidential Council National Plan Report）和美国社会学家鲍尔主编的《社会指标》文集中正式提出生活质量这个专门术语。此后，生活质量逐渐成为一个专门的研究领域。

　　20 世纪 60—70 年代，美国学者对生活质量的测定方法及指标体系做了大量研究。70 年代以后，生活质量研究相继在加拿大、西欧和东欧以及亚洲和非洲的一些国家展开。80 年代初，中国开始结合国情对生活质量指标体系及有关问题进行研究。进入 21 世纪，法国时任总统尼古拉·萨科齐（Nicolas Sarkozy）聘请约瑟夫·斯蒂格里茨（Joseph Eugene Stiglitz）[①]、阿马蒂亚·森（Amartya Sen）和让-保罗·菲图西（Jean-Paul Fitoussi）组建了"经济表现和社会进步测度委员会"。2009 年，该委员会的专题报告《对我们的生活误测：为什么 GDP 增长不等于社会进步》（*Mismeasuring Our Lives: Why GDP Doesn't Add Up*），较为系统地梳理和总结了经济测度方法，GDP 统计、生活质量测度和可持续发展测度成为其三大内容。2014 年又由约瑟夫·斯蒂格里茨、让-保罗·菲图西和玛蒂娜·杜朗（Joseph Eugene stiglitz, Jean-Paul Fitoussi and Martine Durand）领衔建立了"经济表现和社会进步测度高级专家组"（High Level Group on the Measurement of Economic Performance and Social Progress），2018 年由 OECD（经济合作与发展组织）出版了新的经济测度报告，分为两部：《超越 GDP：测度经济表现和社会进步的决定因素》（*Beyond GDP: Measuring What Counts for Economic and Social Performance*）和《改善测度的推进研究：超越 GDP 的福利指标》（*For Good Measure:*

---

　　① 约瑟夫·斯蒂格里茨，美国经济学家，美国哥伦比亚大学校级教授，哥伦比亚大学政策对话倡议组织（Initiative for Policy Dialogue）主席。他于 1979 年获得约翰·贝茨·克拉克奖（John Bates Clark Medal），2001 年获得诺贝尔经济学奖，他的重要贡献使得 IPCC 获得 2007 年诺贝尔和平奖。1993 年至 1997 年，任美国总统经济顾问委员会成员及主席；1997 年至 1999 年，任世界银行资深副行长兼首席经济学家；2011 至 2014 年，任国际经济学协会主席。2014 年 12 月，著文《中国世纪从 2015 年开始》，提前出版的美国《名利场》杂志 2015 年 1 月号刊登诺贝尔经济学奖得主斯蒂格利茨的这篇文章，引起全世界的关注和争论。

Advancing Research on Well-being Metrics Beyond GDP）。两本书都涉及生活质量的测度和各国实践。

对于"生活质量"这个最基本的概念,目前存在着三种不同的理解,从而导致对生活质量的测度和评价上,也相应存在三种不同的方法。第一种理解是把生活质量定义为社会中人们客观生活条件的综合反映,即"所谓生活质量,就是指一定经济发展阶段上人口生活条件的综合状况,即是生活条件的综合反映"①。这种说法主要是从影响人们物质生活和精神生活的客观条件方面来理解生活质量,将其作为反映人们生活状况、生活条件、生活水平,同时也反映社会发展程度的社会指标;学者们在测度和评价这种意义上的生活质量时,主要运用衣、食、住、行等反映人们生活条件的客观指标。第二种理解是把生活质量定义为人们对于生活总体水平和各种客观生活条件的主观评价,看作人们对生活的总体满意度以及对生活各方面的满意度。美国社会学家林南教授等人(1987)认为,生活质量是对于生活及其各个方面的评价和总结。这种说法是从人们的主观感受方面来理解生活质量,因而学者们在研究中主要采用反映人们对生活满意程度的主观指标来测度和评价生活质量。第三种理解是将上面两种理解结合起来进行考虑,认为生活质量是由反映人们生活状况的客观条件和人们对生活状况的主观感受两部分组成。生活质量中既包含客观条件,又包含主观评价,因而,在对生活质量进行测度和评价时,应该既有反映生活条件的客观指标,又有反映人们满意程度的主观指标。

二、相关概念解析②

在英文文献中,与生活质量、主观福利、生活满意度等概念相对应的英文分别是 quality of life, subjective well-being(SWB), life satisfaction。至于"主观福利"的研究,则主要是从心理学视角出发来探讨主观福利、测度主观福利所形成的一个相对专门的心理学领域。应该看到,主观福利虽然与人们的生活质量有关,但它与生活质量却并不是同一件事情。美国研究主观

---

① 冯立天:《中国人口生活质量研究》,北京经济学院出版社1992年版,第64-65页。
② 风笑天:《生活质量研究:近三十年回顾及相关问题探讨》,《社会科学研究》,2007年第6期,第4-5页。

福利的著名心理学家埃德·迪纳(Ed Diener)①认为,作为心理学的专门术语,主观福利专指评价者根据自定的标准对其生活质量的整体性评估。主观福利由三个不同维度组成:正面感受、负面感受和生活满意度。生活满意度是主观福利的关键指标,作为认知因素,是更有效的肯定性衡量标准,是独立于正面感受和负面感受的另一个因素。可以看出,主观福利中包含了生活满意度,这样,生活满意度又成了主观福利的一个测量指标。总之,源自社会学的生活质量研究和源自心理学的主观福利的研究,都将"生活满意度"作为自己的内涵和测度指标,正是在"生活满意度"上二者形成了交叉、发生了联系。

尽管如此,二者鲜明的学科背景所体现的研究视角和研究方法,特别是二者探讨问题的出发点和归属点,仍然存在着非常明显的差别。应该注意到,同样作为人们的主观感受,主观福利与生活满意度之间仍然存在着相当大的差别。概括地说,主观福利是人们的一种满足的、满意的、愉悦的、快乐的心理和情绪的感受。而"生活满意度"则是人们对生活各方面的"理想状态"与"现实状况"之间差距的主观认知和评价。它是人们对于"生活应该如何"与他们所看到的"生活实际如何"之间差距的一种主观反映。二者是从不同的侧面和角度来反映人们对自我生存状态的主观感受。由于这种差别,主观福利研究实际上更多的是从人们的心理感受角度,来衡量人们对生活的幸福感觉,虽然这种感觉与人们对生活的满意度有一定关系,但它主要还是一种情感层面的体验和评价。而人们对生活的满意度则主要是一种认知层面的评价。作为认知层面的评价,它比情感层面的评价相对稳定、相对长久,也相对理性;相比之下,情感层面的评价则往往更加感性、更为短暂,也更容易变化。因此,要真正全面地研究人们的主观生活质量或许应该同时包括这二者的内容。

经济学家测度人类福利所遵循的传统方法着重于个体所控制的资源,这些资源通常以货币收入或资产或其消费的商品和服务来评估。人类福利

---

① 埃德·迪纳,美国伊利诺伊大学心理学系终身教授,也是国际上享有盛誉的幸福学研究的创始人之一,曾提出过国民幸福指数(gross national happiness)的概念。迪纳因为在这方面的基础研究而被称为"幸福博士"。他曾与丹尼尔·卡尼、马丁·塞利格曼一起工作过。

取决于人们能够使用什么样的资源,而且人们将资源转化为美好生活的能力也因人而异,因此将收入、财富和消费测度的指标纳入生活质量的非货币方面可起到重要作用。测度指标的多样性,以及缺少明确指标来比较各方面的发展,构成了这些指标的主要优点和不足。在考虑如何更好地测度生活质量时,我们有必要选择一些方法论标准。首先,要强调什么对人们的日常生活和发展的环境是重要的,而且把个体作为分析的基本单位,并不意味着忽视群体和制度,而是要根据对参与者的生活质量带来的影响进行评估。这个观点也意味着我们需要着眼于各种人类活动的"最终结果",同时认识到对于他们的生活来说,他们所参与的活动都是重要的活动。其次,我们要承认人类生存状况的多样性和不平等性。这种多样性意味着社会福利取决于塑造人们生活的各种活动的总体水平,以及其如何在社会中分配。再次,生活质量取决于各种因素,但是没有任何一个因素绝对优于其他因素。生活质量的多样性增加了分析的复杂性,并引起了一些测度方面的问题。如何描述这些指标(如以原始形式描述或采用其他方式对其进行标准化)、是否将这些指标合并为一个指标体系以及如何合并,对于这些问题不同的人和不同的国家会有不同的看法。最后,我们关注的重点是当前的生活质量而不是后代的生活质量,而且生活质量的可持续发展是一个重要研究课题。在思考和测度生活质量方面,2010 年,以约瑟夫·斯蒂格利茨(Joseph Eugene Stiglitz)为首的"经济表现和社会进步测度委员会"发表了《对我们的生活误测:为什么 GDP 增长不等于社会进步》(*Mismeasuring Our Lives：Why GDP Doesn't Add Up*,Joseph Eugene Stiglitz、Amartya Sen and Jean-Paul Fitoussi,简称 SSF 报告),该报告总结了三种概念性方法:主观福利观、可行能力观和公平分配观。

三、生活质量测度的三种概念性方法

(一)主观福利观

1. 福利概念

什么是福利? 福利是指幸福。一般而言人们对福利有两种解释:第一种是认为福利的要素是一些意识形态,或者说是意识形态之间的关系;第二种是认为福利可以"置于较大或较小的范畴之下"。显然,第一种"福利"也称为广义福利，即社会福利，它包含的内容不仅仅是物质财富，也包含了知识、情感等主观的东西，但这种福利我们无法具体地研究，因为我们无法对它进行测量。第二种"福利"也称为狭义福利，即"经济福利"，它构成了福利经济学的研究对象和范围。经济福利可以测量，因为它是与货币直接挂钩的，可以将其表示为一定量的货币进行比较、选择。

最初，人们将"福利"等同于物质上的富裕程度，因而"经济增长率"也就成为评价社会进步的主要标准。随着以单纯的经济增长来衡量"福利"的局限性日益明显，"生活质量"概念逐渐取代了原来的社会目标，并成为在20世纪60年代中期到70年代早期明显被普遍认同和频繁使用的分析社会福利的概念指标。物质财富的增加作为社会发展的唯一目标被多维度的生活质量概念取而代之，后者不仅包含了福利的经济内涵，还包含了像健康、社会关系和自然环境的质量等影响人们生活条件的非经济要素。并且，它不仅包含了客观的生活条件，而且还纳入了主观福利。"福利的外延不易把握，SSF报告采用'经济福利'这个限制，并将其与'生活质量'等同使用。至于福利与经济福利究竟有什么区别，SSF报告语焉不详。"①SSF报告特别强调当下福利与未来福利的区别，即应该将生活质量测度与可持续发展测度加以区分。"从测度可行性与数据质量角度看，这种区分是相当必要的。经济测度总会面临各种约束，将比较有把握的测度与把握不大的测度分开，是对数据用户负责任的体现，也是对经济测度的一种敬畏。"②

第一种方法的出现与心理学研究密切相关，它是以主观福利的理念为基础的。一种悠久的哲学观点认为，个体是自身生活状况的最佳评判者。在经济学中，这种方法与功利主义传统紧密相连，功利主义传统认为，生活质量只反映每个人的主观状态。由于强烈假设建立在主观自述基础上，其吸引力更为广泛，世界范围内古代和现代文化使人们对他们生活"幸福"和"满意"是人类存在的普遍目标。仅仅在几年前，测量人的主观状态的想法还显得不协调。今天，一些方法对于主观福利加以系统量化。量化后的方法的优点在于它的简单性：依靠人们自己的判断是一条捷径，并有可能提供

---

① 邱东：《经济测度逻辑挖掘：困难与原则》，科学出版社2018年版，第56页。
② 同上。

一种自然的方式,以反映人们自己的偏好的方式汇总各种体验。此外,这种方法还可以反映人们对生活中重要的事情的看法的多样性。

2.主观福利的测度

关于测度生活质量的主观福利(subjective well-being,SWB)测度方法,在最近讨论中已经十分突出,但这种流行也产生了一些模棱两可和误解。其中最突出的假设是,主观福利的所有维度都可以以某种方式简化为"幸福"的单一概念。实际上,正如埃德·迪纳(1984)所说,主观福利最好理解为包含三个独立的方面:生活满意度(即一个人在特定时间点对自身生活状况的总体判断)、正面感受、负面感受。

(1)主观福利的三个独立方面。生活满意度(认知评价),即一个人在特定时间点对自己生活的总体判断。正面感受(或情感),即每时每刻的正面情绪(如感受幸福和快乐或活力)。负面感受(或情感),即每时每刻的负面情绪(如感到愤怒、悲伤或沮丧)。

生活满意度、正面感受和负面感受是主观福利的独立方面,符合不同的生活质量观。对整个生活(以及工作、住房和家庭生活等特定领域)的满足感包括对一个人生活状况的评估性判断,这需要付出努力并记住过去的经历。相反,正面感受和负面感受需要实时测量人们所经历的享乐体验,或在这些体验发生后不久进行测量。

主观福利的这三个方面是不同的。那些经历过不愉快感觉或身体痛苦的人如果珍惜他们认为对社会或其他个人目标做出的贡献,他们仍然可能对自己的生活非常满意。同样,正面感受的存在并不意味着负面感受的缺失。在个体之间,生活满意度和正面感受之间的相关性仅为0.40左右;即使调整了生活满意度和情绪报告的每日变化因素后,这种相关性仍然低于0.60(艾伦·克鲁格等人,2008)①。不同的负面感受指标(如愤怒和悲伤)之间的相关性在个体层面上也较低。

主观福利的哪一方面更重要以及为什么重要,仍然是悬而未决的问题。

---

① Krueger, Alan. B., D. Kahneman, D. Schkade, N. Schwarz and A. Stone (2008), "National Time Accounting: The Currency of Life", NBER, forthcoming in A. B. Kruger (ed.), Measuring the Subjective Well-being of Nations: National Accounts of Time Use and Well-Being, University of Chicago Press, Chicago.

大量证据表明：人们在他们的行为选择中获得满意，这些选择建立在回忆和评价基础上。这些回忆和评价也能导致系统误差，导致在许多领域的选择不能改善人们的生活质量。无论如何，当考虑人们行为时忽略人们的瞬间感觉是有问题的：有的选择是无意识做出的，并未权衡各种替代的利弊。有时依赖于别人当前的体验比起依赖于预测自己未来的情感（丹尼尔·吉尔伯特，2005）[1]做出的选择会更好，通过更好的选择提高自身福利。对健康有较大影响的主观福利方面的问题同样没有解决，一些研究结果表明正面情感的存在比没有负面情感（忧郁除外，丹尼斯·贾尼基-德威茨等人，2007[2]；谢尔登·科恩等人，2006[3]）对健康更有决定意义。

（2）测度方法。主观福利每一个方面需要用更合适方法测度，由于不同调查问题可能导致不同的结果。

有些代表性调查已经搜集了生活评价的数据。在一些情况下（比如，每一轮的世界价值观调查），这些测度根据定性反应，如对自己生活感觉"十分"或者"相当"快乐，或是衡量生活满意度的其他量表。但是，基于定性反应类别的结果可能受到限制跨国可比性的偏见的影响。相反，使用带有明确参考点的视觉量表（生活阶梯）更有效地从不易受可比性问题影响的受访者那里获得认知评价。即使这种表达方法也不能保证答案的完全可比性，因为参考点可能因时间和人的不同而不同（安格斯·迪顿，2008）。[4]

---

① Gilbert, D. (2005), Stumbling on Happiness, Vintage Books, New York. 丹尼尔·吉尔伯特（Daniel Gilbert），哈佛大学哈佛学院心理学教授。他出色的教学和研究工作曾经为他赢得了众多荣誉，其中包括美国心理学青年科学家杰出贡献奖。

② Janicki-Deverts, Denise, S. Cohen, W. J. Doyle et al. (2007), "Infection–induced proinflammatory cytokines are associated with decreases in positive affect, but not increases in negative affect", Brain Behavior and Immunity, 21 (3). 丹尼斯·贾尼基-德威茨（Denise Janicki-Deverts）解释称："我们认为拥抱是一种表达关照、关心和喜爱的方式，一般也是来自信任的人，所以利用这种社会支持系统，可能会让你少生病。"

③ Cohen, Sheldon, C. M. Alper, W. J. Doyle, et al. (2006), "Positive emotional style predicts resistance to illness after experimental exposure to rhinovirus or influenza A virus", Psychosomatic Medicine 68 (6). 谢尔登·科恩（Sheldon Cohen）博士指出，虽然在这项研究中尚无实物证据，但结果却很明显：得到自己信任的人的拥抱，或许有助于提高一个人的健康感，从而避免生病。

④ Deaton, A. (2008), "Income, Health and Well–Being around the World: Evidence from the Gallup World Poll", Journal of Economic Perspectives 22 (2): 53–72.

根据每个人在事件发生的进行实时或短时间内的报告来衡量享乐体验。这些指标数据的收集频率比较低。事实上,用于实时收集享乐体验数据的金标准方法(经验抽样)从未应用于具有代表性的人群样本,原因是经验抽样负担沉重①。收集享乐体验数据的替代方法,例如日重现法②的电话方法,实施起来成本较低,并且应该加大运用代表样本实施的这些方法的投资。同样重要的是,情感的多个维度——如感到快乐、悲伤、愤怒、疲惫或痛苦——应该分开测量,因为它们是不同的情感,并且这些测量是定期收集的,以便评估随着时间的推移而发生的变化。

　　主观福利三个方面的数据已经通过若干调查获得。例如,盖洛普世界民意调查(Gallup World Poll,GWP)是一项全国性的代表性调查,分布在140多个国家,旨在更好地评估人们的体验和福利。关于生活评价的问题是基于(0~10)的生活阶梯量表,调查还包括关于前一天经历的正面和负面感受的问题。在经合组织国家中,平均生活评价与正面情感的平均普遍程度呈正相关(0.67),而正面情感和负面情感的普遍程度之间为负(−0.26)。但是,在这两种情况下,各国之间存在着很大的差异,换言之,一个国家的大多数人自述的生活满意度高并不意味着正面情感的普遍程度高,而正面情感的普遍程度高也可能伴随着负面情感的普遍程度高。

　　随着研究的进展,很可能会制定和衡量主观福利的其他方面。从这个意义上说,生活满意度和享乐体验对主观福利的描述是不完整的。尽管如此,它们包含的信息没有反映在其他常用的指标(如收入)中。它们强调了生活在每个国家的人们的模式,这些模式与基于收入衡量的模式截然不同。例如,在大多数发达国家,青年人和老年人的生活满意度高于壮年人(安德

---

　　①　"体验样本"是指技术上涉及参与者一天生活期间经历的记录;体验样本有时更广泛地应用于指定所涉及的任何程序:在自然环境中评价体验、事件发生后不久所报告体验的测度、重复事件的测度。该方法一个具体应用是使用参与者针对随机信号或者一天里确定的时间提供的报告。

　　②　日重现法(Day Reconstruction Method,DRM)就是根据一定问题的框架,引导被测试者回忆、再现一天中有关快乐与幸福的状态,并对这种状态进行评估的测评方法。DRM结合"时间预算法"和"体验取样法"(Experience Sampling Method,ESM)来评估人们如何花费他们的时间、如何体验他们生活中各种不同的活动和安排。参加者利用专门为减少回忆偏差而设计的程序系统地重现他们一天的活动和体验。

鲁·奥斯瓦德,1997)①,这种模式与同一群体的收入水平形成鲜明对比(人们的收入在壮年之前会先上升,然后在退休后下降)。这表明,作为其他指标的补充,这些指标可以在衡量个人和群体的生活质量方面发挥有益的作用。

(3)具有不同决定因素的不同方面。对主观福利的研究最有吸引力的承诺之一,是不仅要提供一个良好的生活质量水平的衡量标准,而且要更好地理解其决定因素,因为它受到各种客观特征(如收入、健康状况和教育)的影响。最相关的一组决定因素将取决于主观福利的哪个方面。例如,就个人而言,家庭收入和婚姻状况等生活环境指标与生活满意度的关系比正面或负面情感的关系更为密切,而工作时间压力等日常体验特征与情感的关系比(工作)满意度的关系更为密切。同样的结论适用于所有国家。例如,在盖洛普组织对130多个国家进行的抽样调查中,人们的收入与其个人生活阶梯得分之间的相关性为0.46;从全国平均阶梯得分和各国人均 GDP 来看,也发现了类似的相关性。相比之下,(无论是在国家内部还是国家之间)收入和情感之间的相关性要低得多,世界各地(由文化和地理定义)对生活阶梯得分的影响由 GDP 调节,但文化也直接影响情感的表达。

在考虑主观福利的决定因素时,这些衡量标准的一个重要特征就是适应性。有一种观点认为,每个人都有一个遗传形成的人格,对主观福利的各个方面都有一定的"设定点"。在这种观点下,外部环境的变化可能导致主观福利的暂时变化,但随后的适应总是会迫使主观福利回到每个人的设定点。尽管这种对人性的解读表明,政策对改善人类生活质量的作用微乎其微,大多数支持这一观点的人现在似乎倾向于认为适应性还不够彻底。即使是部分适应性也会影响主观福利的测量,因为"快乐水车"②使情感和评价

---

① Oswald, Andrew. J., "Happiness and economic performance", Economic Journal, 1997:107.

② 快乐水车(hedonic treadmill)是指收入增长,但快乐却不相应增长,即所谓的"有钱不快乐"现象。传统以 GDP 为核心的统计,建立在效用最大化假设的基础上,认为有钱就快乐,增长就幸福。卡尼曼、黄有光、奚恺元等行为经济学家的研究却一致表明,经济和社会发展到一定阶段,物质和货币的增长与幸福和快乐的关系就渐行渐远了,人们的快乐和幸福,越来越多地表现为对事物的体验,而不是事物本身。因此,单单产品和劳务的增加并不能增加幸福。

对客观生活条件有一定的免疫力。这本身并不是衡量标准的弱点,而且很好地反映了人性的一个基本特征(即适应性和弹性)。它还表明,基于主观福利的衡量标准可能不足以进行所有社会评价,尤其是当那些持续被剥夺的人的愿望和期望适应他们认为可行的情况时:如果一个人有更高的生活标准,可能对更好的生活会不太满意;类似地,当标准的发展方式与实现方式相同时,任何社会阶层的满意度水平都将保持大致稳定,无论形成生活质量的客观特征发生了什么变化。①

主观福利的另一个决定因素引起了许多研究和争议,它与同群效应②和相对比较的重要性有关。伊斯特林的观察推动了这一领域的讨论,他认为,

---

① 结合关于生活满意度测量有效性的其他证据,适应方面的广泛证据向我们表明,主观福利主要不是收入和消费机会的问题(Daniel Kahneman and Alan B. Krueger, 2006)。这一结论使得生活满意度更难成为一个一致的生活质量指标,因为许多人反对心理舒适是生活中最重要的观点。

② 同群效应(peer effects or peer group effects)是指一个人处于某个群体中,他的行为和结果受到周围人群行为和特征的影响,而影响他的人是和他处于平等地位的"同群者"(peers)。同群效应较多地应用于教育学,目前,在反贫困、种族隔离、降低药物和酒精滥用情况等方面的研究也有所运用。

收入和物质繁荣的长期增长并没有带来类似的生活水平的改善（即伊斯特林悖论①）。解释这一悖论的一种方法是，假设一个社区内的收入相对于其他人的增长对这些生活评价的影响大于全国绝对收入的改善。探索更好的主观福利指标有助于消除一些持久的争论。最近研究的一个重要结果是，伊斯特林悖论不适用于全球一级生活评价的跨国比较（史蒂芬·贝森和贾斯汀·沃尔弗斯，2008；安格斯·迪顿，2008）。其观点包括：人均 GDP 水平较高的国家确实有更高的生活评价；生活评价与 GDP 对数之间的关系大致呈线性关系（即除了两个变量之间的对数线性关系隐含的平稳性之外，在较高的收入水平上它不会趋于平稳）；国家一级的 GDP 与生活评价的平均分数之间的关系类似于适用于每个国家的个人收入和他们自己的生活评价的关系。

类似地，在 18 个国家中，埃德·迪纳和丹尼尔·卡尼曼（Ed Diener and Daniel Kahneman）发现，GDP 的变化与相隔 30 年左右的生活阶梯得分变化

---

① 伊斯特林悖论，又叫伊斯特林反论、伊斯特林逆论，是由美国南加州大学经济学教授理查德·伊斯特林（R. Easterlin）在 1974 年的著作《经济增长可以在多大程度上提高人们的快乐》中提出，即：通常在一个国家内，富人报告的平均幸福和快乐水平高于穷人，但如果进行跨国比较，穷国的幸福水平与富国几乎一样高，其中美国居第一，古巴接近美国，居第二。伊斯特林悖论另外又称为"幸福—收入之谜"或"幸福悖论"。现代经济学是构建于"财富增加将导致福利或幸福增加"这样一个核心命题之上的。然而，一个令人迷惑的重要问题是：为什么更多的财富并没有带来更大的幸福？而这就是"幸福—收入之谜"或"幸福悖论"的表现。伊斯特林悖论的理论解释：伊斯特林悖论的解释存在各不相同的多种理论。这些理论大体上可以分为两类：一类是"忽视变量"理论。这些理论认为，经济学仅关注收入、财富和消费，而忽略了影响人们幸福的其他许多重要因素，包括：激励与创造、健康、政治参与、社会渴望、自由、利他主义的丧失、不平等、社会资本的减少和地位外部性。特别是，如果这些非经济因素与收入、财富和消费等经济因素呈负相关时，那么随着 GDP 的增长，许多影响幸福的非经济因素会下降，从而在不同程度上抵消经济因素带来的正面作用，于是就可能出现收入增加了而人们的幸福没有相应增加的"幸福悖论"。另一类理论注重的是"比较视角"。这类理论包括相对收入理论、参照组理论或攀比理论。这些理论从收入本身出发，认为个人效用与自己的收入水平正相关，但与社会的平均收入水平（攀比水平）负相关；当社会变得更富裕时，攀比水平随之提高，导致收入—幸福曲线下移，从而使得总效用水平保持不变。罗伯特·弗兰克（Robert Frank）的"相对消费理论"为该领域经济学家的工作提供了一个参照点。在弗兰克看来，一个人的主观福利与其相对地位有关。这就产生了一个零和（zero-sum）地位竞争：一人受罚，大家无趣。因此，地位竞争仅仅导致个人福利的再分配，而作为一个整体的社会的幸福并没有增加。

之间的相关性为 0.58;此外,在这两个时间点上,国家生活阶梯得分对 GDP
的回归几乎完全相同。这表明,"'美好生活'标准"不仅在各国共享,而且随
着时间的推移也非常稳定。但是,其他研究人员根据主观福利的不同衡量
标准、不同的调查和国家的不同选择,提供了相对收入重要性的证据(埃尔
佐·卢特默,2005[1];安德鲁·克拉克、保罗·弗里斯特和迈克尔·希尔兹,
2007,[2]约翰·海利韦尔,2008[3];理查德·莱亚德等人,2008[4];罗伯特·弗兰
克,2008[5])。此外,伊斯特林悖论可能仍然适用于情感,这意味着,随着国家
越来越富裕,人们不一定会认为负面情绪的普遍程度较低,或正面情绪的普
遍程度较高。一般来说,随着更好的数据的出现,关于收入如何影响幸福感
的争论可能会继续下去。由埃德·迪纳(1984)[6]、拉菲尔·迪特拉等人(Di

① Luttmer,Erzo. (2005),"Neighbors as negatives; relative earnings and well-being",
Quarterly Journal of Economics,August,120(3). 邻居越富,自己的心情越差,与富人住在一
起,会引发失望情绪,而且会对邻居产生嫉妒心理,你的心情会比搬家前更糟糕。这被称
之为"邻居的负面影响"。美国研究人员对邻里关系进行了长达两年的研究后认为,不能
"赶上邻居的生活水平"是导致产生不幸福感的一个主要原因,参与这项研究的哈佛大学
经济学教授埃尔佐·卢特默说:"我们的幸福与我们邻居的富裕程度成反比,如果你被富
有的邻居包围着,你就会感觉不幸福。"这一研究解释了一个被称为"海辛丝·巴凯特现
象"的理论,这一现象来自英国广播公司的系列剧《保住面子》(Maintenance of Face)里的
中产阶级家庭主妇:一个叫巴凯特的妇女老是喜欢观察她的邻居们,看一看他们又有什
么收获,但她会因此感觉不舒服,而同时她在穷邻居面前又有着强烈的优越感。卢特默
说:"如果我们的邻居都是些穷人,那么,我们的欲望也会低;反之,如果邻居们都比我们
富有,我们就会把自己的标准提高,一旦达不到目标,那种失败感可想而知。"

② Clark,Andrew E.,Paul. Frijters and Michael A. Shields (2007),"Relative income,
happiness and utility: an explanation for the Easterlin paradox and other puzzles",Journal of E-
conomic Literature,vol. 46,no. 1,March.

③ Helliwell,John F. (2008),"Life Satisfaction and Quality of Development",working
paper 14507,National Bureau of Economic Research,Cambridge.

④ Layard,R.,G. Mayraz and S. Nickell (2008),"Does Relative Income Matter? Are
the Critics Right?",paper prepared for the conference on well-being at Princeton University,
October.

⑤ Frank, Robert H. (2008), "Should public policy respond to positional
externalities?",Journal of Public Economics,No. 92.

⑥ Diener,E. (1984),"Subjective Well-Being",Psychological Bulletin,93:542-575.

Tella et al. ,2003)[1]和贾斯汀·沃尔弗斯（Justin Wolfers,2003）[2]提供的除了收入之外的一系列因素影响着生活评价的结果。这些因素既包括个人特征（年龄、性别、婚姻状况、对腐败的看法和社会支持的可获得性），也包括宏观经济和环境影响（通过已经在个人层面上包括的变量的全国平均值来衡量）。但是，仍然存在许多困惑，包括至少在某些情况下，受访者的健康状况似乎不会影响他们的生活满意度（安格斯·迪顿，2008；安格斯·迪顿、简·福特森和罗伯特·托尔托拉，2008[3]）。换言之，主观福利的调查指标并不总是以我们期望的方式表现出来，以便让我们在表面上信任它们。

所有关于主观福利的研究都一致认为，其中一个方面涉及与失业相关的高人力成本。即使在控制低收入之后，失业者自述的生活评价也低于就业者，这种模式既适用于观察横截面数据（安德鲁·克拉克和安德鲁·奥斯瓦德，1994[4]；戴维·布兰奇弗劳，2008[5]），也适用于跟踪同一人（莉莉安娜·温克尔曼和雷纳·温克尔曼，1998[6]）。这种模式表明，失业存在着非货币代价，如失去友谊、价值和地位）。还有证据表明，高失业率也对保住工作的人产生不利影响，欧洲国家失业者和就业者之间的生活满意度差距略有增加（拉菲尔·迪特拉等人，2003）。大量欧洲人和非欧洲人样本的证据也表明，失业者比就业者感到更多的悲伤、压力和痛苦（艾伦·克鲁格和安德烈亚斯·穆勒，2008[7]）。其中在找工作和看电视时，悲伤情绪尤其高（通常在时

---

① Di Tella,Rafael,R. J. MacCulloch,and A. J. Oswald（2003）,"The macroeconomics of happiness",Review of Economics and Statistics,85(4).

② Wolfers,Justin.（2003）,"Is business cycle volatility costly? Evidence from surveys of subjective wellbeing",International Finance,6(1).

③ Deaton,Angus,Jane Fortson and RobertTortora（2008）,"Life（evaluation）,death and HIV/AIDS in Africa",Research Program in Development Studies,Princeton.

④ Clark,Andrew. E. and A. J. Oswald（1994）,"Unhappiness and unemployment",Economic Journal,104.

⑤ Blanchflower,D. G. ,& Oswald,A. J.（2008）. Is well-being U-shaped over the life cycle? Social Science & Medicine,66,1733-1749.

⑥ Winkelmann,liliana,and Rainer Winkelmann（1998）,"Why are the unemployed so unhappy? Evidence from panel data",Economica,65.

⑦ Krueger,A. B. and Andreas I. Mueller（2008）,"The Lot of the Unemployed：A Time Use Perspective",paper prepared for the LoWER conference "Institutions,market and European Unemployment Revisited",Oxford.

间利用调查中被归类为"闲暇"活动）。一些研究还发现，就对主观福利的影响而言，失业比通货膨胀代价更高（戴维·布兰奇弗劳，2008）：尽管对其中一些研究结论的稳健性存在一些争论，但它们确实初步表明，经济衰退的代价（就高失业率而言）可能超过了"痛苦指数"（即失业率和通货膨胀率之和）等更为传统的宏观经济指标所衡量的代价。

研究主观福利的决定因素的一个普遍困难是区分因果关系和相关关系。例如，失业者对总体的生活评价较低，可能是因为失业的经历降低了这些评价（在这种情况下，失业会影响生活评价）；或者，对生活评价较低的人更有可能辞职或失业时间更长（在这种情况下，认知评价会影响失业）；或者，受精神疾病（一种性格特征）影响较大的人工作不稳定，生活评价比其他人低（在这种情况下，第三个因素影响认知评价和失业经历）。同样的困难也适用于研究本章讨论的生活质量（例如健康）的其他特征的决定因素。

3. 主观福利概念方法的评价

主观福利所有指标的一个内在局限性是，自我评价的数据无法与相同现象的客观指标进行验证，原因很简单，这些现象没有明显的外部基准。但是，间接尝试验证主观福利指标，例如，通过将人们的自述主观幸福感与人们微笑的频率和强度或与其他人提供的自我评价进行比较，确实证实了这些主观指标相对于这些基准具有一定的有效性（艾伦·克鲁格 et al.，2008）。从证据中可以得出类似的结论：许多将主观福利指标与各种决定因素联系起来的系数在各国都非常相似。①

主观福利两个最重要的不足是人际可比性和外部事件可能会干扰评价和测度。

（1）不同的个体可以使用不同的量表。这对于估计文化背景相同人群的主观福利"平均值"可能不是很重要，但对于衡量一个国家内部的离散程度来说是一个问题。通过要求受访者描述他们在判断特定情况时使用的标准，可以在一定程度上缓解标准异质性问题，但这些方法的应用仍然很少。

（2）对一个人的生活做一个全面的评估并不总是容易的。人们需要做

---

① 在一些决定因素（如宗教）在各国的重要性以及它们与主观福利（如年龄）的关联程度方面，也有例外。

出认知上的努力来提供答案,而一些调查可能无法让受访者处于良好的状态来思考问题。此外,答案可能会被当前的情绪(在面试前几分钟捡到钱,或者天气状况)或者问题提出的顺序(在对生活评价提出问题之前询问约会情况)所影响。通过研究生活评价如何随人们思考问题的时间而变化,以及要求他们证明其评价的细节,也可以对这些主观指标的有效性有更多的了解。

但是,总的来说,我们从主观福利各个方面的现有分析中得出的压倒性结论是,这些指标以有意义的方式测度了生活质量。尽管许多尚未解决的问题一直存在,即主观测度方法没有完全测度出人们各方面的经历。在小规模非官方调查中证明其价值的这类问题应开始纳入官方统计部门进行的大规模调查。

(二)可行能力观方法

1.可行能力概念

尽管对生活质量的心理学研究侧重于人们自身的感受,但其他方法扩大了与评价人们生活相关的信息集,超越了他们的自述报告和感知。这些方法更为突出的是根植于"可行能力"概念(阿玛蒂亚·森[①],1987b,1993)。

---

① 阿马蒂亚·森(Amartya Sen),1998年诺贝尔经济学奖获得者,1933年生于印度。1953年阿马蒂亚·森在印度完成大学学业后赴剑桥大学就读,1959年取得博士学位。阿马蒂亚·森曾执教于伦敦经济学院、牛津大学、哈佛大学等著名学府,现任剑桥大学三一学院院长。他的突出贡献表现在五个领域,分别是:社会选择理论、个人自由与帕累托最优的关系、福利与贫困指数衡量、饥荒问题与权利分配不均的关系以及道德哲学。阿马蒂亚·森的学术思想继承了从亚里士多德到亚当·斯密等古典思想家的遗产。他深切关注全世界各地遭受苦难的人们,被誉为"经济学良心的肩负者""穷人的经济学家"。阿马蒂亚·森的思想已经产生了重大影响,联合国发布的《人类发展报告》就是按照他的理论框架设计的。1972年的诺贝尔经济学奖得主肯尼思·阿罗认为,"在社会选择、福利经济学基础理论、更广泛的分配伦理学以及与这些领域相关的测量问题上,阿马蒂亚·森是一位无可怀疑的大师。"阿马蒂亚·森的主要著作有:《技术选择》(Choice of Chniques,1960)、《集体选择与社会福利》(Collective Choice and Social Welfare,1970)、《就业、技术与发展》(Employment Technology and Development,1975)、《贫穷和饥荒》(Poverty and Famines,1981)、《选择、福利和量度》(Choice Welfare and Measurement,1982)、《资源、价值和发展》(Resources Value and Development,1984)、《商品与能力》(Commodities and Capabilities,1985)、《伦理学与经济学》(On Ethics and Economics,1987)、《生活标准》(The Standard of Living,1987)等。

这种方法认为,一个人的生活是由各种"行为和状态"(功能性活动)及其在这些功能性活动中进行选择的自由(可行能力)结合而成的。这其中有些可行能力或许相当基础,譬如获得充足的营养、避免早夭;还有一些则可能更为复杂,譬如拥有积极参与政治生活所需要的读写能力。①

功能性活动用来指人们自发地认识到重要的活动和状况。也可以被看作是每个人可观察到的成就的集合(例如他们的健康、知识或有意义的工作)。有些成就可能相当基础,比如人身安全和营养充足;有些是相当复杂的,比如能够在公共场合诚实地表达自己。由于不同地方、不同时代的人有不同的价值观和经历,因此,最相关的功能性活动的清单取决于具体情况和运用的目的。从这个角度来看,一个人的福利是一个人功能性活动的综合指数。

自由权要求扩大与评估人们生活有关的信息范围,使之超越其所观察到的成就,扩大到向他们开放的各种机会。当考虑到观察到的低功能性活动(如低热量摄入)反映了选择(如禁食)或高功能性活动反映了慈善好施者的选择时,关注生活质量评价结果的局限性变得显而易见。自由权概念强调了赋予人们自救能力的重要性,强调了将个人作为自身发展的行动者的重要性。

可行能力观方法的知识基础包括许多概念。首先是对人类目标的关注,以人为本,重视个体追求和实现其所珍视的目标的能力。其次,拒绝接受那种假定个体会无视人际关系和情感、一心追逐自身利益最大化的经济模型。再次,强调同一个人的各种可行能力之间的互补性(虽然自身有价值,但这些可行能力也是扩大他人的手段,并利用这些联系提高了生活质量),以及他们对他人特征和人们生活环境的依赖(例如,疾病可能从一个人传播到另一个人,并受公共卫生和医疗方案的影响)。最后,承认个体的多样性。多样性的存在让人们注意到在涉及"好的"社会时道德准则发挥的作用。其形式是使每个人的可行能力都高于给定的阈值,或者确保"能力空

---

① 阮江平、王海昉:《对我们生活的误测:为什么 GDP 增长不等于社会进步》新华出版社 2011 年版,第 101 页。

间"中所有人的机会平等(萨比娜·阿尔凯尔,2008)。①

可行能力观方法的含义不仅限于对生活质量的测度,还扩展到对政策的评估。支持人类发展的政策应扩大人们的机会,无论对人们的主观状态有何影响,这些机会都是有价值的。虽然主观状态可以被认为是所考虑的可行能力集合的一部分,但可行能力方法强调人们可以适应他们的生活环境,这种适应使主观感觉不足以作为评估生活质量的唯一标准。

2. 可行能力观方法的应用

可行能力观方法的实现需要采取多个步骤。

(1)各维度之间的选择。虽然一些学者强烈主张指定一个"中心"的能力清单,作为使能力观方法具备可操作性的必要步骤,但其他学者反对根据专家意见保持一个"固定"的能力清单。在此方法的实证应用中,所使用的大多数方法都是根据以下几点来选择具体维度(或可行能力)实际可用的数据类型;关于人们做什么或应该重视什么的先验假设;已经达到一定政治合法性的现有清单(例如,普遍人权、千年发展目标);调查人们认为什么是重要的;参与周期性地引出人们的价值观和观点过程(萨比娜·阿尔凯尔,2008)。

(2)获得关于这些不同维度的数据和信息。这里的一个实际困难是大多数数据通常指的是功能(即个人状态的描述)而不是能力(即每个人可获得的一组机会)。然而,许多功能(如健康和教育)也决定了消费、进步和参与的能力,而一些数据可能直接涉及人们的权利和自由(如参与政治决策、加入工作和社会组织)。此外,关于可行能力的信息有时可以从调查中得到,这些调查是为了调查受访者不做某事的原因(即人们是否因为偏好或限制而没有消费更多的商品)或者通过更多的信息来说明人们的选择范围。更一般地说,我们可以想象一个更广泛的框架,其中可行能力和已实现的功能都用来描述个人情况(阿马蒂亚·森,1985a,1992)。②

① Alkire,Sabina. (2008),"The Capability Approach to the Quality of Life",background report prepared for the Commission on the Measurement of Economic Performance and Social Progress, Paris. Alkire, Sabina. (2008), "The Capability Approach as a Development Paradigm?",mimeo.

② Sen, Amartya. Commodities and Capabilities[M]. Amsterdam:North - Holland, 1985a. Sen,Amartya. Inequality Reexamined[M]. Oxford:Oxford University Press,1992.

（3）涉及评估不同的可行能力。这种评估允许将功能和可行能力的向量转换为福利或优势的标量度量。尽管这个步骤提出了一些困难的问题（本章的最后一节中将进一步讨论），但是可行能力观方法强调可以单独或联合使用若干信息来源进行评估（例如，关于主观福利的调查数据提供了关于评估的证据）。人们对给定的功能和可行能力向量的评价可能不同，这种差异意味着承认了这些排序的"部分"性质（即两个人可能都认为 A 和 B 都优于 C，但对 A 和 B 的排序有分歧）。在这种情况下，这些部分排序的交集可以反映同时尊重人们评价的不完整性和冲突性的最小值（阿马蒂亚·森，1987b[①]）。

在实践中，大量的实证研究已经从可行能力方法中得到启示。联合国开发计划署在 1990 年发起的"人类发展指数"植根于一种发展概念，认为它是扩大人们的选择和机会的过程。最近，牛津贫困与人类发展倡议旨在制定具体的调查问题（关于就业、权能、安全和保障、生活的意义和价值等），以便在能力范围内为贫困测度提供可操作的内容。

（三）公平分配观方法

主观福利和可行能力的发展与经济学以外的学科密切相关（前者是心理学，后者是道德哲学）。在经济学领域，福利经济学传统和公平分配理论提出了其他解决问题的方法，即如何将生活质量的非市场维度纳入更广泛的福利衡量标准。这些方法的基本目标是在生活质量各维度的权重中尊重个人偏好。这些方法基于消费者理论，其中偏好由无差异集（即包含个人无差异的所有情况的集合）描述。虽然消费者理论通常只涉及货物和服务的消费，但同样的方法也可以推广到生活质量的其他维度。

第三种方法是在经济学传统之内发展形成的，它以公平分配的理念为基础。它的基本观点在福利经济学中很常见，就是将生活质量（除了在市场上交易的货物和服务之外）的各种非货币维度以一种尊重人们偏好的方式加权。这种方法要求为各个不同的非货币维度选择一个特定参照点，搜集

---

① Sen, Amartya. On Ethics and Economics[M]. Oxford, Blackwell, 1987.

相对这些参照点而言人们的当前处境及其偏好的信息。①

福利经济学传统上依赖于"支付意愿"的概念，将价值指标的范围扩大到生活的非市场方面（罗宾·鲍德威和尼尔·布鲁斯，1984②）。人们在自己处境的不同维度之间进行权衡，这就允许将生活质量的变化与收入的变化联系起来，而收入的变化是根据他们自己的偏好（即他们愿意为达到一定水平的健康、教育或污染而付出的代价）。然而，这种方法受到了严厉的批评，因为它得出的结论可能不一致，而且基于总体支付意愿的评估可能不同程度地反映出社会上较富裕者的偏好。

公平分配理论通过明确地引用公平标准来弥补福利经济学的一些不足。这个理论也启发了一些以尊重个人偏好的方式比较个人多维情境的方法（艾维·穆兰和温迪·汤姆森，1997③；弗朗索瓦·马尼奎特，2007④）。在这个观点中，一个特定的方法（等价方法）可能是最适合应用⑤。这种方法包括选择一组个人情况的"参考"集，这些情况很容易从好到坏排序，那么对任何一个人的状况进行评估，都是通过根据他自己的偏好来确定在这个参考集中与他当前的情况等价的特定情况。例如，如果两个人对其当前情况和参考集中的相同情况无差异，就认为他们是处境相同且良好的人。这种方法除了需要关于偏好的信息之外，还需要选择特定的参考集。一个例子包

---

① 阮江平、王海昉：《对我们生活的误测：为什么 GDP 增长不等于社会进步》，新华出版社 2011 年版，第 102 页。

② Robin Boadway and Neil Bruce . Welfare Economics［M］. Oxford Basil Blackwell，1984.

③ Hervé Moulin and Wendy Thomson，" Axiomatic analysis of resource allocation problems"，in K. J. Arrow，A. K. Sen，K. Suzumura（eds.），Social Choice Re-examined，vol. 1，International Economic Association，New York：St Martin′s Press and London：Macmillan，1997.

④ Maniquet，Francois. "Social orderings and the evaluation of public policy"，Revue d′Economie Politique，2007：117.

⑤ 公平分配理论研究的是在不同偏好和能力的人之间分配资源，这就需要遵循一系列的公平标准，比如"不嫉妒"（即没有行为主体觉得别人的份额更多），"团结"（即没有行为主体因为可用资源的增加而受到不公平待遇）和"底线"（即没有行为主体偏好等分方式）（弗朗索瓦·马尼奎特，2008b）. Fleurbaey，Maniquet.（2008b），" Ethics and Economics"，in S. N. Durlauf and L. E. Blume（eds.），New Palgrave Dictionary of Economics，Second Edition，Palgrave Macmillan.

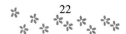

括将一组在生活质量的所有非市场维度都相同且仅在收入方面不同的情况作为参考。在这种情况下，人们可以根据他们的"等价收入"（即他们在同等情况下将得到的收入）进行比较（仅在收入方面有所不同，并且分享所选择的参考值，用于生活质量的非货币维度）。这种方法建立在福利经济学的伯格森－萨缪尔森方法的基础上[①]，使得使用货币计量来衡量生活质量的非市场维度成为可能。本节中所描述的经济方法需要不容易评价的个人偏好数据：在本章结尾描述了收集合适数据的各种方法。

（四）三种概念方法的关系

这里描述的所有方法都解决了将生活质量的各个方面结合起来的困难。主观福利方法侧重于主观和心理状态，并将生活质量的所有其他方面作为福利的潜在决定因素纳入分析，通过测量它们如何影响个人的感知。从福利经济学传统和公平分配理论中得出的方法也建立在对生活质量各个方面的主观观点上，但试图评估生活质量本身，将其视为个人偏好的对象，而不是主观产出。相反，可行能力观方法承认真正不同、多元和不可比较的结果。正因为如此，这种方法的支持者通常不愿意将个人情况的评价概括为单一数字的指数，尽管这种方法的支持者讨论了利用这种观点的一些合成方法。如果认为评价性判断、正面情感和负面情感都是主观福利的不同方面，那么主观福利也可以被视为多维的。

可行能力观与公平分配观，这两种测度观都特别重视人们生活的客观条件和拥有的机会，以之作为计算福利指标的基础。"可行能力观方法"和"公平分配观方法"都属于多指标综合评价，即将所选定的福利影响因素凝

---

① 亨利·伯格森（Henri Bergson）和保罗·萨缪尔森（Paul A. Samuelson）都没有致力于具体的指数方法，尽管萨缪尔森提供了效用币值（money-metric utility）和其他同类指数作为例子。安格斯·迪顿和约翰·穆尔鲍尔（Deaton, A. and John Muellbauer. Economics and consumer behaviour, Cambridge：Cambridge University Press, 1980）以及默文·阿利斯特·金（King, Mervyn Allister. "Welfare analysis of tax reforms using household data", Journal of Public Economics, 21, 1983.）都提倡等价收入（或"效用币值"）。具体批评的讨论，见弗朗索瓦·马尼奎特（2008a）。默文·阿利斯特·金（Mervyn Allister King，又译金恩，1948 年 3 月 30 日生），英国经济学家，2003 年 6 月 30 日接替爱德华·乔治出任英央行英格兰银行行长。

练出一系列"构成指标"，再加以合成得到一个整体评判结果。[1]

在这些方法之间进行选择最终是一个规范性的决定，它取决于生活的哪些方面被认为是最相关的生活质量评价。主观福利可以被认为是包含所有的关键能力，同时关注它们对人们主观状态的影响。相反，可行能力观方法把主观福利看成是人们有理由重视的生活质量众多能力中的一个方面。公平分配观方法介于两者之间，因为它们试图为生活质量的各个方面赋权，而没有预先假定主观福利的权重；此外，与可行能力观方法相反，这些方法坚持依赖于人们的偏好。然而，应该强调的是，可行能力观方法与公平分配观方法之间的差异相当小，因为两者都关注社会所有成员的平等。最后，主观福利观方法、可行能力观方法和公平分配观方法最近才得到发展。在这些领域取得的进展为测度生活质量供了一个真正的机会。

四、生活质量的跨领域问题

提供可信的生活质量测度所涉及的大多数挑战都是针对所考虑的各个方面的。然而，有些挑战是贯穿各领域的，在上述每一维度上进行的进一步研究和数据收集都会忽略这些挑战。下面讨论三个最突出的挑战。

（一）生活质量的不平等

生活质量指标的第一个跨领域挑战是要详细描述生活各个维度中个体状况的不平等，而不只是描述每个国家的一般状况。法国总统萨科齐在成立"经济表现和社会进步测度委员会"时曾指出，主导政策讨论的统计数据与人们对自身生活状况的感受之间存在"日益增大的差距"，对上述这些不平等的忽略可以在某种程度上解释为何会出现这种差距。[2]

1. 人际不平等

个人是大多数生活质量分析的分析单位，即使当人们从一个更大的单位（如家庭或社区）获得福利时，这些单位内部的资源和机会分配可能存在不对称；这种分配方式的例子包括男女之间家务的分配，以及取决于家庭中谁控制资金流动的支出模式的差异（例如，对子女投入多少）。强调不同人

---

① 邱东：《经济测度逻辑挖掘：困难与原则》，科学出版社 2018 年版，第 63 页。

② 阮江平、王海昉：《对我们生活的误测：为什么 GDP 增长不等于社会进步》，新华出版社 2011 年版，第 131 页。

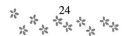

群生活质量差异的最直接方法是比较生活质量量表底部和顶部的结果。以教育为例,2006 年,在法国 15 岁学生考试成绩(理科)的成绩表中,前四分之一比后四分之一高出约 146 分,这一差距相当于近 4 年接受的教育。学生表现的这些差异可能会对进入成人生活的青年产生持久的影响:义务教育结束时学习成绩不佳,导致在完成中等教育之前辍学的可能性更高,进入劳动力市场时收入和职业前景更差,从在职培训中受益的可能性较低,成年后贫困的可能性较高。

2. 具有不同个体特征的群体之间的不平等

生活质量结果差异的第二种表现方式是在同质人群中,如按年龄、性别、社会经济地位或其他标准。这些群体之间的差异很重要,因为群体有助于构建个人的身份,并确定人们表达自己的见解和集体行动的方式。当群体将人们排除在内部人可获得的福利和保障之外时,他们也可能成为不平等的根源。尽管这些组间差异在生活质量的各个方面都有体现,但在健康方面尤其重要。种族群体之间平均预期寿命不平等,美国黑人和白人男性的平均预期寿命相差 6.5 岁,澳大利亚土著人和其他种族人口相差 18 岁。

3. 代际不平等

一般而言,不同 OECD 国家的大多数受访者认为不平等是可以接受的,即代际没有持久的陷入不利的情况下;但是,有大量的证据表明生活质量的一系列结果代际转移,特别是,父母社会经济状况是子女机会中最重要的决定因素。比如,如果母亲缺少营养和健康状况不好,生下婴儿的体重偏低以及成年后健康状况不好的可能性较高。同样地,父母社会经济状况也是孩子教育结果的最重要的决定因素。

多年来,对其中一些不平等现象(例如与阶层和社会经济地位有关的不平等)的衡量,有助于制定一系列旨在减少不平等强度和后果的政策和制度。其他类型的不平等,如种族群体之间的不平等,则更近一些(至少在经历了大规模移民浪潮的国家),并且随着移民的继续,将来在政治上变得更加突出。

这一讨论得出了两个主要结论。第一个结论是,上面描述了生活质量的特征有许多不平等。这些不平等现象本身都很重要,强调了避免假定其中之一将始终包括所有其他不平等的重要性。第二个结论是,由于上述各维度之间的联系，各种类型的不平等可能相互加强。例如，在大多数国家和群体中普遍存在的性别差异通常对社会经济地位较低的家庭来说要大得多。它们的共同作用往往是将贫困家庭的年轻女性排除在学校以及获得有酬工作之外，否认她们自我表现和政治发言权的可能性，并将她们暴露于危害健康的风险中。通过观察不同人群、群体和世代的生活质量差异，以全面的方式评估这些不平等是至关重要的。此外，由于人们可以根据不同的标准进行分类，每种标准都与人们的生活有一定的相关性，因此应当对多个群体进行不平等的衡量和记录。应当开展适当的调查，以评估各类不平等之间的互补性，并查明其根本原因。这需要统计部门定期为这些分析提供适当的数据。

(二)各维度之间的联系

一次测度一个维度的生活质量不可避免地会遇到实质性的问题，这可能是由于人们的专业知识和专长。这些可以通过观察健康和收入之间的关系来说明。将它们分开会遇到以下两个问题。

第一，从概念上讲，收入和健康在人类福祉的任何合理表述中都是不可分割的。正因为如此，一次在一个空间中测量生活质量忽略了它们之间的相互关系，并且会导致错误的判断。例如，约翰·布鲁姆(John Broome，2002)①认为人们的生活包括一系列既需要商品(如收入)又需要健康的活动(就像阅读行为需要眼睛和大脑一样)。反对将生活质量解析成附加成分，如健康、教育和收入。

第二，从经验上讲，不同类型的不平等各有其意义，无法用一种不平等的测度指标(如收入不平等指标)来代替。而且，各种不平等之间可能相互转化，产生叠加效应，这就要求研究政策措施对其作用影响。例如，经济学

---

① Broome, J. "Measuring the burden of disease by aggregating well-being", in C. J. L. Murray, J. A. Salomon, C. D. Mathers, and A. D. Lopez (eds.), Summary measures of population health, World Health Organization, Geneva, 2002.

家关于"帕累托改进"①的标准论点在许多情况下是强有力的和有说服力的,但是当它应用于生活质量的一个组成部分而忽略其他组成部分时,它就大错特错了。在收入不受影响的情况下,使富人在收入方面更富有,可以看作是帕累托的改善。但这忽视了收入差距扩大对穷人健康或对穷人参与政治进程的潜在负面影响,正如富人对支持全民医疗不感兴趣,或者富人想要获得更大的政治影响力。

两种观点都支持对生活质量采取"整体"方法,即系统地评估各维度之间的联系。生活质量维度之间这种相互关系的例子比比皆是。SSF 报告强调了"多重劣势的累积效应"(the cumulative effect of multiple disadvantage),如贫病交加所致的生活质量损失远远大于这两者分别造成的损失之和。目前,许多研究致力于解开生活质量不同维度之间的关系,以及区分关联和因果关系。然而,由于缺乏关于生活质量的主要维度如何在人与人之间"联合分布"信息,进展的空间受到了限制。在实践中,大多数现有的调查不允许考虑这些联系,在一个领域内的测量通常在现有学科边界的范围内进行。

最明显的估计生活质量各属性联合分布的方法是通过一项调查,其中收集了同一样本人群生活质量各维度的综合数据。一种务实(但次优)的方法是在不同的维度上使用不同的样本,但要有足够的变量用于各种调查,以便估计联合分布。可以通过在专门领域使用的调查中纳入一些问题来实现,这些问题允许按社会经济地位、教育、族裔或移民地位对受访者进行分类。无论采用何种方法,开发关于不同生活质量维度联合分布的信息都将

---

① 帕累托改进(pareto improvement)又称帕累托改善,是以意大利经济学家帕累托(Vil-Fredo Pareto)命名的,且是基于帕累托最优(pareto efficiency)之上的。帕累托最优是指在不减少一方福利的情况下,就不可能增加另外一方的福利;而帕累托改进是指在不减少一方的福利时,通过改变现有的资源配置而提高另一方的福利。帕累托改进可以在资源闲置或市场失效的情况下实现。在资源闲置的情况下,一些人可以生产更多并从中受益,但又不会损害另外一些人的利益。在市场失效的情况下,一项正确的措施可以消减福利损失而使整个社会受益。帕累托最优和帕累托改进是微观经济学,特别是福利经济学常用的概念。福利经济学的一个基本定理就是所有的市场均衡都是具有帕累托最优的。但在现实生活中,通常的情况是有人有所得就有人有所失,于是经济学家们又提出了"补偿准则",即如果一个人的境况由于变革而变好,因而他能够补偿另一个人的损失而且还有剩余,那么整体的效益就改进了,这就是福利经济学的另外一个著名的准则——卡尔多-希克斯改进(Kaldor-Hicks Improvement)。

是真正的进步。

更好地评估生活质量维度之间相互关系的重要性远远超出了测度范围,并延伸到了政策设计。虽然可能无法定义涵盖所有生活质量维度的完整顺序,在这种情况下,没有生活质量的汇总指标是可行的,但在设计特定领域的政策时,应联合考虑与不同生活质量维度(或可能是选定子集)相关的指标。这本身就是一种改进,因为健康、教育和各种其他政策通常被下放给不同的机构,从而失去了它们之间的互动。在政策制定中超越这种"筒仓式思维"(Silo)①是广义生活质量概念的最大诉求之一。

(三)跨维度汇总

寻找一种综合衡量生活质量的方法,将所有维度的信息结合起来,往往被视为超越传统经济表现和社会进步衡量标准的所有努力的"梦想"。然而,这种观点既有局限性又有欺骗性。局限性是因为建立一个能够在各个领域产生高质量信息的全面的生活质量测度系统,这是一项比将现有信息合并成单一汇总结果更困难和更长期的任务。欺骗性是因为综合生活质量的各维度,没有价值判断是不可能实现的,而价值判断必然是有争议的:关于健康状况的"综合"测度已经阐明的观点具有更普遍的有效性。

尽管如此,与许多非货币指标相比,提供一个更简洁的生活质量描述的挑战是真实的。一种观点认为,只有子领域才应该产生指标,让用户形成他们对生活质量的看法;还有观点认为,综合指标具有独特的政治影响力,并引用 GDP 的影响作为证据,证明此类指标至关重要。每种观点都有其长处和短处。一方面,让用户进行综合,假设用户(媒体、政治家、公众)有能力始终如一地做到这一点,这有时是可疑的:仅产生子领域指标的最可能后果很可能是 GDP 仍将占主导地位,不考虑综合的统计数据将无法提供适当的数据;另一方面,寻找一个综合指标有可能使统计机构卷入政治辩论,从而危及它们的中立性。

各种跨生活质量维度的汇总方法与本章前面描述的方法有关。这些方

---

① 筒仓,是一种又高又厚没有窗口的建筑结构。所谓筒仓式思维,指的是条块分割的思维和行为,它会阻碍协作,而合作是处理高度复杂问题所必需的。筒仓式思维让我们只会站在自己的角度看问题。

法可以被描述为提供不同问题的答案,例如下面详述的问题。这些问题及其答案紧密地映射到本章前面讨论的关于生活质量的理论方法中:尽管专栏1-1中的第一和第二个问题与可行能力观方法有关,但第三和第四个问题与主观福利观方法有关,最后一个问题与基于公平分配理论观方法有关。

专栏 1-1   生活质量描述的问题

·社会运行良好吗?回答这个问题需要汇总关于生活质量维度上各个指标的平均得分的信息。

·人们生活得好吗?这个问题强调的是每个人在社会中的条件。回答这个问题需要在个人层面上汇总生活质量的指标,然后在整个国家层面上总结这些信息。

·人们的生活幸福吗?在这个问题上,重点是人们的享乐体验。回答这个问题需要收集每个人的各种享乐经历,进而汇总整个国家的。

·人们对自己的生活满意吗?这个问题集中于个人对他们生活的整体评价,回答这个问题需要汇总人们满意度的指标。

·人们有他们想要的生活质量吗?这个问题保留了个体作为分析的焦点,并且需要关于他们愿意在其生活质量的一个维度中牺牲多少的信息,以便在其他维度中获得一些参考水平。回答这个问题的方法依赖于"等价收入"概念。

这些都是独立的问题,其中哪一个问题最相关,取决于背景和各种方法之间的伦理选择。在社会进步的辩论中涌现出许多受人尊敬的贡献者,这些问题都与他们所捍卫和认为合理的方法有关,因此,对于单一的生活质量综合指标的困境而言,提出一个出路是,统计机构应针对上述不同的问题构建若干综合指标。这将保持中立,同时为政治辩论提供充分和一致的数据。一个相关的可能性是提供一些指标,其中一些参数,特别是反映价值判断的参数,可以由用户修改(正如在一些提出替代综合指标的网站上已经做的那样)。

1.各领域的汇总

第一种汇总方法是基于将各国在若干个领域的平均状况指标组合起来，得出单一综合指标的思想。这种方法与可行能力观方法有关，但更广泛地说，与社会指标运动有关。这个综合指标的各个组成部分的权重可以根据一种完美主义的方法来选择，这种方法认为生活的各个方面具有客观重要性，或者根据一种更主观的方法来选择，该方法考虑到人口的一些典型或平均偏好。从后一种观点出发的研究人员经常提倡参与式程序，以确定更重要的领域并在它们之间进行选择。

这种汇总方法的主要优点是其简单性和较少的数据需求。联合国人口与发展部的人类发展指数等指标引起了媒体的极大关注，并产生了与基于传统经济指标的国家排名大相径庭的国家排名。这种方法的大多数应用依赖于不同领域的客观数据，但它们可以很容易地扩展到将主观福利作为一个领域。由于这种方法简单，容易被大众传播和理解，许多民间倡仪活动运动都支持这种方法的各种应用。不过这种方法也存在局限性。

第一个局限性是，由于保留了"代表性主体"的概念，它无法追踪某些子群的多重劣势累积效应。如果各领域不平等的相关性下降而每一个领域平均表现仍保持相同时，综合指数不会得到提高。在实践中，这些综合指标试图通过将不平等或贫困的指标作为具体组成部分来弥补这一局限性。这并不能克服忽视个别条件的方法论问题。

第二个局限性，与不同领域的权重选择有关。用于汇总不同领域的平均值的权重是常规的，甚至选择使用非加权数据也是一种具有重要意义的价值判断。比如，HDI以"预期寿命、教育水平和生活质量"三项基础变量按照一定的测度方法组成的综合指标，即以一个简单的平均预期寿命——平均预期寿命减去20，除以85（最大预期寿命）减去20；教育——成人识字率的三分之二加上毛入学率的三分之一来衡量一个国家在成人识字及小学、中学和大学毛入学率两方面所取得的成就；收入——人均GDP的对数减去100的对数，除以4万美元的对数减去100的对数。然而，对于平均预期寿命加入GDP的对数隐含着在每一个国家都增加了一年的人均GDP（马丁·拉瓦雷,1997)①,这样一来,美国的预期寿命就相当于印度每年预期寿命的 20 倍,坦桑尼亚每年预期寿命的近 50 倍。

第三个局限性与解释这些综合指标的变化有关。例如,人类发展指数的水平重新审视了世界,因为它产生的国家排名与基于人均 GDP 的排名有很大不同。然而,随着时间推移和人类发展指数逐年更新,其变化主要受 GDP 变化的影响,至少对那些在卫生和教育领域表现接近顶级的发达国家(如法国和美国)来说是如此(图 1-1)。②

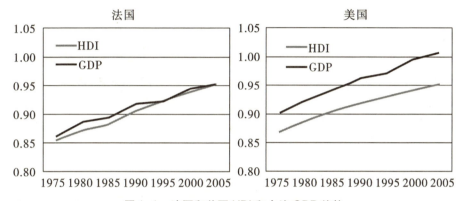

图 1-1 法国和美国 HDI 和人均 GDP 趋势

注:HDI 值如 2007—2008 UNDP 人类发展报告,GDP 数列的趋势是根据 OECD 不变价人均 GDP 值,根据基础 HDI 计算的相同转换(比如,给定年份人均 GDP 的自然对数和 100 美元的自然对数之间的差别,根据 40 000 美元的对数和 100 美元对数进行区分)。

数据来源:OECD 和 UNDP 数据。

最后一个局限性是,这种方法不允许对生活质量各维度的相对重要性持有不同的观点。整个社会应用同一套权重,而与人们对收入、闲暇、健康状况、教育等态度的异质性无关。虽然不同的国家可以使用不同的权重,但

---

① Ravallion,M.(1997),"Good and bad growth:the human development reports",World Development,25(5).

② 当扩展到处于不同经济发展水平的所有国家时,1990—2006 年 GDP 增长与 HDI 变化之间的相关性仅为 0.44。尤其是虽然埃及、突尼斯和孟加拉国等一些贫穷国家在人类发展指数方面取得了重大改善,但经济增长缓慢,而其他国家经历了显著的经济增长,而 HDI 下降。这突出表明,在相当长的一段时间内,GDP 增长可能与福利的非收入方面的变化相关性很差。

这会使权重的选择变得更加棘手,事实上也阻碍了国家间进行任何比较。

尽管存在上述局限性,大多数国家的统计部门和国际组织的网站已经为生活质量的各个领域提供了数十个平均指标。然后,这些网站还可以向用户提供选项(就领域指标和权重的选择而言)用于基于各领域汇总平均而构建的综合指标。其中一些选项可能被指定为作者或机构选择的,但官方网站将明确表示,这些机构并没有"认可"指标和相应的权重。这个解决方案在技术上很容易实现,唯一的困难选择是领域和单项指标的选择。

2. 个体层面的汇总

第二种方法在每个人的水平上对不同的生活质量维度进行汇总,然后计算每个国家样本中所有人的平均值(或类似的汇总测量)。例如,这种方法将允许在计算整个人口的"平均"生活质量之前,将对每个人的收入水平、健康状况和教育程度的测度结合起来。这种方法的伦理基础类似于基于跨领域汇总平均的指标,但它将人视为道德关注的单位。这反过来又提供记录跨子领域的相关性。虽然这种方法最常用于客观维度,但它也可以扩展到生活质量的主观维度。

该方法已经应用于构建多维贫困指数①,即测度那些在多个维度被剥夺

---

① 多维贫困指数(multidimensional poverty index),简称 MPI。MPI 是对人类贫困指数(HPI)和人类发展指数(HDI)的进一步完善,MPI 可以反映多维贫困发生率,还能反映多维贫困发生的强度,同时还能反映个人或家庭的被剥夺量。2007 年 5 月由经济学家阿玛蒂亚·森发起,在牛津大学国际发展系创立了牛津贫困与人类发展中心(oxford poverty and human development initiative,OPHI)。中心主任阿尔凯尔建立了研究团队,致力于多维贫困的测量。阿尔凯尔(2007)认为,与能力方法相关的多维贫困测量能够提供更加准确的信息,便于识别人们的能力剥夺。随后,阿尔凯尔和福斯特(2008)发表了《计数和多维贫困测量》工作论文,提出了多维贫困的识别、加总和分解方法。MPI 指数选取了 3 个维度测量贫困,总共包括 10 个维度指标。即:①健康:营养状况、儿童死亡率;②教育:儿童入学率、受教育程度;③生活水平:饮用水、电、日常生活用燃料、室内空间面积、环境卫生和耐用消费品。MPI 可以反映不同个体或家庭在不同维度上的贫困程度。其取值越小,说明该个体或家庭贫困程度就越低,相反,则越高。MPI 既能反映多维贫困发生率还能反映多维贫困发生的强度,同时还能反映个人或家庭的被剥夺量。MPI 在测度多维贫困时更具有代表性、实用性与科学性。MPI 从微观层面来反映个体贫困状况以及贫困的深度,在反映一个国家或地区在人文发展方面取得的进步上具有更好的效度和信度。该指数选取的维度面广,能较好地反映贫困人口所处的真实情况,是一种更加符合现代社会发展需求的贫困测度方法。

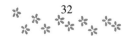

的人数,同样的方法可以扩展到根据"最充足"界限的生活质量测度,如果一个人在某些维度上达到充足,则认为他具有充足的生活质量(萨比娜·阿尔凯尔,2008)。这种类型通常的测度与人们成就不足有关,它可以通过从100%中扣除不充足的成就转换为代表生活质量。尽管这类指标通常是针对各领域不充足成就的人计算的,但是可以通过从100%中减去各领域不充足成就的比例来将其转换为表示生活质量。

这种方法与前一种方法的优点相同(即它依赖于客观数据,并且计算简单),但是与基于按领域划分的平均指标的合成指标相比,该方法也有很大的改进。然而,在实践中很少使用,因为它需要关于不同属性在个体之间的"联合"分布的信息。然而,除了这个困难,这种方法与基于按领域汇的平均指标方法具有相似的局限性。

第一个局限性是选择构建个人生活质量指数的权重。多维贫困研究中经常使用的一种方法是,计算个人生活质量低于临界水平的项目数量,然后考虑这些项目的总和。这一总和又可以基于未加权的项目(即所有项目都具有相同的重要性)或基于样本的统计特性对其进行加权(例如,由于在每个国家最常见的项目中的剥夺而具有更大的权重)。但是,这样的权重没有道德权威。尽管不同的学派提出了不同的方法来确定这种方法中的权重,但他们都忽略了人们偏好的多样性。①

第二个局限性是基于这种方法的大多数指数关注于生活质量量表底部的人口,而不是整个分布。这些方法依赖于(任意的)界限,该界限用于根据二分变量(糟糕或不糟糕)对群体进行分类,然后这些变量在个体层次上进行汇总。尽管把重点放在生活质量量表底部的做法出于政策目的可能是合

---

① 约翰·罗尔斯(John Bordley Rawls,1982)建议,权重应该反映来自最贫穷群体的个体的典型(代表性)偏好。[Rawls J. (1982),"Social unity and primary goods",in A. Sen, B. Williams (eds.),Utilitarianism and Beyond,Cambridge:Cambridge University Press.]阿玛蒂亚·森(1985,1992)建议基于冲突偏好之间的一致性寻求个别情形的部分排序。阿玛蒂亚·森还指出,不管一个人对于生活质量各领域的相对重要性有什么看法,在每个领域中越富裕就意味着总体上越富裕。这种"支配"原则还意味着,个体对于不同领域的重要性的态度在人际比较中没有作用。例如,如果琼斯和史密斯健康水平一样低,但前者比后者稍微富裕,那么支配原则就会认为琼斯比史密斯生活得更好——即使琼斯可能比史密斯更关心被剥夺健康。

理的,但在其他方面并不理想,因为生活质量的不平等,而非不充足的成就本身可能很重要。开发关于整个分布的信息质量的综合指标需要制定可以跨领域进行比较的标准。

3.基于人们享乐体验的汇总

除了人们自身对整个生活的评价(如上所述,这可能被视为某种总体指标)之外,基于享乐体验的主观福利方法研究表明,在影响生活质量的一些因素中,有一种不同的汇总方法。尽管这种方法可能仍然被认为是将一个领域——享乐体验——放在首位,但也可能被认为是提供了一种通过一个共同标准来衡量不同体验的方法:它们产生的享乐体验的强度。

享乐体验流动的测量与时间的利用密切相关。体验是随着时间而发生的,时间的利用是体验的客观特征。此外,正面和负面情感与时间的不同利用有系统的联系。时间是人类和社会的最终有限资源,而传统的 GDP 指标并不能反映个人非工作时间的数量——实际上,尽管闲暇时间的增加对生活质量有积极的贡献,但闲暇时间的增加通常会降低 GDP。此外,尝试将闲暇时间的价值纳入到 GDP 中,仅仅反映了闲暇时间的边际价值,而无法从这个角度来估计影响闲暇时间数量和利用的社会主要变化的价值。

U 指数法是一种综合客观和主观衡量人们如何度过和体验时间的方法。U 指数中的"U"取自英文单词"un-pleasant",衡量的是个人每天感觉不快乐的时间段占全天的比例(丹尼尔·卡尼曼和艾伦·克鲁格,2006)[1]。U 指数法的测度思路是:一般个体在大部分时间中的主要精神状态是正面情感(包括快乐和享受),所以一旦负面情感(包括沮丧、沮丧、烦恼、生气、担心或批评)发生,就被认为是个重要事件。如果个体在某个事件发生的大部分时间中都觉得不快乐,那么该个体在整个事件中就被认为处于不快乐状态。更准确地说,使用日重现法(受访者描述他们日常经历中的特定事件),如果一个事件的最强烈感觉是负面的,则该事件被归类为不愉快,即如果对任何负面情感的最高评级严格地大于任何正面情感的最高评级。

尽管 U 指数与前面描述的关于所有主观福利指标的一些局限性相同,

---

① Kahneman, D. and A. Krueger (2006), "Developments in the Measurement of Subjective Well-Being", Journal of Economic Perspectives, 20 (1): 3-24.

但是从测度生活质量的角度来看,它具有以下使其具有吸引力的特性。

第一,它涉及不同的人之间量表使用的不可比问题。在某种程度上讲,在量表解读方面人际差别同样适用于正面和负面情感(比如,对一些状态的积极评价比较多的人来说,对其他状态的消极评价会比较少),U 指数能够很好地克服一些人际和国际比较的障碍。从这个意义上说,U 指数提供了一种对情感水平的有序测量"。

第二,U 指数自然地将注意力集中在社会上最贫困的人身上,就像传统贫困率在收入方面所做的那样。从现有的这类实验结果中得到的证据确实表明,社会上负面情绪的很大一部分是由少数人经历的。[①]

目前可用的(限于特定城市和人口群体)U 指数的实验性测量突出了各国之间的显著差异,其排名与基于人均 GDP(图 1-2)或生活满意度所得的排名显著不同[②]。在国家层面实施这一指标将需要收集"评估"时间利用的数据,即在正在进行的时间利用调查中增加关于特定事件期间情绪体验的问题。一些经合组织国家(例如美国)已经设想了这方面应采取的做法,并且可推广到其他国家(例如,下一次收集欧洲国家的时间利用数据时)。

4.通过等价方法汇总

尽管存在与等价方法有关的各种指数方法,但容易应用的一种是基于等价收入的概念,也就是说,根据每个人目前的收入和生活质量的非货币维度的一些参考水平,所得到的每个人的无差别收入。[③] 这种方法的主要优点如下。

(1)它部分避免了"快乐水车(或享乐适应)"和"原地踏步的追求"问题,也就是说,低估了适应自身情况并自述高生活评价和享乐体验的被剥夺者的不利条件的风险。由于这种方法只依赖于由个人偏好所定义的情形的

---

① 基于人们的享乐体验进行汇总的另一种方法是测量一个人最强烈感觉是正面情感的时间比例。然而,这种方法会把注意力集中在社会上最幸运的人身上。

② 戴维·布兰奇弗劳(David G. Blanchflower,2008)认为,U 指数方程的结构与基于寿命评估的方程非常相似。

③ 举例来说,假设琼斯收入 20 000 欧元,流动性下降,他认为自己生活同样富裕、身体健康,收入 15 000 欧元。以健康为参考的健康,15 000 欧元是他相当的收入。所以琼斯被认为比史密斯更健康,他的收入是 17 000 欧元。

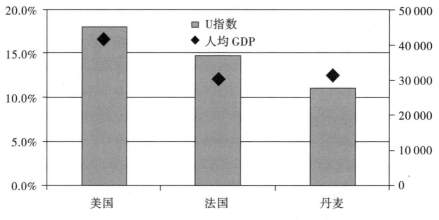

图 1-2　三个城市 U 指数的测度

注：U 指数的估计值是指艾伦·克鲁格提供的，在哥伦布（美国）俄亥俄州、雷恩（法国）和欧登塞（丹麦）这三个城市中的 18～68 岁女性（非全日制学生）。2008 人均 GDP 由经合组织估计。

排序，因此它不认为人们通过降低期望来获得高满意度时境况会更好。[①] 只有当他们得到他们想要的东西时，才会认为他们的生活是富裕的。

（2）它满足这样的性质，即如果两个人在生活中有相同的偏好，并且同意他们中的哪一个人更富裕，那么该方法将导致相同的排名。[②] 尊重个人偏好的观念在福利经济学中通常局限于尊重自己生活中的偏好，但是当基于共同偏好的人际比较时，尊重人际比较似乎也是明智的。

但是，这种方法也有局限性：首先，它要求人们对生活的各个方面有明确的偏好。在实践中，这种情况并不总是适用的，因为不一致和不稳定困扰着人们在现实世界的选择。在这些条件下，这种方法要求人们在更深层次上有一些一致的价值观，尽管这些可能很难观察到。其次，生活质量的非货币维度参考值的选择开辟了许多可能性，包括艰难的伦理选择。这种选择不一定总是协商一致的（尽管它可能针对某些方面，例如健康），因此它是用

---

① 当个体偏好的方向由适应形成时，这种方法是不正确评价（例如，当人们开始喜欢便宜但不健康的食物）纠正这个问题需要某种"什么是对人有益的"家长式的定义。

② 为了举例说明，假设之前所说的琼斯和史密斯有相同的偏好，因此同意琼斯境况更糟，因为他们认为他的流动性降低比他额外的 3 000 欧元收入更有价值。在这种情况下，琼斯被认为更糟，因为他的收入相当低。

户可以留下一些选择的一个领域。

应当指出,等价收入不应被解释为在生活的其他方面给予货币特殊的价值。生活质量的非货币维度的权重反映了个人偏好。例如,如果人们在生活中高度重视健康,那么在计算自己的等价收入时,健康问题就显得尤为重要。换言之,生活质量的非货币维度纳入测度时不需要非货币计量单位。

假设人们有一致和稳定的偏好,这些可以从三个来源得到:观察性选择[①];陈述性偏好调查(如条件价值评估[②]或离散选择实验);满意度调查(如果有可能过滤适应现象)。这些技术在经济学中是标准的,并且在某些情况下被应用于计算等价收入。[③] 如果一个人不相信个人的即时偏好,并试图追踪他们更深层次的偏好,那么可能需要更精细的方法,而这个方法尚未被开发。

尽管存在这些困难,这种等价收入方法的实验性应用深入了解了社会

---

① 显示性偏好仅对个人可以权衡的生活方面有成效,并且不能用于估计由环境强加的方面的偏好。

② 条件价值评估法是当前世界上流行的对环境等具有无形效益的公共物品进行价值评估的方法,主要利用问卷调查方式直接考察受访者在假设性市场里的经济行为,以得到消费者支付意愿来对商品或服务的价值进行计量的一种方法。当个人被问到愿意为环境贡献多少时,条件价值评估法被批评为不可靠[见丹尼尔·卡尼曼等人,1999;彼得·黛蒙德和杰瑞·豪斯曼,1994(Peter A. Diamond and Jerry A. Hausman. "Contingent valuation: Is some number better than no number?", Journal of Economic Perspectives, 1994: 8.)]就等价收入而言,问题将直接关系到他们自己的情况,这可以部分缓解这些问题。弗朗索瓦·马尼奎特等人(2009a)询问了受访者:"如果他们能够避免他们在过去12个月中忍受的健康问题,那么他们在消费中会接受什么样的牺牲?"他们的结果表明,这种支付意愿随着收入和健康问题的严重程度而增加。[M. Fleurbaey, S. Luchini, C. Muller and E. Schokkaert (2009a), "Equivalent income and economic evaluation of health care", mimeo.]但也有大量证据表明,你会要求人们重视自己的健康。[见保罗·多兰和丹尼尔·卡尼曼的评论(Paul Dolan and Daniel Kahneman, "Interpretations of utility and their implications for the valuation of health", Economic Journal, 2008: 118.)]

③ 约翰·穆尔鲍尔(1974a, 1974b)和默文·阿利斯特·金(1983)根据家庭需求数据计算货币度量效用。布朗宁等人(2006)使用类似的数据计算家庭收入的个人等价收入(也就是说,他们估计,如果一个人是单身,那么什么收入足以满足他目前对消费的无差异集)。弗朗索瓦·马尼奎特等人(2009b)依靠满意度调查,通过修正生活质量的各个方面,如健康、住房、失业和工资拖欠,来计算俄罗斯的等价收入。弗朗索瓦·马尼奎特等人(2007)提出了同等收入的总估计(考虑到工作时间、寿命、失业、家庭组成),并表明经合组织国家的排名与基于人均 CDP 的排名显著不同。

中较差人群的特征,这不同于其他方法。图1-3显示了根据三种生活质量衡量标准(按消费单位计算的家庭支出)、自述的生活评价和他们的等价收入的估计,被归类为"穷困潦倒"的人口的平均特征(即收入底层五分之一的人口);其中,应用于各种非货币维度的权重是从一个涉及人们生活满意度的方程式中估计的。等价收入底层五分之一的人口比生活满意度底层五分之一的人口支出更低、健康更差、住房质量更低、失业率更高。换言之,与依靠货币支出或生活评估的方法相比,等价收入法似乎能够确定一个子群体,他们在生活的许多方面累积了不利因素(弗朗索瓦·马尼奎特,2009a)。[①]

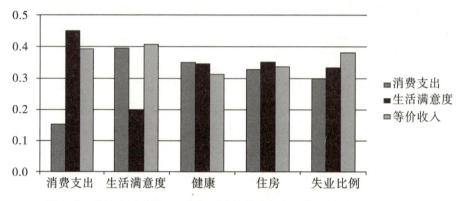

图1-3 基于生活质量不同指标测度的最贫困人口的特征(俄罗斯,2000)

注:根据三个不同的生活质量测度指标,数据适用于被认为"最贫困"的人口(即收入底层五分之一的人口):①家庭消费支出(根据每个家庭的人数进行调整);②生活满意度(根据问题"你对现在生活的满意程度",在5分的量表上进行回答);③根据四项"功能性活动"来衡量等价收入,即自我健康状况、就业状况、住房质量以及拖欠的工资。对于这三项生活质量测度指标中的每一项,根据一种测度指标认定的"最贫困"的人相对于根据其他所有指标认定的人中,该图描绘了影响生活质量的不同因素的平均水平。

数据来源:弗朗索瓦·马尼奎特(2009)根据俄罗斯纵向监测调查数据。

这些生活质量跨领域汇总的不同方法可以被视为提供对不同问题的答案。尽管存在这些差异,但对这些不同方法的研究已经取得了足够的进展,值得政府统计部门对其加以测度。开发更系统的关于生活质量各种特征的

---

① Fleurbaey, M., S. Luchini, C. Muller and E. Schokkaert (2009a), "Equivalent income and economic evaluation of health care", mimeo.

数据,有望改进政策制定,并更加全面地描述社会进步。

(四)主要信息和建议

生活质量包含使生活有价值的所有因素,包括那些没有在市场上交易,也没有被货币指标测度的因素。虽然在传统的以货币为基础的经济福利指标中允许包括一些影响生活质量的额外因素以扩展经济核算,但实现程度是有限的。其他指标在衡量社会进步方面可发挥重要作用,最近的研究进展使得福利测度"创新而且可信",其中有些测度结果能以可信的方式进行跨国比较。福利指标并没有替代常规经济指标,却提供了丰富政策讨论、增进人们认知的机会。今天,它们有可能从研究转向标准统计实践。

最近的研究表明,有可能收集有意义和可靠的主观福利数据。主观福利包括三个不同的方面:对自己生活的认知评价、正面情感(快乐、骄傲)和负面情感(痛苦、担心、愤怒)。尽管主观福利的这些不同方面有不同的决定因素,在所有情况下,这些决定因素远远超出了人们的收入和物质条件。例如,所有这些指标都一致强调,失业对个人和国家的主观福祉具有破坏性的影响。主观福利的所有这些方面都应该分别进行衡量,以便更全面地衡量人们的生活质量,并允许更好地理解其决定因素(包括人们的客观条件)。国家统计部门应在其标准调查中纳入有关主观福利的问题,以捕捉人们的生活评价、享乐体验和生活优先事项。

生活质量还取决于人们的客观条件和机会。有些分析家认为,这些"能力"不仅仅通过它们对人们的主观状态的影响起作用,而应该被视为人民自治的基本条件。社会组织如何影响人们的生活,从衡量人们的健康和教育、他们的日常工作和闲暇活动、公民的政治发言权和机构的反应能力、人们的社会联系和环境条件,以及影响他们生活的物质和经济的不安全感可以看出来。这些领域的挑战是改进已经取得的成就,在各个领域制定公认的统计标准,并在现有指标仍然不足(例如不安全感)的领域投资统计能力。对于人们如何利用时间的数据(以及他们在从事这些活动中的乐趣)尤其如此:定期开发此类数据,并基于允许各国之间以及随着时间推移进行比较的标准,是一项重要的优先事项。

生活质量指标应说明个人经历的不平等。这一点很重要,因为社会进步不仅取决于每个国家的平均条件,而且取决于人们条件的不平等。为了弥补全国范围的估计与人们对自身条件的感觉之间的差距,必须考虑体验的多样性(按性别、群体和代际划分)。生活质量的每个维度中的不平等本身就是重要的,这强调了避免假定任何单一维度将始终包括所有其他维度的重要性。同时,由于生活质量各维度之间的联系,各种不平等之间还可能相互强化,产生叠加效应。

关于生活质量的一些重要政策问题涉及一个领域的发展如何影响其他领域,以及不同领域的发展如何与收入相联系。多重不利因素对生活质量的影响远远超过个别影响的总和。制定这些累积效应的衡量标准需要关于一个国家所有人的生活质量(如影响、健康、教育、政治发言权)最显著特征的"联合分布"的信息。虽然这种信息的充分开发可能只能在遥远的将来实现,但是可以通过在所有调查中包括一些标准问题来采取这方面的具体步骤,这些标准问题允许根据有限的一组特征对受访者进行分类。

寻找衡量生活质量的数量指标常常被视为生活质量研究最重要的挑战。虽然这一强调部分或主要地被错置,但 SSF 报告认识到这一领域的强烈需求,并认为统计部门在应对这一需求方面可以发挥作用。一些衡量生活质量的数量指标是否可行取决于所提出的问题和所采取的方法。其中一些指标已经在使用(例如,整个国家的平均生活满意度水平,或综合各领域的平均指数,例如 HDI)。如果国家统计系统做出必要的投资来提供允许其计算所需的数据,则可以实施其他方案。例如,U 指数,需要通过现有的时间利用调查来收集关于某一具体事件在此期间的情绪体验信息。"(注:时间利用调查是一种调查的专有名称)。类似地,基于人们生活中各种客观特征的发生次数和严重程度的计算方法,需要关于这些特征的联合分布信息;而基于"等价收入"概念的方法也需要关于个人对这些项目的偏好信息。统计部门应当提供必要的信息,以便能够计算一些生活质量的综合指标。

第二章

影响生活质量的客观特征

在实践中,所有的生活质量测度方法都强调人们生活中的一系列特征,这些特征要么具有内在性,作为美好生活的客观表现,要么具有间接性,为了实现有价值的主观状态或其他客观目标。这些特征中的一些可以被认为是指特定的功能(即对人们的行为的描述,例如工作、通勤;对人的状态的描述,例如健康或教育),而另一些则可设想为特定领域的自由权(例如政治参与和发言权)。

那么,哪些因素应该被列入客观特征的单子?究竟是为了评估一个国家国内生活条件的改变,还是为了比较不同发展水平国家间的生活条件?影响因素的选取既取决于评估目的,又取决于不同经济主体的价值判断。[①]既然选定福利影响因素也需要主观价值判断,那所选因素集合能不能反映客观现实? SSF 报告认为,在实际操作中,不同国家和地区所考虑的大部分内容都相同,各种致力于测度福利所选择的特征也有很大程度的一致性。例如,强调社会组织方式对人们生活的影响。

"需深入思考这种'一致性'之源。一个不可忽视的基本事实是,福利测度规则的制定者、测度因素的选取者大多来自发达国家,测度方案是否包含

---

① 正如约翰·希克斯(John Hicks)所说:"为了使我们能够在发生什么事情之前说些有用的话,那就太晚了……我们必须集中注意力,希望我们把注意力集中在合适的位置上。"(为萨比娜·阿尔基尔引用,2009)

它们的主观成分? 只有各国测度者充分讨论,互相交叉,多轮反馈,集中对各种福利影响因素的主观印象,才能真正收敛于客观性所在。"[1]在实践中,这些协商过程的实际经验突出了众多选区共有的若干主题,当比较在诸如"福祉""人类发展"和"社会进步"等广泛概念的各种倡议下制定的"框架"时[2],也出现了类似程度的一致性。在大多数情况下,这些主题不仅包括上述对人的主观状态的测量,还包括对人的健康和教育、日常活动、参与政治进程,以及对人们所处的塑造了他们的安全感的社会环境和自然环境的测量。

SSF 报告列示了 8 个影响生活质量的客观特征:健康、教育、个人活动、政治发言权、治理、社会关系、环境条件、不安全感(人身不安全、经济不安全),并逐一阐释了其测度要义。

一、健康

健康也许是能力的最基本的组成部分,因为没有生命,其他任何组成部分都没有任何价值。然而,正如迈克尔·沃尔夫森(Michael, C. Wolfson, 1999)[3]指出的,我们对医疗费用、接受治疗的患者人数的了解远远多于对治疗效果、总体人口健康状况以及健康对寿命和质量的影响的了解。尽管前者有相当广泛的数据,但测度挑战对后者的影响更为重要。尽管世界上大多数国家都建立了卫生统计的基础设施,但这并非普遍现象。健康评估需要可靠的死亡率和发病率的衡量结果,但是,这两个领域的数据仍然存在重大的空白。

(一)健康常用指标

1. 死亡率

与其他健康指标相比,死亡率的测量更准确,误差更小。因此,死亡率统计数据构成了一个人口健康状况的基本指标,许多研究人员仅仅依靠死

①　邱东:《经济测度逻辑挖掘:困难与原则》,科学出版社 2018 年版,第 63 页。
②　参见经合组织主办的"测度社会进步的全球项目"的背景下制定的分类法,可查阅 www. oecd. org/. /taxonomy。
③　Wolfson, M. C. (1999),"Measuring health – visions and practicalities", Statistical Journal of the United Nations, ECE, IOS Press.

亡率指标来观察人口健康状况。自 1960 年以来,婴儿和成年男性的死亡率都显著下降,成年女性的死亡率下降较为温和,部分反映了吸烟行为的差异(图 2-1)。在更长的时期内,这种受益更为明显:例如,美国的婴儿死亡率从 1915 年的每 1000 名活产死亡 100 人下降到 20 世纪中期的 7 人左右,而在法国,这一时期的相应数据从 140 人以上下降到 4 人左右。不过,即使是死亡率统计也有问题。

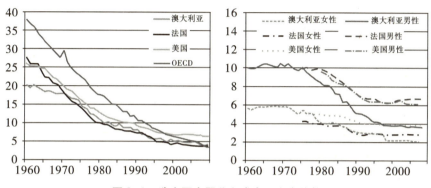

图 2-1　选定国家婴儿和成人死亡率趋势

数据来源:OECD 健康数据。

　　首先,按年龄和性别确定的死亡率需要完整的生命登记系统。所有发达国家以及拉丁美洲的一些国家(其登记制度已接近完善)都提供这种服务,但在其他国家没有。在贫穷国家,婴儿死亡率可以通过调查得到合理的估计值,有些国家(如印度)通过抽样登记体制 ,有些国家(如中国)通过人口普查询问有关问题。但是,对于世界大部分地区来说,在成人死亡率的现有测度方面存在着巨大的差距,例如,这一差距对于思考非洲的艾滋病毒/艾滋病来说是一个巨大的问题。① 那里的成人死亡率和其他基于它们的统计数据由国际机构建模,而不是测度的,通常基于婴儿死亡率和关于艾滋病死亡率的假设。在这些估计中隐含的误差,较大范围并不总是能被识别。

---

　　① 婴儿死亡率是一个长期的健康指标。它的价值在于,它反映了经济和社会条件对母亲和新生儿健康的影响以及卫生系统的有效性。它通常包含在生活水平的所有评价中,与人均 GDP 成反比。婴儿死亡率是发展中国家的一项重要指标,也是联合国千年发展目标的基石,例如,在发达国家,情况就不那么糟了,在这些国家,围绕非常低的水平的小的跨国差异可能反映医疗和记录做法的差异。

由此可见，对于世界上许多依赖于成人死亡率的健康状况的国际测度都存在严重问题。即使对发达国家进行历史比较（如上面提到的那些）也会产生类似的问题；例如，美国直到 20 世纪 30 年代才在联邦一级建立了完整的登记制度（爱丽丝·赫泽尔，Alice M. Hetzel，1997）[①]。

其次，如何更好地基于死亡率数据构建汇总统计数据？死亡率是向量，而不是标量，即每个年龄和性别都有自己的数据结果。要获得总体人口测度结果需要使用一些综合指标。一般而言，粗死亡率（死亡率除以人口）不是有用的人口健康指标，因为它取决于人口的年龄结构。目前使用的综合指标有以下几种，不过这些指标各有其优缺点。

（1）出生时预期寿命。即假定出生时的死亡率模式在一生中保持不变，一名新生儿可能生存的年数。虽然这个指标是最常见的健康状况指标，但如果死亡率持续下降，它会低估现在出生的人的预期寿命（相反，在死亡率预计将上升的国家，它会高估预期寿命）。此外，低死亡率对预期寿命的影响取决于死亡下降发生的年龄。特别是，死亡率下降发生的年龄越早，预期寿命的变化就越大。这对时间序列有影响，例如，在 20 世纪 50 年代，贫穷国家的病媒控制和免疫运动导致婴儿和儿童死亡率的大幅下降，而富裕国家的死亡率的大幅下降则发生在中年和老年人之间。死亡率下降的进展大大缩小了贫富国家出生时预期寿命的差距。然而，这种缩小也隐藏了一个重要的哲学问题，即新生儿死亡率的下降是否确实"比中年人死亡率的下降好"，这个问题的答案还取决于贫穷国家生育率下降通常遵循低死亡率（安格斯·迪顿，2006）。[②]

（2）标准化死亡率。不同年龄组的死亡率应结合不同国家和不同时期适当反映不同年龄结构。但是，可以使用不同的方法来实现这种标准化，根据基础数据性质，结果可能有所不同。两种常用方法是"直接"和"间接"的

---

①　Hetzel, A. M. (1997), History and Organization of the Vital Statistics System, National Center for Health Statistics, US Department for Health and Human Services, Hyattsville, Maryland.

②　Deaton, A. (2006), "Global Patterns of Income and Health: Facts, Interpretations, and Policies", WIDER Annual Lecture 10, United Nations University, World Institute for Development Economics Research, Helsinki.

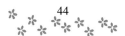

标准化。这两种方法都将一个地点或时间的死亡率结构应用于参考群体。例如,对于美国来说,如果佛罗里达的特定年龄死亡率保持不变,美国人口的年龄结构适用的话,通过计算死亡人口的比例,某一州(例如佛罗里达)的死亡率可以"直接标准化"。或者,通过使用佛罗里达州普遍存在的年龄结构,并将佛罗里达州的实际死亡率与如果美国针对特定年龄人口的总死亡率表应用于实际人口时预期的死亡率进行比较,可以"间接标准化"[①]。然而,当比较两国的生存曲线时,两种方法将导致不同的结果,甚至导致国家和人口组之间的排名不同。在这种情况下,应该将两种标准化方法结合运用。

(3)中值预期寿命。中值预期寿命有时是有用的,其行为与平均预期寿命非常不同。特定年龄的死亡率曲线在生命的第一年很高(特别是在贫穷国家),然后一直下降到最低值,再后从大约 30 岁开始缓慢上升。因此,通过降低低年龄组的死亡率峰值,降低婴儿死亡率,大幅减少生活中的人际不平等,对下面讨论的一些健康不平等的测度方法有一定的影响。在死亡率最高的国家——例如 1960 年的马里,出生时的平均预期寿命约为 5 年,但平均预期寿命约为 37 岁——中值预期寿命的使用有其他含义。例如,当儿童和婴儿死亡率下降时,死亡的中值年龄突然从青年跳到老年,一旦发生这种情况,中值预期寿命就超过平均预期寿命,而在此之后,如果死亡率继续下降,平均预期寿命上升速度通常比中值预期寿命快。鉴于中等预期寿命的典型特性,这些特性指出将特定年龄的死亡率结构降低到单一人口健康指标的复杂性,以及在比较不同国家儿童和老年死亡率之间的平衡时使用标准预期寿命指标所带来的问题。

这些用于总结特定年龄和性别死亡率向量所提供的信息的各种指标的不同性质,强调了使用一套这些综合指标来评估死亡率的重要性。

2. 发病率

与死亡率相比,发病率或非致命性健康状况的测度方法更加多样化。它的测度方法是针对健在的人的功能进行衡量,因此,它们可以在个人层面上使用,而不仅仅是针对全部人口。换句话说,我们可以讨论发病率的人口

---

① 这两种方法与拉氏和帕氏价格指数非常相似。

分布,但很难讨论预期寿命的人口分布。用一种很难用在预期寿命上的方式来讨论发病率在人群中的分布。虽然一些学者认为人口发病率平行于人口死亡率,但不能保证它必须总是这样,而且有时也不是这样。例如,詹姆斯·莱利(James C. Riley,1997)[①]认为英国 19 世纪死亡率的下降伴随着发病率的大幅增加,至少在最初。用他的话说,英国工人是"生病了,而不是死了"。在某些情况下,死亡率和发病率之间的关系可以在不同的国家和人口中有所不同。例如,最近对 12 个经合组织国家的老年人严重残疾趋势的研究发现,丹麦、芬兰、意大利、荷兰和美国是下降的;比利时、日本和瑞典是上升的;加拿大、澳大利亚是稳定的;法国和英国有不同方向的变化(取决于所使用的资料来源)[②]。可用的发病率指标是基于行政登记数据或人们自述的数据。然而,现有指标在一些重要方面仍然具有局限性,它们往往不能为衡量各国的发病率和评估其随时间的变化提供充分的依据。一些最常见发病率的方法有以下几点。

(1)人体测量(anthropometric measures)。这些测度指标对儿童尤其有用。身高和体重提供计算发育迟缓(长期营养剥夺)和消瘦(短期营养剥夺)的数据,这是贫穷国家健康测量的中心数据。成人的身高在生命的前三年里受到营养和疾病的影响较大,在成年后没有太大变化。因此,即使按身高分类的成年人的单个横截面也能够反映当前人口的童年营养和健康历史。成人的身高是衡量儿童时期疾病和收入影响的指标:高个子的人比矮个子的人挣得钱更多,受教育程度更高,对自己的生活更满意;他们也体验到更多的享受和幸福,更少的痛苦和抑郁,以及更低的血压、血脂、胆固醇和死亡率。然而,这些个体效应只能在大样本中观察到。通过身高和体重数据来计算肥胖指标(使用体重指数,body-mass index,BMI),这在大多数经合组织国家已经成为一个公共卫生问题。

① Riley,J. C. (1997), Sick, Not Dead: The Health of British Workingmen during the Mortality Decline,Johns Hopkins University Press,Baltimore.

② Lafortune, G., Gaëlle Balestat, and the Disability Study Expert Group Members (2007), "Trends in severe disability among elderly people: Assessing the evidence in 12 OECD countries and the future implications", OECD Health Working Papers No. 26, OECD, Paris.

(2)疾病特异性信息(disease-specific information)。关于不同疾病流行率的信息可以基于疾病登记册、全科医生登记册、医院出院数据、药物数据库和健康访谈调查。所收集的信息通常集中于疾病的候选名单,这些疾病通常选在不同国家对疾病负担责任最大的疾病之中。健康访谈通常包括"医生是否告诉过你你患有××"这个问题,然后是疾病的候选名单。这类问题的优点在于,它寻求关于由卫生专业人员诊断的疾病的信息,而不是依赖于纯主观的评价;缺点是,人们的反应将受到人们看医生的次数的影响。一些基于人群的调查还收集了有关生物标志物的信息,包括血压和贫血。来自这些调查的信息允许各国之间健康状况的重要的(令人惊讶的)比较。例如,詹姆斯·班克斯等人(James Banks et al.,2006)认为,美国中老年人群在糖尿病、高血压、心脏病、心肌梗死、中风、肺病和癌症方面不如英国同龄人健康[1]。这个结论适用于依赖各种疾病的生物标志物,甚至在控制了一套标准的行为风险因素(例如吸烟、超重、肥胖和饮酒)之后也适用。在欧洲、美国、印度、中国,越来越多的调查支持这种比较,特别是在50岁以上的人群中。

(3)自述健康的一般方法(general measures of self-reported health)。在国民健康调查中,一个常见的问题是:"你的健康状况如何?"在调查中,对这类问题的回答可以很容易和迅速地收集,并且即使在与医务人员进行体检的对照之后,它们也能预测随后的死亡率。它们与人口各阶层的广泛疾病和条件有关,并且随着年龄的增长而下降,尽管可能没有预期的那么多。自述的一般健康数据突出了其他有趣的特征。例如,尽管女性寿命更长,但她们自述的健康状况却比男性差。这未必是衡量标准中的缺陷,因为女性可能生病,而男性则会死亡,所以死亡率和发病率的排名会有所不同(安妮·凯斯和克里斯蒂娜·帕克森,Anne C. Case and Christina Paxson,2005)[2]。一个更严重的问题是,尽管死亡率大大降低,但自述的健康状况一直保持稳定。这表明,这些自述的一般健康方法可能受到某种适应性的影响,而这种

---

① Banks,J.,M. Marmot,Z. Oldfield, and J. Smith (2006),"Disease and disadvantage in the United States and England",JAMA,295.

② Case, A. C. and C. H. Paxson, "Sex Differences in Morbidity and Mortality", Demography,2005:42(2).

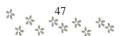

适应性将使它们不适合作为发病率的客观衡量标准。这些测量的国际可比性的一个关键问题是在回答这些问题时产生的文化偏见，以及在各国使用不同尺度：虽然自述的健康结果通常基于1(优)至5(差)的"利克特量表"，但也有例外(如日本)①。

(4)健康情境问卷方法(vignettes)。该方法试图消除自述的关于一般健康状况的问题的系统偏差。在这种方法中，受访者被要求对健康状况进行描述的人的标准场景，然后使用这些标准来规范自述健康状况的方法。健康情境的使用在多大程度上解决了个人答案具有不可比性的根本问题，这个问题仍然悬而未决。纠正自述信息中可能存在的偏差的另一种方法是测试人们的视觉、听觉、行走、思考和记忆能力。然而，这样的测试费用高昂，因为它们涉及面对面的接触，以及长时间的面试和考试。

(5)自我健康评价的具体方法(specific measures of self-reported health)。一些国家健康调查还包括关于健康状况的关键维度的更具体的问题。这些问题常常涉及看、听、走、掌握物体、思考和记忆的能力的局限性。这些调查还包括疼痛和情感问题。跨国比较的一个重要问题是缺乏调查问题和反应类别的标准化。② 不过，最近已经采取了一些措施，在国家一级调查中制定一套协调健康状况的指标。这些指标的另一个问题涉及文化偏见，可能会影响各国反应的可比性。

(6)日常生活活动和日常生活工具活动。健康调查还收集关于人们进行各种日常生活活动(activities of daily living，ADL)或日常生活工具活动(in-

---

① 例如，在欧洲国家，反应类别通常是"对称的"，包括"非常好、好、一般、差、非常差"；在非欧洲国家，反应类别常常是"不对称"，即优、非常好、良好、一般、差。问题的措辞也很重要。例如，世界价值观调查问题询问的是"对健康的满意度"(0至5分)，而不是"自我健康评价"；基于这个问题，对健康的满意度随着年龄的增长而稳步下降。然而，当另一项调查的加拿大受访者被要求相对于其他同龄人评价他们的健康满意度时，这种下降趋势消失了。这表明，与健康状况的主观评价相比，健康满意度的结果不太可能反映健康状况，见约翰·赫利韦尔(John F. Helliwell，2008)。Helliwell，J. F. (2008)，"Life-Satisfaction and Quality of Development"，working paper 14507，National Bureau of Economic Research，Cambridge。

② 最近的一个例子是布达佩斯关于健康状况测度的倡议。

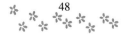

strumental activities of daily living，IADL）的可行能力的数据。[①] 这些是对不同维度上的功能的直接测量，并且它们与实际功能对应性非常好。在其他证据表明这与实际情况相差甚远的情况下，他们没有遇到穷人说自己比富人病得少的问题。缺点是他们只对老年人有用，因为几乎所有的年轻人都能完成所有这些活动。

除了身体健康之外，还有各种类型的精神疾病，测度遇到更高的挑战。基于这一主题的大多数研究集中在精神障碍的高发病率，例如，来自世界卫生组织世界精神卫生调查倡议（WHO World Mental Health Survey Initiative）的数据表明，经历过某种类型的精神卫生障碍的人所占的比例（即焦虑障碍、情绪障碍、与冲动控制或使用酒精或药物有关的障碍）前一年的患病率意大利、日本、西班牙和德国为9%，法国为18%，美国为26%，从终生患病率来看，这一比例要高得多，法国接近40%，美国为50%（罗纳德·凯斯勒等人，Ronald C. Kessler et al.，2007）[②]。这些病例大多被归为"轻度"或"中度"，而且大多数患者都未得到治疗。在欧洲国家，年轻人、女性、失业者、残疾人和未婚者患精神疾病的风险较高，乔迪·阿隆索等人（Jordi Alonso et al，2004）。[③] 随着各种研究得出不同的结论，评价精神障碍的发病率是否正在上升更加困难。显然需要更多关于心理健康的研究——基于国家代表性样本、常见诊断问题和定期重复的调查，并且政府应该通过进行更系统的调查来提供帮助。

（二）健康综合指标

近年来，人们健康状况的各个方面导致了各种测度方法的开发，这些方

---

① 日常生活活动通常是在一天中完成的事情，比如洗澡、穿衣、吃饭、散步、使用厕所和从床上移到椅子上。日常生活中的工具性活动对于基本功能来说不是必需的，但是可以使个人在社区内独立生活：它们包括诸如准备饭菜、服用药物、使用电话、购物、理财和完成轻便家务等项目。

② Kessler，R. C. et al.（2007），"Lifetime prevalence and age-of-onset distributions of mental disorders in the World Health Organisation World Mental Health Survey Initiative"，World Psychiatry，vol. 6，October.

③ Alonso，J. et al.（2004），"Prevalence of mental disorders in Europe：Results from the European Study of the Epidemiology of Mental Disorders （ESEMED） project"，Acta Psychiatrica Scandinavica，Volume 109，Supplement 420.

法试图将死亡率和发病率结合到一个单一的健康状况测量中。所有这些方法都旨在计算在调整了与某种疾病或残疾一起生活的年数之后,健康状况良好的平均寿命年数,例子包括以下几个方面。

1. 伤残调整生命年(Disability-Adjusted Life Year,DALY)

DALY 是典型的特定疾病:是指从发病到死亡所损失的全部健康寿命年,包括因早死所致的寿命损失年(Years of Life Lost Through Death,YLL)和疾病所致伤残引起的健康寿命损失年(Years Lost to Disability,YLD)两部分。DALY 是一个综合指标,定量的测度因各种疾病造成的早死与残疾对健康寿命年的损失,是将由于过早死亡(实际死亡年数与低死亡人群中该年龄的预期寿命之差)造成的损失和因伤残造成的健康损失结合起来加以测算的。这种等价性是基于一系列医疗条件的权重(比如,一个 45 ~ 59 岁年龄组的未经治疗的颅骨骨折的人一年的价值相当于健康年的 42%,截肢失去脚的人一年的价值相当于 30%,患精神分裂症的人一年的价值相当于 57%)。目前正在讨论的最好方法是得出不同健康状况的评价。[1]

2. 无残疾预期寿命(Disability-Free Life Expectancy,DFLE)

DFLE 量化了特定年龄的人可以预期无残疾地生活的剩余年份。其计算需要来自标准生命表的死亡率数据,以及人口组中残疾患病率的估计,通常是基于简单二分变量的自述一般健康测量(如果自述为中度或重度残疾,取值为 0;或如果自述为没有残疾,取值为 1)。[2]

3. 健康调整预期寿命(Health-Adjusted Life Expectancy,HALE)

HALE 是指在当前的发病率和死亡率状况普遍存在的情况下,个人可以预期完全健康生活的年数。与健康状况不佳的年份相比,它通过对身体健康的生活年限赋予更大的权重来调整预期寿命。健康状况的测量通常来自从健康调查中得出的关于身体和精神功能的关键维度的问题。寿命年的加权取决于对健康状况的不同组合的评价,取值范围从 0(在死亡的情况下)到

---

① 这些指标最初是为世界银行 1993 年的《世界发展报告》而制定的。

② 自欧盟正式采纳为欧洲结构指标之一,DFLE 已经广为认可。在美国,没有活动限制的预期寿命指标(相当于 DFLE 的概念)是根据美国健康人 2010 年倡议监测的几项人口健康综合指标之一。

1（在完全健康的情况下）。①

在许多国家,定期监测人口健康状况的综合指标仍然不常见。这些指标很容易解释,因为它们基于可识别的疾病、残疾和死亡率的概念,但是它们的计算很复杂,因为它们依赖于不同的数据来源。例如发病率或残疾指标通常来自健康调查或家庭调查;死亡率通常来自与死亡登记相关的人口普查。从根本上说,它们的构建引发了一些伦理问题:例如,DALYs 认为残疾人的寿命低于健全人的寿命(苏莱卡·阿南德等人,Sulekha Anand et al.,1997)②,该结果如果用于安排医疗卫生服务,将不利于残疾人的治疗。同样,在这些综合指标的构建中使用的权重的合法性并不总是明确的。例如,全球疾病负担研究的主要"结果"之一——精神疾病的沉重负担——可能既归因于测量,也归因于假设。尽管存在这些问题,但综合健康指标还是对真正的需要做出反应,并期望继续推动开发这些指标。欧盟统计局和世界卫生组织就使用哪项指标进行协商并努力达成共识,还统一了基础数据来源和构建指标的方法。在任何情况下,"健康综合指标"都应被视为健康统计体系的一部分,该体系应包括分析个人和群体发展情况的能力。

(三)健康不平等

现有的各种健康指标不仅对一般健康状况的跨国比较提出了挑战,而且对国内不平等也提出了挑战。分析这些健康状况不平等的规模和决定因素已成为近年来流行病学研究日益关注的焦点。虽然其中一些研究是基于对不同国家个体的死亡年龄或寿命离差的简单测量(瑞安·道格拉斯·爱德华兹和

---

① HALE 的估计已经在一些国家(如加拿大)开发并定期更新。世界卫生组织还报告了 2004 个世界卫生报告中所有国家的 HALE 估计。

② 这一问题在评估中被引入了一些优先事项。如果伤残是在痛苦之中,那么,即使这对他们的全面健康并不是一个重要的指标,也是一个更重要的预期寿命指标。Anand, S. and K. Hanson, "Disability adjusted life years: a critical review", Journal of Health Economics, 1997:16(6).

什里帕德·图尔雅普卡,Ryan Douglas Edwards and Shripad Tuljapurkar,2005)[1],这些离散指标不能用于对目前健在的人群进行分类。例如,人的寿命的差异可能反映随机分布在人群中的遗传差异:在这些情况下,缩短寿命的总体分布不会使社会以任何道义上令人信服的方式减缓"不平等"。

大多数关于健康不平等的研究都着眼于死亡率和发病率的组间差异,强调了一些一致的模式。受教育程度和收入较低的底层职业群体往往会英年早逝,而且在其较短的一生中更容易患各种疾病(约翰·麦肯巴赫,Johan P. Mackenbach,2006)。这些健康状况的差异不仅反映了社会经济最底层群体有着比较糟糕的结果,而且还会扩展到整个社会经济阶层:例如,英国人的预期寿命会随着从非熟练体力劳动者到熟练体力劳动者、从体力劳动者到非体力劳动者、从低级办公室职员到高级职员的转变而增加(英国统计局,ONS,2006)。在欧洲国家,受教育程度较低的人的死亡率比受教育程度较高的人平均高出大约50%,女性与男性相比差距较小,老年人与年轻人相比差距较小(约翰·麦肯巴赫,Johan P. Mackenbach,2006)。此外,这些群体间的健康不平等不总是随着时间的推移而缩小,甚至在一些国家甚至更大。平均预期寿命的不平等在种族之间也是显著的。

虽然这些模式对评估各国的生活质量有明显的相关性,但该领域的系统数据收集仍然很少。例如,不可能以与传统的收入(教育)方式相同的方式比较各国之间这些健康不平等的规模。这反映了在所使用的健康结果指标、所考虑的个体特征(教育、收入、种族),以及各种研究的参考人口和地理覆盖率方面的不同研究。在衡量健康不平等方面(绝对和相对方面)的改进,特别是健康结果与社会经济地位之间的联系,应被确认为今后统计工作的优先事项。

---

① 随着时间的推移,这些指标突出了一些国家之间的重大差异。例如,死亡年龄的标准差超过10岁的,最大的是美国和法国(2003),最小是荷兰和瑞典。日本从1960年接近美国的水平开始,到1990年年初经历了大幅度的下降,此后又增加了;丹麦开始接近瑞典的低水平,在1990之前大幅度上升,此后下降。Edwards, R D. and S. Tuljapurkar (2005), "Inequality in Life Spans and a New Perspective on Mortality Convergence across Industrialised Countries", Population and Development Review, Vol. 34, No. 4, December.

二、教育

长期的经济研究观点已经认识到在人口中体现的技能和人才是经济生产中的关键投入。这种人力资本是通过对教育和培训进行投资,加上父母的投入(例如监督和指导)和社会资源(例如图书馆、博物馆等)而创造的。根据类似于经济核算的框架,人力资本测度方法在非市场核算中占据了重要地位(凯瑟琳・亚伯拉罕和克里斯托弗・麦基,Katharine G. Abraham and Christopher Mackie,2005)①。

教育、识字、推理和学习对生活质量也很重要。因为更好的认知功能扩展了个人的自由和机会,而独立于它对人们的收入或国家的经济活动可能产生的任何影响。实际上,正如经济学之父亚当・斯密(Adam Smith)所说的那样,获得教育和技能对生活质量的作用有别于对经济产出的贡献。这意味着,忽视一个小男孩的教育,让他过早地参加工作,会造成很重要的非经济后果:"当他长大成人后,他没有可借以娱乐的知识。"斯密还指出,缺乏教育会剥夺人们参与宗教活动的权利,甚至可能会导致他们"沉湎酒色,寻衅滋事"。②

(一)教育对生活质量的影响

除了它的内在价值外,教育也有助于实现各种对生活质量有意义的结果。其中的一些结果是货币性的(即较高的收入和财富),一些结果是非货币性的,但二者都惠及个人和整个社会。有证据表明,在校学习时间较长或获得高等教育资格的人更有可能获得更多的主观福利,更积极地参与社会活动并享有更好的健康。然而现有的研究并不总是提供确定教育与生活质量的其他维度之间的关系是否是"因果关系"(而不是反映其他因素对教育和其他结果的重要性)。教育"梯度"的存在(即高等教育有助于良好生活的各种特征)本身就是一个值得关注的重要结果。

①　Abraham, K., and C. Mackie, eds.(2005), Beyond The Market: Designing Nonmarket Accounts for theUnited States, National Academies Press, Washington DC.

②　亚当・斯密著,冯玉军、郑海平、林少伟译:《法理学讲义》,中国人民大学出版社,2018 年版,第 511 页。

以下是关于教育与生活质量一些维度有关的可用证据[①]:

(1)主观福利。受过高等教育的人对自己的整体生活评价较高,这种影响甚至在控制了收入变量之后仍然存在(约翰·海利韦尔,John Helliwell,2008)。美国、英国和爱尔兰的高等义务教育对主观福利的影响研究提供了教育对主观福利的因果关系的证据,在学校学习时间越长,学生体验到的主观福利越高,影响对广泛的规范检查具有稳健性(菲利普·奥里欧普洛斯,Philip Oreopoulos,2007)[②]。

(2)健康状况。令人信服的证据表明教育与健康状况之间存在相关性。在欧洲国家,受教育程度较低的男性的死亡率平均比受教育程度较高的男性高50%,而女性死亡率相差30%(约翰·麦肯巴赫,Johan P. Mackenbach,2006)。[③] 教育和健康状况之间的关系既适用于严重的健康问题,如糖尿病和高血压;也适用于更常见的疾病,如感冒、头痛和其他原因引起的疼痛(亚瑟·斯通等,Arthur A. Stone et al.,2008)[④]。这些影响(即教育是否会影响健康状况,反之亦然,或影响两者之间关系的其他一些因素的存在)的"因果"性质的证据是稀缺的,并且随着健康维度的变化而变化。例如,大多数证据表明,学校教育降低了吸烟的可能性和吸烟的数量(达米恩·德沃尔克,Damien De Walque,2007[⑤];弗兰克·格里马尔德和丹尼尔·帕伦特,Frank Grimard and Daniel Parent,2007)[⑥]、维克托·福克斯和菲利普·法雷尔(Victor R. Fuchs and Phillip Farrell,1982)对于较早的分析得出相反的结

① 这一证据在经合组织(2007)和 OECD 教育研究与创新中心的后续工作中得到了分析。

② Oreopoulos,P.,(2007),"Do dropouts drop out too soon? Wealth,health and happiness from compulsory schooling",Journal of Public Economics,vol.91(11–12),December.

③ Mackenbach,J.P.(2006),"Health Inequalities:Europe in Profile",UK Presidency of the EU,February.

④ Stone,A.A.,A.B.Krueger,A.Steptoe and J.Harter(2008),"Exploring the Socio-Economic Gradient in Daily Colds and Flu,Headaches,and Pain",mimeo.

⑤ De Walque,D.(2007),"Does education affect smoking behaviors? Evidence using the Vietnam draft as an instrument for college education",Journal of Health Economics,no.26.

⑥ Grimard,F. and D.Parent(2007),"Education and smoking:were Vietnam war draft avoiders also more likely to avoid smoking?",Journal of Health Economics,26.

论。① 当考虑到对酒精消费和肥胖的影响时,证据参差不齐。② 教育也影响到医疗卫生,至少对于某些类别的服务来说是如此,例如专科和牙齿护理(范·多斯拉尔等,van Doorslaer et al.,2004)③。尽管这些在获得方面的不平等被认为仅提供了对观察到的健康状况梯度的不完全解释。总的来说,大家的共识似乎是,教育对健康的影响是正向的,并呈因果关系(迈克尔·格罗斯曼,Michael Grossman,2008④;大卫·卡特勒等,David M. Cutler et al.,2008⑤)。维姆·格罗特和马森·范登布林克(Wim Groot and Maasen van den Brink,2007)计算出,教育带来的健康状况改善价值相当于教育经济回报的15%~60%⑥。

---

① Fuchs, V. R. and P. Farrell (1982), "Schooling and Health: The Cigarette Connection", Journal of Health Economics, 1(3), December.

② 雅各布·尼尔森·阿伦特(Jacob Nielsen Arendt,2005)与贾斯米娜·斯帕索耶维奇(Jasmina Spasojevic,2003)运用改进的最低辍学年龄确定教育对体重指数(BMI)的影响:这两个国家降低了超重可能性的变化,但丹麦没有明显的例子。[Arendt, J. N. (2005), "Does education cause better health? A panel data analysis using school reforms for identification", Economics of Education Review, 24. Spasojevic, J. (2003), "Effect of education on adult health in Sweden: Result from a natural experiment", PhD dissertation, City University of New York, New York.]唐纳德·肯克尔等人(Donald Kenkel et al.,2006)使用美国高中生(分年级)的数据,没有发现高中辍学和高中毕业生的 BMI 有显著差异。[Kenkel, D., D. Lillard and A. Mathios (2006), "The roles of high school completion and GED receipt in smoking and obesity", Journal of Labour Economics, 24.]培特·伦德伯格(Petter Lundborg,2008)根据美国单卵双胞胎的数据,结果是受教育程度较低的双胞胎自述的健康和恶劣的慢性疾病较低,但没有健康行为的差异,包括体重指数。[Lundborg, P. and H. Andersson (2008), "Gender, risk perceptions and smoking behaviour", Journal of Health Economics, 27.]

③ van Doorslaer, E., C. Masseria and the OECD Health Equity Research Group Members (2004), "Income – related inequality in the use of medical care in 21 OECD countries", OECD Health Working Papers No. 14, OECD, Paris.

④ Grossman, M. (2008), "Education and non–market outcomes", in E. Hanushek and F. Welch (eds), Handbook of the Economics of Education, North–Holland, Amsterdam.

⑤ Cutler, D., A. Lleras–Muney and T. Vogl, T. (2008), "Socioeconomic status and health: Dimensions and mechanisms", National Bureau of Economic Research, WP 14333, Boston.

⑥ Wim Groot, Henriette Maassenvan den Brin. Optimism, pessimism and the compensating income variation of cardiovascular disease: A two–tiered quality of life stochastic frontier model. (https://doi.org/10.1016/j.socscimed.2007.05.009).

（3）公共事务和社会参与是指影响人们参与政治和社会活动的各种行为，以及他们对他人的信任和容忍的态度。OECD 国家受过良好教育的人更有可能参与投票，尽管受过高等教育的人数有所下降。教育对政治参与的影响的证据有正有反，在美国有因果关系的证据（凯文·米利根等，Kevin Milligan et al. 2004①；托马斯·迪，Thomas S. Dee，2004②），但在欧洲不存在因果关系（凯文·米利根等，2004；托马斯·西德勒，Thomas Siedler，2007③；丹尼尔·米尔斯·托亚，Daniel Miles Touya，2006④）。相反，基于义务教育法和童工法演变的证据表明，教育对志愿率、参与团体活动、人际信任和容忍的态度没有影响（托马斯·迪，2004）。

（二）指标

一些指标提供教育状况的描述。这些指标中的一些涉及投入（例如，入学率、教育支出和学校资源），而另一些指标则涉及产出（例如，毕业率、预期完成教育的年限、学生和成人识字和算术成绩的标准化测试指标）。这些指标中哪一个更相关，取决于一个国家的发展阶段和评价工作的目标⑤。例如，绝大多数学生上到中学就毕业的国家，中小学入学的指标信息较少；类似地，一些国家可以把普及的基本教育与有限的高等教育机会结合起来（如中国），而另一些国家则可能既拥有更发达的高等教育体系，又存在大量的文盲（如印度）。最后，学校入学率指标说明了获得教育的机会，但如果学校没有提供有效的指导，这些指标可能会对结果产生误导。

所有这些指标，除了提供每个国家的一般情况之外，还可以提供有关教

---

① Milligan, K., E. Moretti and P. Oreopoulos （2004）, " Does education improve citizenship? Evidence from the United States and the United Kingdom", Journal of Public Economics, 88.

② Dee, T. S., （2004）. Are There Civic Returns to Education? Journal of Public Economics 88, 1697–1720.

③ Siedler, T. （2007）, "Schooling and citizenship: evidence from compulsory schooling reforms", University of Essex, ISER Working Paper 2007–2.

④ Touya, D. M. （2006）, "Can we teach civic attitudes?", Estudios Sobre la Economía Española, mimeo.

⑤ 教育——以成人识字率和小学、中学和高等教育综合入学率衡量——被列入人类发展指数。在人类发展指数（识字率占三分之二，入学率占三分之一）中，教育部分的具体权重有些武断。这些教育指标在发达国家中几乎没有区别。

育机会分配差距的重要信息。例如,如果向女孩提供的教育机会比男孩少,或者如果少数民族或少数种族被迫到分校(或质量低的学校)上学,甚至完全被排除在教育之外,那么整个社会可能更糟糕。在一些国家的政策议程中,这些对不平等的关切变得更为重要。例如,在美国,出台了《有教无类法案》(*No Child Left Behind Act of* 2001,Public Law 107−110。也译为《不让任何孩子落后法案》或《不让一个孩子掉队法案》),该法案主要旨在解决贫困地区学生和黑人男生的受教育问题。教育差距可以用许多不同的方式来衡量,例如通过比较在人口特征、父母收入或受教育程度方面存在差异的群体间或具有不同特征的区域间的指标,或通过计算感兴趣的教育指标分布的离散指标。

评价教育对生活质量作用的一些最相关的指标是衡量人们能力的指标(即直接测量人们在不同环境中所学到的知识)。近几年,人们已经开发了如下一些提供能力标准测度的方法。

(1)经合组织国际学生评估方案(Programme for International Student Assessment,PISA)是对 15 岁学生的阅读、数学和科学素养进行评估,每轮评估的重点会在三个方面轮换,通常每 3 年进行一轮评估。最早是在 2000 年对 43 个国家进行评估,最近一轮是 2018 年评估了大约 80 个国家,阅读是此次数据收集的重点。

(2)国际数学与科学研究趋势(Trends in International Mathematics and Science Study,TIMSS)由国际教育成就评估协会(International Association for the Evaluation of Educational Achievement,IEA)开展,旨在评估 4 年级和 8 年级学生的数学和科学成就,通常每 4 年进行一次,从 1995 年开始,目前已进行了 7 轮评估。

(3)国际阅读素养研究进展(Progress in International Reading Literacy Study,PIRLS)也是国际教育成就评估协会开展的一个国际评估和研究项目,旨在衡量 4 年级学生的阅读素养,通常每 5 年实施一次,自 2001 年以来,目前共进行了 5 轮。

(4)国际成人识字调查(International Adult Literacy Survey,IALS)于 1994—1998 年进行,是有史以来第一次大规模的国际比较评估,提供了 22 个国家和地区有关成年人(16～65 岁)读写能力的信息,使得这些数据在不同文化和语言之间具有可比性。

（5）成人识字和生活技能调查（Adult Literacy and Life Skills Survey, ALL）以国际成人识字调查为基础，分别在 2002 年和 2006 年进行了两轮评估，旨在衡量 16~65 岁人口的基础技能和解决问题的能力，包括散文和文档的读写能力，以及计算能力等。

在很大程度上，这些大规模比较测试方案的起源在于 20 世纪 80 年代和 90 年代初美国和加拿大在成人大规模评估方面的经验。从这些国际比较项目收集的部分数据往往比关于入学率或教育程度的数据更具可比性。事实上，即使在美国，不同州计算高中毕业率的方式也有显著差异，这大大限制了可比性。这些测试数据突显出各国的平均测试分数的巨大差异①，以及学生在成绩上的巨大不平等。图 2-2 描述了科学成绩不平等的情况，即低成就（1 级或 0 级）学生所占的比例，以及来自不同社会经济特征家庭的学生在分数上的差异。

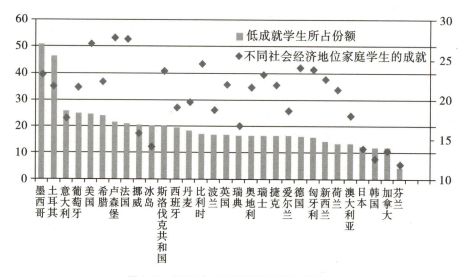

图 2-2　2006 年 15 岁学生科学素养分布

数据来源：OECD 国际学生评估项目（2006）。

---

① 例如，2006 年美国和法国的 PISA 数学考试分数分别比经合组织排名第一的国家（芬兰）低 14% 和 10%。

尽管有各种各样的调查，现有的能力测度方法仍然有局限性。除了有限的地理覆盖范围之外，其中一些方法是为了评估教育政策而开发的，因此不应该把重点放在衡量人的一般能力上，而是一些更细分的能力上。即使是比学校本身更广泛的识字调查，对于许多能力（如团队合作、实践认知、信息和通信技术的使用），并不总是能够构建足够可靠的方法，对于这种评价，还会额外增加回答负担，需要使用与自我完成方法不同的评估方法。尽管有这些局限性，但近年来开展的一些调查已经超出了侧重于一系列具体能力的视角，而且随着经合组织成人能力国际评估方案的发展，这一趋势预计会加速。① 一般来说，从生活质量的角度来看待教育，除了在特定能力方面追求卓越外，还应包括对其他文化的开放、自我表达和理性讨论的能力、对他人观点的宽容，以及学生从课堂中获得的享受。

第二个局限性涉及现有评价方法的覆盖范围。学校教育只是个人知识、技能发展和生活质量提高的投入之一。校外教育经历的重要性是有据可循的，但由于数据的限制，在实证研究中往往被忽略。例如，尽管一些方法提供评价儿童发展的非认知方面（例如，运动协调、社会互动），很少有大规模的调查关注幼儿（例如，对于他们的照顾安排，花在他们身上的时间，这些安排的结构以及培养的软能力），尽管越来越多的证据表明，学龄前儿童所学的知识对以后的学习成绩有显著的影响。同样，测量方法仍然不足以评价成人教育和培训中所学到的参与和能力，也无法评价这些方案如何惠及具有不同特征的人群。

但是，该领域指标的主要问题不是缺乏关于教育本身的更详细的信息，而是缺乏提供衡量教育和其他影响个人生活质量结果的调查。如果有了这样的调查，并在设计上允许国家之间进行比较，就可以更好地了解教育和生活质量其他方面之间的关系。包括教育开展的途径，以及教育者和政策制定者可以做些什么来增强教育在促进生活质量中的作用。有效的教育政策

---

① PISA 将阅读能力定义为学生在生活中遇到的情况下使用书面信息的能力：这意味着一种能力，以理解、使用和反思书面文本，以实现自己的目标，发展自己的知识和潜力，并参与社会。这个定义超出了对信息进行解码和对所编写的内容进行字面解释的传统概念，并且面向更实用的任务。在 PISA 中使用的阅读素养是由阅读材料的格式、阅读任务或方面的类型，以及构成文本的情况或用途定义的。

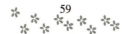

和方案的设计(能够对生活质量的其他方面产生有益的外溢效应)关键取决于知道什么有效、什么无效,我们能够改变什么,我们为什么能够做得更好。

三、个人活动

(一)个人活动对生活质量的影响

个人活动对生活质量的影响在很多方面都很重要。首先,也是最明显的是,人们从事的活动对他们的享乐体验和评价判断都有可预测的影响。例如,图2-3显示了美国和法国两个城市中女性的各种日常活动的排名,这些女性自述她们如何度过平常一天的时间以及从她们那里得到的享受。在这两个国家,谈恋爱、锻炼和玩耍是最令人愉快的活动,而通勤和(有偿)工作是最不令人愉快的活动;尽管两国之间存在一些差异,但在这些活动上的排名还是非常一致的。每个人的主要活动,比如有份好工作或失业,也始终映射到人们的生活评价中。

美国

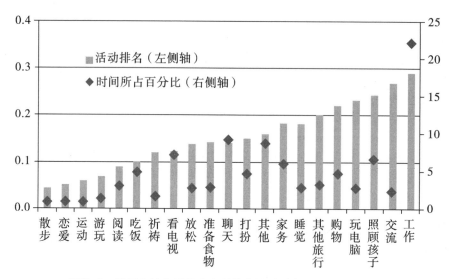

图2-3 基于女性享乐体验和所花费的时间来排列的个人活动

注:活动的排名是基于15分钟间隔的比例信息,在这15分钟间隔中,"压力""悲伤"或"痛苦"的享乐体验超过了"幸福"。数据参考了在哥伦布(俄亥俄州,美国)和雷恩斯(法国)接受采访的女性样本,她们在2006年接受了普林斯顿情感和时间利用调查。(来源:艾伦·克鲁格等人,2008)

通常,由于缺乏有效的替代项目,人们并不总是像他们在不同商品当中分配预算那样在各种活动中进行"选择",因为他们可能没有发言权(例如,贫穷家庭可能更喜欢送孩子去工作而不是上学)。而且这些选择通常会影响家庭和社区中的其他人(如关于工作和闲暇的选择),有部分个人活动实际上代表了生产的间接成本(如通勤)而不是消费。此外,可行能力观方法强调了一些个人活动的内在价值及其对生活质量的贡献。

(二)重要的个人活动及测度

一个紧迫的问题是找出影响生活质量的最重要的个人活动。考虑到政治需求以及提供具体的、可比较的均衡数量的可行性,主要活动包括有偿工作、无偿工作、通勤和闲暇。由于许多这些活动是在家里进行的,而且这种家庭环境也是非工作生活质量的一个重要决定因素,住房本身尽管不代表一种活动,但它为若干活动提供了场所,因此也被纳入了讨论。有若干客观指标可以用来测量这些个人活动以及它们在人们生活的不同阶段之间的平衡(例如,有幼儿的女性的无酬家务劳动和家庭生活之间的平衡)。这些指标不仅可以反映各种活动的数量和质量,而且可以反映这些活动在广大人口中如何分布,特别是按性别分布。

在讨论与每项活动有关的指标之前,需要进行更全面的考虑。对于所有的个人活动,时间利用调查提供了一个粗略但基本的定量指标,表明人们如何在各种活动项目上花费的时间。从将非市场工作纳入常规经济核算的角度来看,这些调查提供了重要信息。但是,这种调查仍然是大多数国家统计系统中较不发达的领域之一:它们只是偶尔进行的(如果有的话);所依据的协议在各国之间有很大差异,而且它们缺乏统一的国际标准。由于这些调查在提供关于人们如何利用时间的直接测度方面所起的作用,因此应更经常地进行此类调查,并基于允许进行有效的跨国和时间比较的框架。

1. 有偿工作

有偿工作对生活质量来说具有重要意义,部分原因是有偿工作提供了人们的身份认同和社交机会。不过,从这个方面来看并非所有工作都具有同等价值。这凸显了针对有偿工作的质量搜集更系统的信息的重要性(若干国际机构一直在这样做,因为它们正在对"体面工作"开展研究)。有些全国性调查提供了有关体面工作的许多方面的信息,例如非标准就业、就业和工资领域的性别差异、工作场所的歧视、终身学习的机会、残疾人的就业机会、工作时间和"与正常社交活动冲突的加班工时"、工作与生活的平衡、工伤事故和人身风险、工作强度、社会对话以及员工的自主权等。但是，它们的实际应用因为抽样规模小和不同国家之间调查项目的差异而受到了限制。[1] 体面工作是生活质量的一个重要决定因素，国际劳工组织试图在全世界推广这一理念。

体面工作是一个多维概念，它包含了专栏2-1中列出的所有因素。这些因素也有助于工人及其家庭的经济和社会安全，包括有偿工作和其他活动之间的平衡（如"工作和家庭生活相结合"的情况）和社会对话的一个方面（即形成工作场所生活质量和幸福感的公共条件）。此外，体面工作指的是权利，不论这些权利是否存在（即国际公认）或是否已经制度化。

专栏2-1　　　　"体面工作"议程的实质性因素

· 就业机会（1+2）

· 应废除的工作（1+3）

· 充足的收入和生产性工作（1+3）

· 体面时间（1±3）

· 工作稳定性和安全性（1,2±3）

· 工作和家庭生活的结合（1+3）

· 就业机会均等和待遇（1,2+3）

· 安全工作环境（1±3）

· 社会保障（1+3）

· 社会对话和工人代表（1+4）

注：括号中数字是指ILO和"体面工作"有关的战略目标：①工作标准和基本原则和权利；②就业；③社会保障；④社会对话。（资

① 约瑟夫·斯蒂格利茨（Joseph Eugene Stiglitz）、阿玛蒂亚·森（Amartya Sen）、让-保罗·菲图西（Jean-Paul Fitoussi）著：《对我们生活的误测——为什么GDP增长不等于社会进步》，阮江平、王海昉译，新华出版社2011年版，第118页。

料来源:ILO 汇编。)

"体面工作"的每个方面都需要用若干潜在的指标来衡量。虽然并非所有内容都可列入,但要保留与体面工作概念有关的数量有限的关键指标,这会由相关利益攸关方和国际机构协商后选定。这些指标应适应发达国家和发展中国家,并突出农业等特殊部门的任务和风险的性别分工。有些工作比其他工作具有更严重的健康代价:例如,水稻种植期间的移植意味着接触与水传播疾病和化学品,而从事大部分工作的女性,有毒化学品在身体表面残留的时间更长。另外,在国家和区域层面也应制定"体面工作"的测度指标。

工作场所事故很好地说明了这一领域的测度困难,这是有偿工作危害最明显的表现。工伤事故是指在工作执行期间发生的突然的、有时是暴力的事件,给有关工人造成健康损害或生命损失。由于事故记录的差异,国际上对事故的比较是困难的。例如,统计数据有时只记录在足够大的工作场所发生的"补偿"事故,不包括轻伤,在数据来源中还包括保险公司、社会保障登记册、劳动监察员、机构普查和特别调查。此外,企业可能在报告工作事故的国家,企业的社会捐助额取决于事故的频次。自 1998 年劳工组织通过关于"工伤事故职业伤害统计"的决议以来,可比性已有所改善。该决议规定了数据收集和呈现的标准,但问题依然存在。例如,非致命性伤害的报告在欧洲国家和日本仅限于造成 3 天以上缺勤的伤害、在澳大利亚 6 天以上,在其他国家为 1 天以上。在所有国家,现有的统计数据不包括导致工作时间减少的缺勤,而是包括了直接旷工。[①] 从行政和保险来源报告的事故频率的变化也可能反映保险规则的变化,这些规则改变了雇主对低报小事故或提供减少工时给受伤雇员的奖励。实践中的这些做法的差异限制了这一领域的统计数据的可比性。

由于其多维性,一些尝试的目的是构建体面工作的综合指标。图 2-4 提供了一个示例,显示了在《国际劳工评论(2003)》中公布的排名最好的

---

①　2003 年,致命性工伤事故在土耳其、韩国和墨西哥最为频繁,而在英国和瑞典则最少;自 1995 年以来,这些事故的频率有所下降。非致命事故更为常见,而且在大多数经合组织国家中也有所下降。[OECD (2006a),Society at a Glance,OECD,Paris.]

25个国家。该综合指数基于7个子指标（它们本身是综合的），其选择部分取决于数据可用性：劳动力市场的安全性（就业机会的各种指标）、就业保障（不稳定的反面）、专业或技能安全（技术岗位的可用性）、工作安全（工作条件，包括工作时间）、与教育和培训有关的安全性、收入保障、工人的发言权。

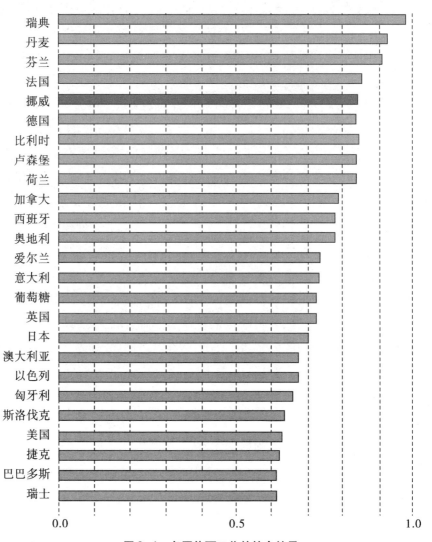

图2-4 各国体面工作的综合结果

数据来源：国际劳工评论（2003）。

2. 无偿工作

从评价家庭服务总量以及家务劳动在性别之间如何分配的角度来看，无偿家务劳动(例如购物、照顾儿童及其他家庭成员)具有重要意义。这些数据还将提供各国之间的动态比较,并解释其他方面的不平等(例如就业和闲暇)。

原则上,指标还应提供评价无偿家务劳动的质量,尽管这一领域几乎没有客观标准。然而,一些国家(如瑞典)定期调查家务劳动的压力和压力对健康的影响。开发压力的直接测度指标对发展中国家也很重要,因为家庭烹饪所使用的设备(开放式或原始炉灶)和燃料(生物燃料)对妇女和儿童的健康风险都高于男性。

无偿家务劳动对有儿童的家庭的生活质量尤为重要。由于照顾儿童的大部分时间通常都是在做其他劳动的同时进行的,所以这一时间很难在没有全面记录"次要"活动的时间利用调查中衡量。而且,由于大多数年轻人把时间花在各种各样的托儿所安排上(正式的和非正式的),这些安排如何测度需要设计指标(也就是说照顾儿童的时间所占的比重)。获得儿童保育设施的指标及其所花费用对于评价儿童父母面临的时间利用和更好地衡量儿童的费用也很重要。

3. 通勤

通勤时间也是影响工作质量的关键因素,监测该数据需要了解特定时间段用于通勤时间,也需要了解有关交通工具的可获得性和费用信息。

有偿工作的人花在通勤时间较短时会有较高的生活质量。最近在一些经合组织国家,房价上涨和收入停滞的叠加迫使许多工人及其家庭选择远离工作地点居住。通勤时间的基本指标是在特定时期(周、月)通勤所花的时间。这种类型的指标数据可以定期从时间利用调查中获得。已经提供的信息显示了各国通勤时间数量上的巨大差异(例如,在韩国,上班族每天通勤70分钟,或相当于一年18天。法国36分钟,美国29分钟)。

除了通勤时间长短的影响外,其他因素的影响对于生活质量也很重要。这包括交通的可达性和可负担性,二者可能会影响人们日常活动的选择。测量可达性和可负担性是复杂的。尽管通勤时间的测量可以部分反映可达性,但是测量可负担性需要测量一些家庭成本和比较这些成本的一些基准。

通勤成本也可能反映偏好,因为有些人可能会选择比公共交通成本更高的私家车。同样重要的是交通方式,例如自行车车道的可用性等,但如何统计可行性是一个值得关注的问题。

4. 闲暇时间

闲暇①是关乎生活质量的一个重要组成部分,OECD 的《理解国民账户》(Understanding National Accounts)给出一个闲暇的定义,即花费在与生产和个人照顾无关的活动上的时间。闲暇时间对生活质量的重要意义的研究由来已久。闲暇时间是生活质量的一个关键维度,长久以来的研究观念(追溯到詹姆士·托宾和威廉·诺德豪斯,James Tobin and William D. Nordhaus)一直致力于将闲暇时间的"价值"评价纳入更广泛的基于货币的福利测度中。事实上,尽管大量研究休闲和娱乐在塑造生活质量方面的重要性,但闲暇时间的客观指标仍鲜为应用。

制定衡量闲暇时间的量(小时数)与质(分成几段、地点以及他人参与情

---

① 闲暇是人们可以不受其他条件的约束而完全根据自己的偏好或意愿去支配使用的个人时间。其表现形式主要有:日常闲暇、公休日(如周末、节假日)、其他闲暇(如奖励假期、带薪假期等)。不同的闲暇形式具有不同的活动内容和意义。闲暇是以时间形态存在的宝贵的社会财富。人类的发展有赖于闲暇时间的增多,一个国家财富真正的标志是劳动时间的减少、闲暇时间的增加。生活时间可分为工作时间和非工作时间,而非工作时间包括生理必需时间、家务时间、闲暇时间。一般来说,生活节奏越快,人们就越感到忙碌,快乐水平就越低。感觉自己最忙碌、烦恼最多的是处于 30～55 岁的年龄段,是全职职工和为人父母者,尤其是那些集全天工作、已婚和为人父母三者于一身的人,更会感到忙得不可开交。随着年龄的增长,这种忙碌感和烦恼趋于下降。休闲的概念在汉语中可以这样理解,休是指休止劳作、休假、休息;闲是指闲适、悠闲;休闲与休假、闲暇、休憩等词意思相近。在英语中,休闲(leisure)一词源于古法语(leisir),意指人们摆脱生产劳动后的自由时间和自由劳动。从时间的角度来看,休闲是人们在劳动和其他义务活动之余所拥有的自由时间。从活动的角度看,休闲是在自由时间内的活动或体验。从存在状态看,休闲是一种从容、平静、忘却时光流速的状态。从心态上看,休闲是心灵感知上的自由,是驾驭自我的内在力量。休闲是人们在自由时间内自由选择的、从外在压力中解脱出来的、具有内在目的性的一种相对自由的活动。休闲的作用包括:休闲是人类自由和快乐的源泉,它有助于个人的全面发展与完善;休闲具有经济效益、生理心理效应和社会效益;休闲具有象征性功能和认同功能。闲暇与休闲的关系:闲暇提供休闲发生的机会,是一个比休闲更为广泛的概念。闲暇是休闲的必要条件:尽管人人拥有闲暇权,但并不等于人人都可以休闲,闲暇仅是休闲的时间条件。从这个意义上讲,闲暇是人权,休闲是特权。

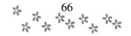

况)的指标十分重要,同时,衡量文化活动的参与情况和"糟糕的闲暇"(例如过去一年里无法出门度假的孩子所占的比例)也很重要。

有些可能性确实存在。最显而易见的方法是简单地衡量闲暇时间的数量以及群体和个人(如按性别)之间闲暇时间的分布差异。对这一数量的估计可以从各国定期进行的时间使用调查中得出,但即使如此也会引发一些问题。难题之一,对闲暇时间的估计是基于对调查参与者在其时间日记中记录的各种活动的某种任意分类。难题之二,人们分配给"必需"活动(如吃、喝、睡)的时间长短因人因地而异,而这些差异将影响对平常一天所享受的闲暇时间长短的估计。当修正这个因素后,现有的估计突出了闲暇时间方面的一些重大差异,无论是国家之间[①]还是群体之间,男性比女性享受更多的闲暇时间,意大利差异最大,法国差异不大。闲暇时间也与年龄呈 U 形分布(OECD,2009)[②]。最后一个问题,在讨论享乐体验时已经提出来了,就是不同的人(例如非自愿失业的人和做他们喜欢的工作的人)会从时间利用调查中被归类为"闲暇时间"的同一活动中获得非常不同的"快乐":为了揭示人们在闲暇时间上的不平等,需要测量各种活动所花费的时间和从中获得的快乐程度。

闲暇时间测度的其他指标。一个例子是由参加/出席各种闲暇活动的指标提供的,如娱乐、体育和文化活动。这些指标可在若干国家获得,并可通过可比较的调查来收集,尽管在该领域不存在共同的分类或专门的调查方法。可以通过不同途径获得"糟糕的闲暇"的指标,这种类型的指标在欧洲国家有着悠久的传统,但在其他国家或地区仍然很少见[③]。

除了闲暇时间的"量",测度闲暇时间的"质"也很重要,因为它们可以揭示群体之间的一些重要差异。例如,在美国,受过高等教育的个人比没受过高等教育的个人有更少的闲暇时间(他们有钱但没时间)。在考虑其他的闲暇质量指标时,受过高等教育的人的闲暇质量似乎更高(吉米内斯·纳达尔

---

① 在经合组织国家中,平常一周的闲暇时间量在墨西哥和日本最低(每天少于5 小时),在比利时和德国最高(每天多于 6 小时)。

② OECD (2009),Society at a Glance,forthcoming,OECD,Paris.

③ 在欧盟国家中,荷兰和大多数北欧国家将近 10% 的家庭自述他们无法负担一周出门度假的费用,而南欧和东欧一些国家的这一比例超过 50% 。

和塞维利亚·桑兹，Gimenez Nadal and Sevilla Sanz，2007）[①]。研究还表明，即使男女有相同的闲暇时间，其质量也可能是不均衡的，特别是当对人身不安全或攻击的恐惧迫使妇女留在家里而不是外出时。尽管与闲暇时间相关的问题可能对贫穷国来说并不那么紧迫，但确是发达国家的关键问题。

5. 住房

尽管住房对多种社会结果（例如子女的教育）具有重要意义，一些国际和区域组织也收集这些数据——欧盟统计局在其"城市审计"（urban audit）的框架内公布关于住房的报告和数据；联合国各机构也在收集住房方面的信息。[②] 但目前没有一组核心的住房指标可用于国际比较。要想纠正这种情况，就必须完善有关无家可归或住在应急庇护所的人口信息，完善有关住房质量（例如可获得哪些当地服务）的信息。

第一，所有国家都需要制定无家可归者或应急庇护所的适当指标和定义。由于这些条件下的人们不可能通过定期调查来了解到，国家需要通过公共项目和志愿组织来获取信息，这些组织会向处于这种状况的人们提供紧急救济。

第二，国家统计局和国际统计机构需要制定和落实"体面住房"的概念（其反面是"贫困住房"），为发达国家和欠发达国家制定不同的规范。体面住房指标将有助于确保认识到住房权在世界范围内的重要性。

第三，完善住房质量的测度指标。在不同发展阶段国家之间的质量标准应该有所不同。例如，巴西最近的研究通过（人口普查）数据描述了充足住房，这些数据包括过度拥挤（每间卧室超过两人）、安全饮用水的供应、废物收集以及污水处理设施。此外，在发达国家，适用的指标还包括缺乏完整管道的单位、等待补贴住房的时间，以及暴露噪声和污染的时间。

---

① Gimenez Nadal，J. I. and A. Sevilla Sanz（2007），"A Note on Leisure Inequality in the US：1965–2003"，Economics Series Working Papers No. 374，Department of Economics，University of Oxford，Oxford.

② 例如，见联合国可持续发展指标（http://www. un. org/esa/sustdev/natlinfo/. ors/isdms2001/isd–ms2001isd. htm），以及联合国人居环境中心的报告（例如，关于拉丁美洲住房不足的原因，http://www. . at. org/lac_eng/pdf/. . pdf）。

四、政治发言权和治理

(一)政治发言权和治理对生活质量的影响

政治发言权是生活质量不可分割的一个维度,具有内在价值和工具价值。就其本身而言,作为享有全部权利的公民参与事务、在政策制定中拥有发言权、不带恐惧地提出异议并大声抗议自己认为不对的事情,这样的能力是必不可少的自由[①]。而作为一种工具,政治发言权能够纠正公共政策:它能确保对官员和公共机构的问责,能披露人们需要什么、重视什么,并唤起人们对重大缺失的关注(例如饥荒、洪水和飓风)。促进参与和公共讨论的机构帮助公民在影响其生活质量的许多方面(如健康、教育、环境、法律权利和公民义务)做出明智的选择,并在塑造公共价值观方面发挥作用[②]。政治发言权也会减少爆发冲突的可能性,增强在关键问题上达成共识的可能性,改善经济效益、社会平等和公共生活的包容性。政治发言权既可以单独表达(例如通过投票),也可以集体表达(例如加入抗议集会)。在这两种形式中,政治发言权的机会和政治体制回应民意的灵敏度(即个人的发言权实际被听到并采取行动的程度)取决于每个国家的体制特性,例如是否存在正常

---

① 在这方面,也可参见阿玛蒂亚·森(1999)、玛莎·努斯鲍姆(2006)、让·德雷兹(Jean Dreze)和阿玛蒂亚·森(2002)、萨比娜·阿尔基尔(2002)的相关论述。Sen, A. (1999), Development as Freedom, Oxford University Press, Delhi. Nussbaum, M. C. (2006), "Capabilities as Fundamental Entitlements: Sen and Social Justice", in B. Agarwal, J. Humphries and I. Robeyns (eds.), Capabilities, Freedom and Equality: Amartya Sen's Work from a Gender Perspective, Oxford University Press, Delhi. Dreze, J. and A. K. Sen (2002), India. Development and Participation, Oxford University Press, Oxford.

② 根据凯斯·桑斯坦(Cass R. Sunstein, 1991)和艾利斯·马瑞恩·扬(Iris Marion Young, 1993)的说法,审议过程也可以在特权人群中产生其他方面的偏好。[Sunstein, C. R. (1991), "Preferences and Politics", Philosophy and Public Affairs, 20(1). Young, I. M. (1993), "Justice and Communicative Democracy", in Gottlieb, R. (ed.), Radical Philosophy: Tradition, Counter-Tradition, Politics, Temple University Press, Philadelphia.]

运转的民主、全民投票权、自由的媒体和社会公共组织①。它也取决于治理的某些关键方面,例如法律保障和法治。法律保障既包括宪法规定的权利也包括普通法规定的权利,它们能提高所有居民的生活质量,反映出不同国家和时代普遍存在的社会共识。立法保障和法治影响扩大了政治发言权的范围,但它们也具有独立的重要意义,而且具有内在价值和工具价值。就其本身而言,政府提供的立法保障向公民表明,它对社会的看法是多么公平、公正和人道,对剥夺人的权利和缺乏基本自由的容忍度是多么低。这种保障可以采取各种形式,例如禁止性别、种族、宗教或族裔歧视的宪法权利,以及教育、住房、养老金和医疗保健的社会权利。此外,宪法框架之外的法律可以提供提高物质和非物质福利的权利。这方面的例子包括承诺提供最低生活工资和各种形式的社会保障、保护妇女免受家庭暴力、产权的法律、公民有权要求公共机构了解其运作情况并追究其决策责任。无论个人或群体在实践中是否使用可用的法律保障,生活在承诺此类保障的社会中的事实界定了每个公民可获得的机会,从而影响他们对其生活质量的感知。而作为一种工具,法律体系也会影响一个国家的投资环境,从而影响市场运转、经济增长、创造就业和物质福利。

不过,要想实现其潜能,法律保障还需要有效的执行和实体正义,这取决于不同的机构(例如警察、司法部门和各类行政部门)如何运作,他们是否不受腐败、政治干涉和社会偏见的影响,以及能否就它们做出的决策向它们问责。警察和司法部门的问责对于执行法治至关重要,而行政部门的问责对于对公共政策和方案的非司法要求至关重要。此外,法官对待弱势群体的态度——他们对于人们的生活和境遇的感知和理解,对于如何解释法律,以及法律程序是否提供实质正义——非常重要(详细阐述见于玛莎·努斯鲍姆的相关论述,2007)。政治任命的法官可以为执行过程带来预先确定的立场和态度偏差。法律的成功实施还取决于确保公民了解其法律权利的机

① 安·欧文等人(Ann L. Owen et al. ,2008)使用 46 个国家的数据,发现民主制度与个人主观福利之间存在正相关关系。布伦诺·S. 弗雷和阿洛伊思·斯塔特勒(Bruno S. Frey and Alois Stutzer,2002a 和 2002b)利用瑞士的数据也得出类似的结果。[Owen,A. L, J. Videras, C. Willemsen (2008), "Democracy, Participation and Life Satisfaction", Social Science Quarterly,89(4). Frey, B. S. and A. Stutzer (2002a), Happiness and economics, Princeton University Press,Princeton and Oxford.]

制,以及向那些无力承担诉讼费的人们提供法律援助的机制。民间社会机构和自由媒体也证明对追究公共机构的责任和促进法治至关重要。

(二)指标

测度政治发言权和治理的指标应该有助于人们评价多党民主和全民投票的运转、地方层面上政府决策的参与程度,以及是否存在自由媒体和各种自由权利。相关的指标应该涵盖写入宪法、法律和国际人权公约的权利和基本自由,同时也涵盖司法体系的运转情况。具体如下:

(1)公民可以通过一系列制度和权利发表意见——多党议会民主和普选,分权政府,自由媒体,学术自由,以及组建和加入公民组织、工会和专业性团体的自由,参与公民和社会活动的自由。因此,公民的发言权可以通过不属于正式政治范围的政治机构来表达。此外,还需要有指标来评估非公民可以行使哪些权利、自由、机会和发言权——在许多国际移民不断增加的国家中,非公民的人数一直在增加。

(2)法律保障包括宪法所包含的权利(例如,不基于种族或性别的歧视;食物权、教育权等),倡导民事和刑事正义、平等、包容性和问责制和平权行动的法律(如信息自由),关于扶持行动的法律维护国家批准的人权和基本自由原则的国际公约,以及其他各种法律保障。

(3)法治包括确保事实权利而不仅仅是法律权利的制度。一个独立的、不受腐败和政治影响的司法机构,伸张正义的速度,所有公民(包括妇女、宗教和少数族裔)在经济和社会上享有的法律权利都是潜在的信息指标。

表2-1中列出了上述维度的有效指标。这些维度中的每一个都可能通过客观和主观的指标(即人们对所列清单的感知)进行测量。在使用主观指标时,需要谨慎以避免这种可能性,即这种感知可以提供比实际经验更能说明情况的更乐观的解读(反之亦然)。例如,大量关于适应性偏好的文献强调指出,处境不利者可以根据其不利情况调整其偏好,并认为自己比其客观

条件所表明的过得更好(例如,健康状况更好)①。

表2-1　衡量政治发言权、法律保障和法治的潜在有用指标

公民发言权	法律保障	法治
民主参与:多党民主,普选,自由公正,定期选举,选民投票率	宪法保障:宪法保障数量	司法制度:独立司法制度的存在
参与治理:分散的治理机构,妇女、少数族裔等在政府政治和行政机构中的代表	基本经济需要的法律保障:就业、食品、教育、医疗卫生、住房等	人人享有平等的机会和待遇:按民族、宗教、种族和性别等分类(需要获得子指标)
外部政府支持:世俗公民社会组织的存在与数量,自由媒体	法律保障的政治和社会权利:知情权、免遭家庭暴力等	民事和刑事赔偿法律制度的功能
	平等、人权等国际条约	逮捕和拘留政治犯

　　尽管政治发言权对于生活质量的重要性——一系列国际组织和大学已经确定指标并收集有关指标的信息,一些定期和其他不定期的可靠的指标仍然有限。这其中许多指标通常是由国家统计体系以外的机构汇编的,主要以专家的意见为依据(典型的例子是"自由之家"和"政体IV"指标②)。必须对公民的看法(政治、司法和执行机构运转是否良好,他们在利用这些机

　　① 关于适应性偏好的概念讨论,参见阿玛蒂亚·森(1987b)和玛莎·努斯鲍姆(2001)Sen, A. (1987b), Commodities and Capabilities, Oxford University Press, Oxford. Nussbaum, M. C. (2001), "Adaptive preferences and women's options", Economics and Philosophy,17;关于经验评估,参见塔妮娅·布查德特(Tania Burchardt,2005). Burchardt, T. (2005), "One man's rags are another man's riches: Identifying adaptive preferences using panel data",Social Indicators Research,74;关于人们的偏好如何被现有的禀赋所塑造,参见凯斯·桑斯坦(Cass R. Sunstein, 1993)。Sunstein, C. R. (1993), "Preferences and Politics",Philosophy and Public Affairs,20(1).
　　② "政体IV"项目每年对所有独立国家的"民主程度"进行测量,范围从+10(最民主)到-10(最不民主)。指标涵盖:一个功能正常的中央政治权威的存在;政治制度的开放性和封闭性;中央政治权力机构的持久性(自上一次政权更替以来的年数);行政权力转移的制度化程度;行政征聘竞争;行政长官的独立性;政治话语权的制度结构;参与的竞争力。

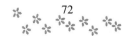

构时面临哪些困难,以及他们对这些机构的信任程度)展开调查,利用调查结果来补充并在某些情况下取代上述指标①。另外,也需要通过这样的调查来展现不同社会经济群体在利用这些机构方面的不平等性。

依据现有的政治发言权和治理指标所做出的比较,凸显了国家之间的巨大差异,尤其是民主国家与近些年才从专制改为民主政体、尚未确立完整的一系列自由和权利的国家之间的差异。不过,即便是在发达国家,对公共机构的低信任度和日益下降的政治参与度,也表明公民和政治精英对民主机制运转情况的看法也有越来越大的差异。例如,在经合组织国家的一项调查中,平均只有44%的受访者对公务员制度高度信任,不到40%的受访者对政府立法和行政部门高信任度,因此在一些国家,这一水平甚至更低(OECD,2006a)。在不同的国家和人群中,政治发言权的行使也存在系统性差异,例如,年轻人、受教育程度较低和收入较低的人不太可能会参加投票(OECD,2006a)②。而且,随着移民数量的增加,越来越多的非居民缺少政治参与的基本权利和机会③。有效的指标可以帮助监测这些国家的民主巩固情况:为此,最近若干倡议旨在提高这些国家在这些领域制定指标的能力,这些指标可用于制定和评估国家政策④。

以政治机构为重点的现有指标表明,在已建立的民主国家之间几乎没有或根本没有变化⑤。但是,这更多地反映了收集的数据,而不是居民的看法(斯坦·林根,Stein Ringen,2007)⑥。发达国家政治体制的运作也提供了

---

①　一个例子是由"无国界记者"进行的测量新闻自由的调查。在区域一级,在南亚进行的调查提供了另一个例子,以反映公民的意见和态度(survey conducted in South Asia,SDSA,2008)。这项调查包括关于宪法保障和实现这两者之间所觉察的差距的问题,对政治和行政机构运作的看法,免于恐惧或不安全感的自由,以及免于匮乏(饥饿、贫穷)的自由。

②　OECD (2006a),Society at a Glance,OECD,Paris.

③　约瑟夫·斯蒂格利茨(Joseph Eugene Stiglitz)、阿玛蒂亚·森(Amartya Sen)、让-保罗·菲图西(Jean-Paul Fitoussi)著,阮江平、王海昉译:《对我们生活的误测——为什么GDP增长不等于社会进步》,新华出版社2011年版,第121页。

④　这些方法最突出的是由2004年在OECD/PARIS开发的Metagora project;联合国开发计划署的发展民主治理能力评估和测度的全球项目。

⑤　在政体IV涵盖的28个经合组织国家中,1个有7分,4个有8分,1个有9分,其余22个都有10分。

⑥　Stein Ringen. What Democracy Is For. Princeton University Press. 2007.

许多侵犯权利的例子,如法律面前人民代表权的不平等、法律程序中的偏见、通过直接向决策者支付款项购买政治权力以及支配权力、进行竞选融资、部门利益集团游说(阿瑟·奥肯,Arthur M. Okun,1975)[1]。因此,需要适当的指标,以评估既定市场经济体民主管理的质量。[2]

五、社会关系

社会关系能以多种方式提高生活质量。社会关系较多的人对生活评价更高,因为许多最为愉快的个人活动都涉及社交。社会关系的好处可以延伸到人们的健康和就业概率,同时也影响人们居住的社区的若干特征(例如犯罪率,当地学校的学业成绩等)。这些社会关系有时被称为"社会资本",但学术界至今对究竟何为社会资本尚未形成统一概念。社会资本是指个体或团体之间的关联——社会网络、互惠性规范和由此产生的信任,是人们在社会结构中所处的位置给他们带来的资源。与其他类型的资本一样,社会资本的外在化表现有时可能是负面的:举例来说,身为某群体的一员有可能强化一种独特的个人身份感,助长暴力风气和与其他群体的冲突。不过,这并不能使我们低估社会关系的意义,反而突出表明了加强对这些社会关系的性质及其影响广度的分析是十分重要的。现有的证据表明,社会关系对关系网内的人有益,对关系网外的人的影响则取决于该群体的性质以及具

---

① Okun, M. A. (1975), Equality and Efficiency – The Big Tradeoff, The Brookings Institution, Washington D. C.

② 斯坦·林根(2007)通过民主进程的强度(即实行普选的时间和衡量新闻自由的尺度)的指标,描述了发达市场经济体之间民主治理的差异;其能力(即政府效能的综合指标和防止政治使用经济权力的定性指标),公民信任度(即对议会和公务员的信任度),以及政治体给人们提供的安全性(即对抗贫困的风险和疾病的影响)。斯坦·林根(Stein Ringen),毕业于挪威奥斯陆大学,获得政治学硕士与博士学位,曾就职于挪威司法部和统计部门,1990年被牛津大学聘为社会学与社会政策教授,并于1990—1997年担任应用社会科学与社会研究学系主任,1992—1996年担任社会学与社会政策研究生项目主任。曾在哈佛大学、法国索邦大学、捷克查尔斯大学、柏林社会学高等研究院等欧美多所大学或研究机构担任访问教授。现为欧洲社会学院院士、英国皇家艺术院院士、欧洲社会保障研究所委员。

体讨论的是哪些影响。① 社会资本概念的核心观点是，社会关系就像工具（物质资本）和培训（人力资本）一样，对生活质量有价值。②

社会关系首先对关系网中的人有益。例如，劳动力市场被关系网渗透，因此大多数人通过他们认识的人找到工作。同样，社会关系给健康带来好处：作为过早死亡的一个危险因素，社会孤立与吸烟一样危险（丽莎·F. 伯克曼和托马斯·格拉斯，Lisa F. Berkman and Thomas A Glass，2000）③。也有证据表明，社会关系是主观福利的有力预测因素（也可能是主观福利的原因）。最后，同样的个人活动对主观福利的影响是不同的，它取决于它是单独进行还是与他人一起进行。

社会关系也具有"外部性"，即对关系网外的人的影响。有关"社会资本"的文献清楚地揭示了正外部性的一些例子。例如，社区关系可以阻止犯罪（罗伯特·桑普森，Robert Sampson，2003）④，而且这种效应也让坐在家里看电视的居民受益。民主政府的表现，甚至经济增长的步伐，也可能取决于辖区内社会关系的质量⑤。若干（主要是美国）研究结果表明，儿童福利（婴儿死亡率、青少年怀孕、低出生体重婴儿、青少年吸毒等）和学校表现（辍学率、考试分数）都通过社区社会资本的指标得到可靠预测。

来自关系网的"外部性"也可能是负面的，强烈的归属感可以增强他所

①　约瑟夫·斯蒂格利茨（Joseph Eugene Stiglitz）、阿玛蒂亚·森（Amartya Sen）、让-保罗·菲图西（Jean-Paul Fitoussi）著，阮江平、王海昉译：《对我们生活的误测——为什么 GDP 增长不等于社会进步》，新华出版社 2011 年版，第 123 页。［有关这些文献的摘要，见罗伯特·普特南（Robert D. Putnam），Bowling Alone，Simon & Schuster，2000.

②　大量的文献也强调了社会关系对经济发展和市场运作的价值。

③　Berkman，L. F. and T. Glass T.（2000），"Social integration，social networks，social support，and health"，in Berkman and I. Kawachi（eds.），Social Epidemiology，Oxford University Press，Oxford.

④　Sampson，R. J.（2003），"Networks and Neighbourhoods - The Implications of Connectivity for Thinking about Crime in the Modern City"，in edited by McCarthy H.，P. Miller，and P. Skidmore（eds.），Network Logic：Who Governs in an Interconnected World？，Demos，London.

⑤　罗伯特·普特南（Robert D. Putnam，1993）首次提出的这些说法，得到了意大利和其他地方一些更为严谨的研究人员的证实。Putnam，R. D.（1993），Making Democracy Work - Civic traditions in Modern Italy，Princeton University Press，Princeton.

属群体的独特个人认同感(阿玛蒂亚·森,2006)[①]。群体可以促进参与者之间的纽带,但也可以为外来者和其他群体的成员竖起围墙。为了解释这些多重影响,研究区分了两种类型的社会资本——"结合型"和"桥接型",但在实证研究中实施这一区别仍然是一个挑战。

(一)社会关系提高生活质量

从总体和个人两个层面来看,许多证据表明,社会关系是主观衡量生活满意度的最有力的预测因素之一。社会关系对主观福利、净收入有较强的独立影响。[②] 此外,现有的证据还表明,社会资本对福利的外部性通常是正面的,而不是负面的(约翰·海利维尔,2001;那塔乌德·鲍德哈维,Nattavudh Powdthavee,2008[③])。换言之,增加社会资本也就增加了自身和邻居的主观福利,因此代表了改善国家整体生活质量的连贯战略。

社会关系对主观福利的影响分析尚处于起步阶段。它大部分不考虑未观测的个体特征,并且大部分依赖于截面数据。也就是说,最近的分析加强了至少一些形式的社会关系与主观福利之间的联系是因果关系的观点。艾伦·克鲁格、丹尼尔·卡纳曼等(Alan B. Krueger and Daniel Kahneman et al.,2008)指出,当控制个人固定效应(如个性特征)时,最令人愉悦的活动包括社交——宗教活动、饮食、体育和接待朋友[④]。同样,在最近的一次大规

---

① Sen, A. (2006). Identity and Violence: The Illusion of Destiny. New York: Norton.

② 约翰·海利维尔和罗伯特·普特南(John F. Helliwell and Robert D. Putnam, 2004)认为:"当然,社会关系,包括婚姻,但不仅限于此,是主观福利中最有力的相关因素之一。拥有亲密朋友和知己、友善的邻居和支持他人的同事的人不太可能经历悲伤、孤独、自尊心低落以及饮食和睡眠方面的问题……主观福利最好由社交关系的广度和深度来预测。事实上,人们自我评价认为,与家人、朋友或浪漫伴侣的良好关系——远不止于金钱或名誉——是他们自己幸福的先决条件。"[Helliwell, J. F. and R. D. Putnam (2004), "The social context of well-being", Philosophical Transactions of the Royal Society of London: Biological Sciences, London.]

③ Powdthavee, N. (2008), "Putting a Price Tag on Friends, Relatives, and Neighbours: Using Surveys of Life Satisfaction to Value Social Relationships", Journal of Socio-Economics, volume 37, issue 4.

④ Krueger, A. B., D. Kahneman, D. Schkade, N. Schwarz and A. A. Stone (2008); "National Time Accounting: The Currency of Life"; paper presented at the first meeting of the Commission on the Measurement of Economic Performance and Social Progress, Paris 22-23 April 2008.

模的美国宗教调查和主观福利调查中,林蔡胤和罗伯特·普特南(Chaeyoon Lim and Robert D. Putnam,2008)①发现控制了主观福利水平以及其他协变量时,通过参加宗教活动可以提高主观福利。这种关系的本质机制既不是神学上的,也不是心理上的,而是"教会中的朋友"对福利的强烈影响②。詹姆斯·富勒和尼古拉斯·克里斯塔基斯(James H. Fowler and Nicholas A. Christakis,2008)的研究结果表明主观福利可以以一种有益的"传染"方式从一个人传播到另一个人。③ 因为没有其他类型的变量(包括严格的经济变量)能够证明主观福利的因果关系可能像社会关系那样强烈。

(二)指标

人们对驱动社会关系发生改变的因素并不总是很了解。社会关系为人提供服务(例如保险、安全),而市场和政府计划的发展或许减少了个体与其社群之间的联系,因为它们提供了替代安排。有一点很明确,那就是这些联系的减少可能对人们的生活产生负面影响,即便它们的功能被市场和政府提供的替代物(这些替代物提高了经济活动的水平,比如用带薪保安取代邻居的非正式监视)承担下来。因此,在评估人们的幸福程度时为了避免偏见,需要对这些关系进行测度。

由于在大的地理层次上测量社会关系是不切实际的,研究人员传统上依赖一些替代指标,例如,个体参与社团的数量,或据信因种种社会关系所致的活动(比如利他主义行为和选民投票)的频繁程度。归根结底,所有这些指标都不足以代表社会关系,可靠的测度需要对人们的行为和活动展开

---

① 在此采用随机时间抽样来激发对各种活动的情绪反应。其他横截面分析对人格类型进行控制,并发现社会资本对福利的持续影响。[Helliwell, J. F. (2005),"Well-Being, Social Capital and Public Policy: What's New?" NBER Working Paper No. 11807,(2005), National Bureau of Economic Research, Cambridge, United States. Lim, C. and R. D. Putnam (2009),"Religion and Happiness", forthcoming.]

② 林蔡胤和罗伯特·帕特南认为,虽然主观福利通常随着"亲密朋友"的数量而增加,但教会(至少在美国)的朋友似乎是"超动力"的朋友,也就是说,主观福利的影响大小大约是"亲密朋友"的两倍。[Chaeyoon, Lim and Robert D. Putnam,"Praying Alone is No Fun: Religion, Social Networks, and Subjective Well-being" (unpub. ms,2009).]

③ Fowler, J. H. and N. A. Christakis (2008),"Dynamic spread of happiness in a large social network: longitudinal analysis over 20 years in the Framingham Heart Study", British Medical Journal, vol. 337, December.

调查。近年来，一些国家(英国、澳大利亚、加拿大、爱尔兰、荷兰，最近还有美国)的统计局启动了衡量各种形式的社会关系的调查。举例来说，美国的劳动力调查中有一些专门的模块询问受访者参与公民活动和政治生活的情况、他们加入各种组织并在其中自愿承担工作的情况、他们与邻居和家庭成员的关系，以及他们获得信息和新闻的渠道。类似的调查也应该在其他地方开展，并采用允许研究者进行令人信服的跨国和跨时间段比较的问题和规程。另外，还应该借鉴某些国家在相关领域积累的经验，在衡量社会关系之外的一些维度(比如对他人的信任，社会孤立程度，在需要时非正式支持的可获得性，对工作和宗教活动的投入程度以及跨种族、宗教和社会阶层界限的友谊等)方面取得进展。[①]

1. 社会信任(social trust)

尽管只有重测信度(test-retest reliability)不高，在许多国家，典型的社会信任问题已经被调查过数千次：它的行为很容易理解，它可以跨越时空进行许多比较[②]。此外，在总体一级(例如国家/民族)，随着时间的推移，应答率是高度稳定的(即使在个人一级的稳定性很低的情况下)，这表明该问题衡量的是社区一个非常具有预测性的特征。社会信任的数据也是主观福利的重要决定因素[③]。与这个典型的问题相比，关于"丢失钱包"的问题可能更可靠，因为它更具体、更具有准行为性。跨时空进行比较的机会很少，而且我们仍然缺乏对同一个体在时间上的可变性研究。

2. 社会孤立程度(social isolation)

在日常生活中，缺乏与他人的联系既是一种症状，也是一种社会困扰的原因，它可能导致一个螺旋式下降，影响士气，减少社会和经济机会。社会孤立程度可以通过询问人们与他人接触的次数或他们与家人、朋友和同事或体育、宗教和文化协会的其他人交往的次数来衡量。社会关系也是生活安排(即独居)和就业状况(如有工作)的函数。研究强调，每个人的社会孤

---

① 这份清单与一个特别蓝带(adhoc blue ribbon)的跨学科工作组的提议基本重叠；这些项目(及相关问题)尚未被人口普查局接受并纳入当前的人口普查。

② 总的来说，你会说大多数人都可以信赖，或者你在对待别人时不能太小心？

③ 如果你丢了一个钱包或一个装了200美元的钱包，被一个邻居发现，那么这个钱包被归还的可能性有多大？你可以选择：很有可能、不太可能或者根本不可能。

立程度与其幸福、自信、行动能力和力量以及活动的衡量标准之间存在着密切的联系(斯坦·林根,Stein Ringen,2008)①。

3. 非正式支持(informal support)

许多国家都采用了在需要时能否得到社会支持的问题。盖洛普世界民意调查(The Gallup World Poll)包括了一个关于"你可以信赖"朋友或亲戚的是/否问题。这个问题的答案对主观福利有很高的预测力,但是几乎没有区分度(大约90%的受访者给出了肯定答案)。这表明可能需要替代方法或更具体的选项(例如,如果是,是多少?或指定在各种特定突发事件中预期的帮助类型)。

4. 工作投入程度(workplace engagement)

对于许多国家的许多人来说,他们所有的社会关系中,很大一部分是与工作伙伴的关系,无论是在工作场所还是在工作场所以外。约翰·海利韦尔和黄海芳(John Helliwell and Haifang Huang,2005)发现对同事的信任是对生活满意度的一个强有力的预测因素②。在一些国家(例如北美洲的某些国家),对同事信任的问题已经得到检验。

5. 宗教参与程度(religious engagement)

人们普遍认为宗教是社会联系的一种重要形式,但引入具体的调查问题(即使经过广泛审查)也会引起政治敏锐性问题。如何恰当制定这些问题很重要,因为在大多数国家,宗教参与是主观幸福感强有力的预测因素。在欧洲以外的许多国家,它在所有社交网络中占一大部分。

6. 桥接型社会资本(bridging social capital)

即跨越种族、宗教和社会阶层界限的友谊,是许多结果中最重要的未被测度的社会联系形式。美国人口调查的非正式咨询委员会建议,可以采用以下调查形式来衡量桥接型社会资本,"这些亲密的朋友中有多少是……(白人、黑人、亚裔、西班牙裔、天主教、犹太人、受过大学教育等)"。这个跨接型问题最不易受到反应偏差(response bias)和政治上正确(political

---

①　Stein Ringen(2008). Robert A. Dahl:Defender of Democracy. Scienty. pp. 283-287.

②　Helliwell,J. F. and Huang,H. (2005),"How′s the job? Well-being and social capital in the workplace ",paper presented at the Annual Meeting of the Canadian Economics Association,McMaster University,May.

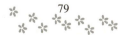

correctness)的影响。

(三)汇总

社会关系测度的一个重要问题是汇总。社会关系有多种形式,在许多不同的背景中都是有用的。然而,这些形式是异质的,不可替代的。也就是说,它们只适用于某些目的,而不适用于除此之外的目的。此外,社会网络和效益(内部和外部)之间的确切途径因情况而异,关于这些机制还有许多工作要做。最后,虽然社会关系会影响我们完成工作的能力,但是没有什么能保证完成的工作对社会有益。

出于这些考虑,对于给定的社区或国家,是否可以简单地"汇总"所有不同形式的社会联系。基于各种指标的合成指标有时能够产生关于跨空间社会资本差异的有用信息。图2-5显示了基于14个不同指标的美国各州社会资本的合成指标。^①尽管这些指标有相当密切的相关性,但是这个州级指数是儿童福利、信用违约、犯罪(尤其是谋杀)、政府效率、幸福感、医院质量、死亡率(在控制了收入、种族和教育等其他变量之后)、税率、公共腐败、学校考试成绩、性传播疾病、支持公民自由、逃税、青少年怀孕,以及社会保障欺诈的强有力的预测因素。因果关系仍然是一个悬而未决的问题,但这种相当粗略的"社会资本"衡量方法显然与一系列衡量个人和集体生活质量的指标相关联。应该探索一种社会关系的合成指标,以便进行动态监测,并衡量各国的表现。

总之,虽然在社会关系测度领域,一些国家和地区已经取得了重要地进展,但是相关的研究仍然有许多工作要做。基于可复制和标准化的指标能够简明扼要地衡量社会关系,但基于经验积累的更好更多的社会关系指标还有待开发。

---

① 这14个指标中有一些是基于调查的,例如:去年你在家里招待过多少次? 一些是关于组织的,例如:每1 000人中有多少公民和社会组织? 一些是衡量个人行为,例如:选举投票率。美国的社会资本的结果已由罗伯特·帕特南(Robert D. Putnam)计算出来。

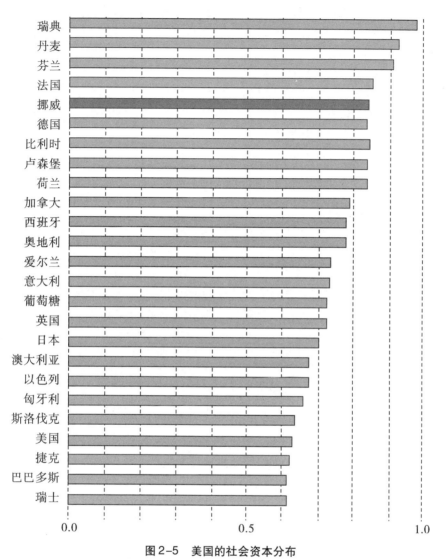

图 2-5 美国的社会资本分布

来源：罗伯特·帕特南计算。

六、环境条件

环境条件意义重大，这不仅仅是因为可持续性，也因为它们对人们的生活质量有直接影响。首先，它们会直接（通过空气和水污染、有害物质和噪声）和间接（通过气候变化、碳循环和水循环的转变、生物多样性的减少以及影响生态系统健康的自然灾害)影响人们的健康。其次,人们从环境服务中受益,例如获得清洁水和享受休闲娱乐区,人们在这个方面的权利(包括获得环境信息的权利)已日益得到认可。再次,人们很重视环境是否宜人,这些评价影响到他们的实际选择(例如选择在哪里居住)。最后,环境条件可能导致气候改变和自然灾害,例如干旱和洪灾,受灾者的财产和生命都可能蒙受损失。但是,衡量环境条件对人们生活的影响是复杂的事情,这些影响显露出来所需要的时间并不相同,其冲击也会因人们自身的特性(比如说他们的居住和工作地点,他们的代谢摄入量)而异。而且,此类相关性的强度往往会被低估,因为当前的科学理解力存在局限性,而各种环境因素被纳入系统性调查的程度也有限。[①]

(一)环境条件与人类健康

OECD 在减少与环境条件有关的某些健康风险方面取得了很大进展,但一些调查显示,人们对各种污染物对其自身和后代健康的影响始终感到担忧。由环境因素引起的疾病负担估计为疾病总负担的24%(世界卫生组织,WHO,2008)[②]。与环境接触有关的慢性病(例如出生有缺陷、癌症和呼吸道疾病)的流行率也在上升。尽管个人对吸烟、饮食和运动的选择是导致慢性病的重要因素,但是否接触了污染物也很重要。在大多数情况下,可以对这些问题进行成本效益分析。此外,还需要研究和预防措施,以便更好地评估这些长期影响,并防止其对人类健康可能造成的后果。

与环境有关的疾病的测度是分散的。一些国家的情况有所改善,与铅和环境烟草烟雾(environmental tobacco smoke,ETS)有关的健康风险大幅度降低。在其他情况下,要衡量这些与环境有关的疾病的影响和对环境风险的暴露,就需要改进数据的收集、各种环境因素的汇总和信息的共享(见专栏2-2)。一些环境条件以类似的方式影响人口总体,而另一些则集中在特定群体,如儿童、老年人和穷人。例如,儿童在与环境有关的疾病中承受着

---

① 约瑟夫·斯蒂格利茨(Joseph Eugene Stiglitz)、阿玛蒂亚·森(Amartya Sen)、让-保罗·菲图西(Jean-Paul Fitoussi):《对我们生活的误测——为什么GDP增长不等于社会进步》,阮江平、王海昉译,新华出版社2011年版,第125页。

② WHO (2008), The Global Burden of Disease: 2004 update, World Health Organization, Geneva.

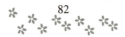

不成比例的负担,因为他们摄入或呼吸到的污染比接触相同浓度的成人多;由于饮食和生活方式的因素,儿童也更容易接触到一些污染物,从而导致哮喘、出生缺陷、癌症和认知发育。

专栏2-2　　　　　　　　**环境对人体健康的影响**

　　一系列的环境条件影响人类健康(例如空气污染、水污染、有害物质、噪声),其中较为重要的包括以下几种。

　　·室外空气污染:诸如颗粒物、硫氧化物、氮氧化物、地面臭氧和铅等常规污染物对健康有一系列影响,例如刺激呼吸道、增加呼吸道疾病的易感性、老年人和哮喘患者等敏感人群的过早死亡。尽管有大量的规定,其中许多因素(如地面臭氧和颗粒物)仍会导致大量人口的过早死亡(图2-6)。

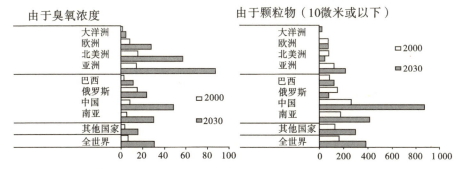

图2-6　各国每百万居民由于空气污染而过早死亡的人数

数据来源:OECD(2008b),OECD 环境展望,OECD,巴黎。

　　·室内空气污染:氡、环境烟草烟雾、化学品、霉菌和湿度使室内空气污染成为危害公共健康的五大环境风险(美国环保署,USEPA,2003a)①。反映了人们在室内度过的大部分时间(大约占总数的90%)以及在一些人们工作和生活的低质量住房中这些污

---

　　①　USEPA, "Ultraviolet Disinfection Guidance Manual. United States Environmental protection agency" EPA, No. 4601/ 815-D-03-007, June 2003, DRAFT, 478.

染物的高浓度(通常比室外水平高 10 倍)①。

·工业化学品散布在世界各地的环境中,对生殖能力、出生有缺陷、癌症、急性疾病和皮肤反应具有潜在影响。在使用的 70 000 到 100 000 种化学品中,4 800 种"高容量"化学品代表了总产量的大部分。由于进代需要大量的数据和化学品制造商的合作,与这些高容量化学品相关的危险评估已经完成了近 700 种(OECD,2008a)②。随着世界范围内铅等少数物质取得重大进展,国际注意力转向持久性有机污染物(persistent organic pollutants,POP)和汞③。农药(例如杀虫剂、除草剂、杀真菌剂)的残留物也存在于若干食品中,在某些情况下,残留量高到足以损害神经系统,特别是儿童。

·内分泌干扰物。是干扰内分泌系统功能的化学物质,近年来,这些物质引起了人们的极大关注,因为药物产品中的代谢分解化合物会随着经过处理的废水进入环境,破坏鱼类和两栖动物的激素系统,并通过干扰激素和受体的正常功能,扰乱儿童发育和成人生殖健康。

(二)环境服务的可获取性

尽管环境服务的可获取性被认为是一项人权,在世界许多地区,以负担得起的价格获得饮用水和卫生设施仍然是一个重大关切。估计有 10 亿人无

---

① 氡是一种自然产生的无嗅无色气体:据估计,法国每年大约有 2 500 例肺癌,美国有 21 000 例。ETS 包括约 200 种已知有毒物质,其中大部分被归类为致癌物质:在美国,估计每年造成 15 万至 30 万婴儿(18 个月以下)下呼吸道感染,并增加 20 万至 100 万名儿童哮喘发作的频率和严重性。石棉,一种矿物纤维,直到 20 世纪 80 年代被广泛用作建筑绝缘体和阻燃剂,后来在一些国家被确认为致癌物;在法国,每年大约有 2 000 人死于肺癌。

② OECD(2008a),Measuring Human Rights and Democratic Governance - Experiences and Lessons from Metagora,OECD,Paris.

③ 《斯德哥尔摩持久性有机污染物公约》正在实施,关于汞的一项公约也正在拟定中。一些国家(如芬兰、瑞典和美国)已经多次或永久地警告其居民不要食用某些海洋或淡水生物中的某些鱼类,因为多氯联苯。在日本,几十年来,已向水俣病(由汞引起)的受害者分拨了大约 2 000 亿日元,大部分由污染公司支付。

法获取饮用水,25 亿人无法获取卫生服务(联合国开发计划署,UNDP,2006)①。卫生基础设施的不足导致由病毒、细菌(如霍乱和大肠杆菌)和寄生虫(如隐孢子虫病)引起的疾病。为了迎接这一挑战,千年发展目标包括将得不到供水和卫生设施的人口比例减半。

各国获得水资源和卫生设施的机会差别很大,经合组织国家比发展中国家受益于更好的水供应和卫生服务。对于农村人口来说,获得水资源对于农业生产至关重要:该部门占世界抽水量的70%,在许多国家,农村人口把供水列为他们最关心的问题。供水也是澳大利亚、土耳其、墨西哥、西班牙等国经济发展的制约因素(OECD,2006b)②。政府、企业和非政府组织积极参与解决供水融资和治理问题。尽管在大多数经合组织国家,供水基础设施的改善已基本消除与病原体(如霍乱)有关的疾病,现在关注的是人类对饮用水中铅的接触,主要是由铅管和铜管上使用的焊料引起的。欧洲和美国限制饮用水中铅含量的法规已导致铅服务线的逐步更换。

随着人们日益认识到久坐不动生活方式的健康和经济代价,特别是对城市人口而言,确保进入自然和户外娱乐区也变得日益重要。城市公园和城市周边地区的自然区为体育锻炼、娱乐活动和放松提供了机会。林地、宜人景观和未受污染水体的区域以多种方式促进生活质量的提升。户外活动有助于增进健康和福祉,并有助于预防肥胖,这是大多数经合组织国家的公共卫生问题。

近 10 年来,一些国家以《奥胡斯公约》(Aarhus Convention)和其他一些国际协定为基础,已将获取环境信息确立为一项权利。这项获得环境信息的权利也包括在法国宪法的序言中。在大多数经合组织国家中,在提供获得这些信息的途径方面已经取得了很大进展,这些信息是"环境民主"的一个基本方面。在落实这项权利方面已经取得了进展,因为公民现在能够应其要求以低廉或有限的成本获得许多有关环境风险及其国家、区域或邻里可获得的设施、机构和服务等令人关切的事项信息。全面实施综合防治法律,以及设立协调员和调解员,也增强了公众了解环境状况和危害的权利。

---

① UNDP (2006),Human Development Report,Beyond Scarcity:Power Poverty and the Global Water Crisis,United Nations,Development Programme,New York.

② OECD (2006b),Water,the Experience of OECD Countries,OECD,Paris.

将获取环境信息的权利扩大到世界上更多的国家，是扩大公众获取一般行政信息权的一部分。

（三）环境设施的便利性

在世界范围内，噪声是人们获取一般行政信息权利的延伸，在大多数发达国家，人们在对自身生活状况的调查中，对噪声的评价都很高。和平与宁静尤其受到城市人口的重视。噪声随着时间和空间而扩展，并且产生的总声能随着时间的推移而增加。为了提高居民的生活质量和提高旅游质量，一些国家指定了自然安静区——农村、山区或其他特定地区（如湖泊），而其他国家则在某些时间段（如夜间）实施了噪声宵禁。

噪声对身体和心理健康、行为和社会活动的影响，使生活质量受到关注。对人类健康的影响包括烦恼、听力损害和慢性接触引起的心血管疾病风险。噪声会影响睡眠、认知能力（尤其是儿童）和言语。噪声损害的成本估计为每年 GDP 的 0.2%～2%（EU，2001）[①]。人们主要接触来自街道和道路交通、铁路和空中交通以及工厂和建筑工作的噪声。儿童和青少年对高噪声水平更敏感，可能会导致学习缓慢、长期听力损伤或耳鸣。

低环境质量也引发了风险易发地区的安全问题。严格意义上的"外部安全"是指生活在工业设施和危险物质运输路线附近，例如大型化工厂附近（如图卢兹事故）或机场（如阿姆斯特丹事故）和铁路站场周围的人们所面临的危险。外部安全与设施或车辆的内部安全不同（但并非无关）。尽管实际风险和人群感知到的风险之间可能存在重要差异，但两者对生活质量都有影响。此外，在场所内工作（或熟悉）的人和不太熟悉场所的人之间可能会出现很大的感知差异。灾害预防和控制关系到每个人，但需要在获取环境信息和企业环境报告方面取得进展，以消除这些担忧。

人们重视环境便利设施，如绿色景观、海岸线、山脉、光线和宁静。人们还担忧噪声或居住在污水处理厂、垃圾填埋场和焚烧炉等环境基础设施附近会带来不便。这种担忧往往导致当地居民抵制在他们居住的地区附近建

① W. F. V. Vanthoor. Calendarium of the economic, monetary and political co-operation in Europe, especially within the European Union in the period 1999–2000. January 2001. RePEc.

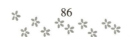

立这种设施,即使是最高标准的设施。其中一些问题涉及污染对健康的影响,一些涉及对土地和住房价格的影响,两者都可以通过市场住房交易数据和享乐价格估计获得。①

(四)气候变化与自然灾害

大多数国家面临季节性或地方性的水量问题,如季节性干旱、地下水储量减少或地下水位下降。此外,存在气候变化将影响降雨分布和水汽蒸发的风险,导致极端天气事件的频率和强度增加,包括洪水、干旱、大风和海平面上升。潜在损害将主要是发达国家的财产安全和发展中国家人们的生命安全。

许多国家都受到大洪水的威胁,对社会和经济造成了严重影响。近年来,莱茵河流域,中欧部分国家以及法国等国家发生了大洪水。其中一些洪水造成的经济损失相当于 GDP 的百分之几,大部分损失没有保险。近年来,在许多国家,河流泛滥的频率和严重程度都在增加。2005 年,风暴和与风暴有关的洪水破坏(例如卡特里娜飓风、丽塔飓风、威尔玛飓风)造成保险财产损失估计超过 800 亿美元(OECD,2006b)②。自 20 世纪 70 年代起,在保险损失方面,40 起损失最严重的事件中,有 10 起涉及洪水,其中 2005 年有 4 起洪水。在大多数发达国家,受水灾影响的人们可能会得到政府和保险公司的一些补偿。如果洪水保险费提高到与保险索赔完全一致的水平,生活在洪水易发地区的人们将面临住房成本的急剧上升,或者可能根本无法获得保险。

最近的评估表明,目前的用水模式在许多国家是不可持续的。局部干旱和区域干旱的增加会导致更多的水危机。水资源压力已经很高的地区最能感受到这种影响。一些发达国家或地区就属于这一类。农民的生活质量

---

① 享乐性定价的估计建立在个人支付住房物业(或更确切地说,其特性)的意愿上,并将该物业的其他特性的经济评估与诸如山景或进入公园的环境设施的评估分开(或者说,环境特征包括污染和噪声)。享乐定价具有基于实际选择的优势(与偏好的民意调查结果相反);它依赖于房地产市场的信息,并可以应用于一系列的环境设施。其局限性包括对数据和统计能力的高要求,以及假定房地产市场不受基础模型之外的税收、贷款或抵押条件变化的干扰。

② OECD (2006b),Water,the Experience of OECD Countries,OECD,Paris.

首先受到影响。在澳大利亚，他们中的许多人靠多年来必须维持的干旱补偿金生活，他们可能被迫离开自己的土地（OECD，2008b）[①]。世界上的一些地区，（如澳大利亚、希腊、葡萄牙等国的部分地区和加利福尼亚）大森林火灾与干旱有关，给城市周边人口带来威胁、损害和人员伤亡。不断上升的海平面对人口构成相当大的威胁，并且由于气候变化（例如，由这种变化引起的大风或龙卷风可能导致海平面上升）而潜在地加剧。由于大量人口和基础设施集中在沿海地区，因此在生命和财产方面可能造成相当大的损失。

（五）指标

最近 20 年，研究人员在以下方面取得了很大进展：衡量环境条件（通过完善环境数据并定期监测指标和核算工具[②]）、了解环境条件造成的影响（例如，评估相关的发病率和死亡率、劳动生产率、气候变化牵涉的经济利害关系、生物多样性的改变和灾难造成的破坏），确立人们获取环境信息的权利。

可以使用一系列环境指标来衡量人类给环境造成的压力，衡量政府、公司和家庭应对环境恶化的举措以及环境质量的实际情况。由于经济核算和环境质量综合指数的限制，实用和可靠的测量环境条件的方法仍然依赖于实物指标。部分环境指标已经提供，其中一些涉及经济活动（如排放）对环境的压力，一些涉及行政、企业或家庭对环境退化（如环境支出）的反应，还有一些涉及环境质量的实际状况（如环境空气质量）。这些指标的主要功能是支持环境政策的设计和执行，并监测环境变化，作为环境战略、计划、方案、预算的一部分。在国际层面上，经合组织的"主要环境指标"已被各国环境部长采纳。

但是，从生活质量的角度来看，现有的指标在某些重要方面仍有局限性。例如，排放指标主要指的是各种污染物的总量，而不是暴露在危险"剂量"的污染物之下的人口所占的比例。因此，现有的指标应该在若干方面得到补充，定期监测：有多少人因空气污染而过早死亡，有多少人口无法获得

---

① OECD（2008b），Environmental Outlook，OECD，Paris.

② 合适的调查问题正在欧洲（例如欧洲晴雨表，Eurobarometer）和世界范围内实施（例如盖洛普世界民意调查，Gallup World Poll）。

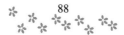

自来水供应、无法享受自然,或有多少人口暴露在危险的噪声和污染水平之下①;定期监测环境灾难造成的破坏。另外,针对新出现的环境问题(例如,内分泌干扰物、杀虫剂、非电离电磁辐射)及其对生活质量的长期影响(例如,来自危险物质、气候变化、生物多样性退化、资源枯竭)的指标和评估方法,评估人们的环境选择(例如,享乐价格、外部性评估和生态系统提供的服务)以及支持与环境和生活质量有关的经济决策的方法,调查他们自己的感受和对他们社区和邻里的环境条件的评价。由于环境条件对生活质量的许多影响是因人而异的,这些指标应该细化到按各种分类标准而划分的不同群体。

　　最后一个值得提出的问题是汇总。近年来,对编制环境综合指标的呼声越来越高,一些非政府组织和官方机构推出了各种综合指数。人们仍然对这些指标的局限性、他们被认为的不透明性、方法上的缺陷以及可能被曲解和滥用持保留态度。尽管制定更为综合的环境条件衡量标准的努力并不能取代上述类型的实物指标,但对更为精简的综合指标的持续压力表明,制定某种行业标准或质量标签(industry standard or quality label)的重要性,并对这些指标的解释提供更多的指导。

七、不安全感

　　不安全感是恐惧和焦虑的根源,对人们的生活质量产生负面影响。不安全感还意味着未来的不确定性,这降低了厌恶风险的个体的生活质量。由于这些考虑,一个长期的研究方法旨在衡量"不安全感"(或安全性和脆弱性),并评估其对福祉的影响。为了设计合适的指标,区分人身不安全和经济不安全可能会有帮助。②

(一)人身不安全

　　人身不安全包括那些影响人们身体完整性的外部因素。这些因素中最明显的是犯罪和事故。虽然这些外部因素在最严重的表现形式中可能导致

---

① 65分贝的平均噪声水平(在一天的时间段内,例如在家中早上6点到晚上8点)被认为是不可接受的(例如,通过欧盟立法),而55分贝被认为是舒适水平。

② 由于这里已经考虑过这个问题,所以这里没有涉及环境安全的问题。

所涉人员的死亡,在不那么极端的情况下,它们影响到每个国家的人口数量。①

在大多数经合组织国家,因外部原因造成的死亡占特定年份所有死亡总数的4% ~11%。在各种类型的外部原因中(根据世卫组织的分类),陆路运输造成的死亡占总数的23%,其次是意外跌倒造成的死亡(14%),然后是袭击造成的死亡(3%)。② 现有的关于死亡原因的统计数据未能将所有外因死亡归类,而这些"不明"原因造成的死亡占经合组织国家所有此类死亡的三分之一左右。③ 尽管所有这些死亡都是由死亡率统计数据获得的,但是对其频率进行具体测量的理由是,与因医疗状况导致的死亡相比,它们对人的情感影响可能不同。

除了死亡人数之外,对个人安全的威胁甚至会影响他们的生活质量。最明显的例子就是犯罪。犯罪指标有各种来源(如行政记录和住户调查)。而基于警察记录的犯罪统计的比较受到实践中跨国差异的影响,更高的可比性是通过家庭调查实现的,家庭调查是专门设计来评估人们受害的经历。其中一项调查是五年一次的国际犯罪被害人调查(International Crime Victim Survey,ICVS),由联合国区域间刑事司法研究所(United Nations Interregional

---

① 从这个角度来看,卡尔弗特-亨德森公共安全指标(Calvert-Henderson Public Safety Indicators)测量那些导致死亡或受伤的结果。这些指标确定:①私人领域内个体行动影响伤害概率的几个重要特征;②具体的环境和公共救生行动(超出个人控制),影响人们的安全和潜在的危害。所包括的指标涉及各种死因,特别侧重于伤害、机动车碰撞和枪支事故。(http://www.calvert-henderson.com/pubsaf.htm.)

② 自杀可以被认为是精神疾病的一种极端表现,在所有由外部原因引起的死亡中,自杀占比例最大(平均27%)。

③ 经合组织关于"死亡原因"的统计数据没有单独确定工伤事故的死亡人数。在一些经合组织国家,由于通勤造成的事故(在劳工组织关于这个问题的统计数据中被归类为"致命工作事故")占所有陆路运输死亡人数的50%。

Criminal Justice Research Institute，UNICRI）①和联合国毒品和犯罪问题办事处（United Nation Office on Drugs and Crime，UNODC）②协调组织的一个联合团队负责。③ 基于这一来源，大约15%的经合组织公民报告，他们或他们的家庭其他成员在2005年经历了10种传统犯罪中的一种，各国之间有很大差异（高于10%的国家有爱尔兰、新西兰、冰岛和英国，低于10%的有匈牙利、日本和西班牙）。在所有这些传统犯罪类型中，约三分之一是接触犯罪，而另外10%的被调查者报告曾经历过非传统犯罪，如消费者欺诈或腐败。在大多数经合组织国家中，传统犯罪的次数自2000年以来一直在下降。

个人犯罪的不安全感也可以通过人们害怕成为身体攻击受害者的数据来衡量。这些关于主观恐惧的报告最显著的特征是它们似乎与经历受害的

---

①　联合国区域间犯罪和司法研究所是成立于1967年的联合国实体，旨在支持世界各国预防犯罪并促进刑事司法。犯罪受到世界各地的政府和公民的关注。随着犯罪行为愈加国际化、新的犯罪形式涌现、有组织犯罪泛滥，国家回应和国际合作对防止犯罪和促进刑事司法来说不可或缺。联合国区域间犯罪和司法研究所为政府和国际社会打击社会和平、发展和政治稳定性所面临的刑事威胁提供支持。联合国区域间犯罪和司法研究所受权协助政府间、政府和非政府组织拟定和执行关于防止犯罪和刑事司法的改进政策。联合国区域间犯罪和司法研究所的目标是：促进对犯罪相关问题的理解、促进公正高效的刑事司法系统、支持遵守国际制度和其他标准、推进国际法实施的合作和司法协助。联合国区域间犯罪和司法研究所由知名专家组成的理事会管辖。研究所的员工在研究、培训、技术合作和文献管理方面各有专长，且有根据项目要求选拔的高素质顾问为其提供支持。

②　联合国毒品和犯罪问题办公室领导全世界打击非法药物及国际犯罪，建立于1997年，由联合国药物管制规划署和国际预防犯罪中心合并而成。联合国毒品和犯罪问题办公室通过其广泛的外地办事处网络，在世界各地开展工作。本组织90%的预算资金来自自愿捐款，其中大部分来自各国政府。联合国毒品和犯罪问题办公室旨在帮助各国家打击非法药物、犯罪和恐怖主义。在联合国千年宣言中，各国家决定加强力量，全面打击跨国犯罪，履行打击全球毒品问题的承诺，并采取切实措施打击国际恐怖主义。联合国毒品和犯罪问题办公室（毒罪办）2019年7月8日在纽约联合国总部发布的一份报告中说，2017年，凶杀案在全球范围致死约46.4万人，是同期武装冲突致死人数的5倍多。

③　国家受害者调查也在各个国家进行。例如，在美国，国家犯罪被害人调查自1973年以来收集了关于个人和家庭受害的数据，而在法国，类似的调查始于1996年。受害人调查所包括的数据一般包括犯罪类型、发生时间和地点、受害人与罪犯之间的关系、罪犯与受害者的特征（例如年龄、种族、性别和收入）、受害者在事件发生期间采取的保护行动，这些行为的痕迹和结果，受害的后果，财产损失类型，是否向警察报告犯罪和报告或不报告的原因，以及罪犯使用的武器。在欧洲统计学家会议的主持下，一本旨在提高各国受害情况调查的可比性的手册已经完成定稿。

测度没有多大关系。来自同一份调查的问题,即人们在天黑后在街上走路是否感到不安全,不仅表明害怕犯罪的人所占比例显著高于总体受害率,但是那些害怕犯罪的国家并没有记录更高的被害频率(图2-7)。此外,在各国内部,年长和富有的人比年轻和贫穷的人感到更不安全,尽管不太可能成为犯罪的受害者。在个别国家内,受害经历和犯罪恐惧的变化也呈弱相关,这表明媒体在扩大关注和将公众舆论集中于特定领域方面发挥着重要作用。

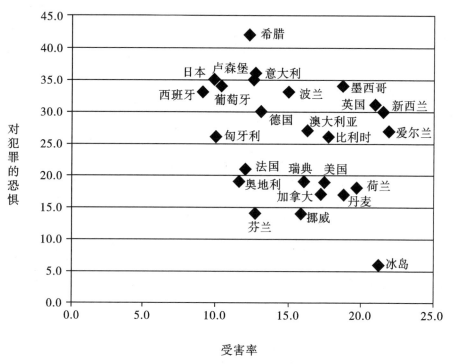

图2-7　2005年经合组织国家被害人和犯罪恐惧的普遍程度(被害者百分比)

注:被害人数是被调查者中报告他们(或他们的一些其他家庭成员)在过去12个月中成为10种传统犯罪之一的被害者的比例。对犯罪的恐惧是基于人们在天黑在街上走路感到不安全或非常不安全的问题。

资料来源:2005国际犯罪被害人调查以及欧洲犯罪和安全调查。

这些模式凸显了获得定期和可靠的人身不安全数据以引导公众讨论的重要性。受害人调查是评估犯罪频率及其产生的恐惧的重要工具。但其实际使用往往受到小样本、调查低频率和缺乏犯罪类型的标准化分类的局限。

还需要调动其他工具来评估个人安全面临的其他威胁,例如家庭暴力以及饱受冲突和战乱之苦的国家暴力事件。

(1)调查低估了家庭暴力,尤其是当事人在其他家庭成员在场的情况下接受调查时。大多数暴力行为都是针对妇女的,把她们丢在家里,剥夺她们工作和闲暇的机会:世界卫生组织已将这种暴力行为确定为影响妇女和儿童健康的主要危险(见专栏2-3)。

(2)调查结果可能会受到不同国家和群体(如性虐待)文化特征的影响。

(3)最后,也是最重要的,在遭受冲突和战争蹂躏的国家中,被害人调查很难安排,也不可能进行。

需要调集其他资源来测度这些对个人安全的威胁。

专栏2-3　婚姻暴力对妇女、儿童健康和安全的影响

　　在家庭内外、和平时期和冲突局势中,对妇女的暴力行为可以采取多种形式。每一种都可能损害妇女的基本能力和功能。但婚姻暴力是最有害的,尤其是因为它发生在家庭内部,传统上认为家庭制度是由利他主义驱动的,有助于提高人类福祉。婚姻暴力会伤害遭受暴力的妇女、目睹暴力的儿童和实施暴力的男性,它也会对个人、家庭和更广泛的社会的福祉产生负面影响(比娜·阿加瓦尔和普拉迪普·潘达,Bina Agarwal and Pradeep Panda,2007)[1]。

　　世界卫生组织已经确认婚姻暴力是一个主要的健康问题(WHO,2000、2002)[2]。尽管没有得到充分报道,但通过估计表明,全世界10%至50%的已婚妇女报告曾遭受配偶的身体暴力(人口报告,1999)[3],这种现象普遍存在于各个国家和各个经济群体。心

---

①　Agarwal, B. and P. Panda (2007), "Toward Freedom from Domestic Violence", Journal of Human Development,8(3).

②　WHO (2000),Women's Mental Health: An Evidence-Based Review,World Health Organization,Geneva. WHO (2002),World Report on Violence and Health,World Health Organization,Geneva.

③　Population Reports (1999),"Ending Violence Against Women", Issues in World Health,27(4).

理虐待更为普遍,婚姻暴力对妇女造成严重的身心伤害(安德鲁·丹纳伯格等,Andrew L. Dannenberg et al. ,1995[1];玛格丽特·哈珀和林·帕森斯,Margaret Harper and Linn Parsons,1997[2];苏珊·曼曼等,Suzanne Maman,2000[3])。孕期暴力与流产、低出生体重儿、产妇发病率,甚至胎儿和产妇死亡有关。家庭暴力造成的伤害会严重损害妇女的经济自由,例如谋生能力,使她害怕外出工作、寻求提升技能或寻找工作机会时遭到报复。身体或精神伤害会对她的就业市场前景、生产力、工作生活的规律性和向上流动的机会产生不利影响(安吉拉·布朗等,Angela Browne et al. ,1999[4];苏珊·劳埃德等人,Susan Lloyd et al. ,1999[5])。婚姻暴力也会破坏妇女的人际关系和社会资本,从而侵蚀妇女的社会机会。邻居们和朋友们都倾向于避开暴力频发的家庭,而女性的自信心也会受到侵蚀,以至于她会退出社交活动。"受虐妇女综合征"(battered woman syndrome)意味着一个女人的自我意识受到严重损害,她开始相信自己应该受到虐待,这也使她害怕在需要帮助的时候寻求帮助。婚姻暴力同样也会破坏妇女的政治自由——她成为一个积极居民(参与社区事务以改善区内环境)或寻求权利的能力。

家庭暴力也会导致代际成本,例如母亲在怀孕期间面临暴力时对胎儿的伤害,以及目睹这种暴力的儿童的心理伤害。目睹家庭暴力的儿童往往会比其他儿童遭受更严重的情感和行为问题,

---

① Dannenberg, A. L. D. M. Carter, H. W. Lawson, D. M. Ashton, S. F. Dorfman and E. H. Graham (1995). "Homicide and Other Injuries as Causes of Maternal Death in New York City,1987 through 1991". American Journal of Obstetrics and Gynecology,172.

② Harper, M. and L. Parsons (1997), "Maternal Deaths due to Homicide and Other Injuries in North Carolina: 1992–1994", Obstetrics and Gynecology,90 (6).

③ Maman, S. , J. Campbell, M. D. Sweat and A. C. Gielen (2000), "The Intersection of HIV and Violence: Directions for Future Research and Interventions", Social Science and Medicine,50.

④ Browne, A. , A. Salomon and S. Bussuk (1999), "The Impact of Recent Partner Violence on Poor Women's Capacity to Maintain Work", Violence Against Women,5 (4).

⑤ Lloyd, S. and N. Taluc (1999), "The Effects of Male Violence on Female Employment", Violence Against Women,5.

并将这种问题带到成年(杰弗里·埃德森,Jeffrey L. Edleson,1999)①。看到母亲被父亲殴打的女孩未来更容易接受配偶虐待,看到父亲打母亲的男孩未来更有可能打妻子。换言之,婚姻暴力破坏了所有家庭成员的身心健康,导致高昂的人力、社会和经济成本。澳大利亚暴力问题委员会(Australian Committee on Violence)估计,1986—1987 年家庭暴力受害者的避难所费用为 2 760 万美元(罗伯托·卡里略,Roberto Carrillo,1992)②。需要进行全面调查,以评估婚姻暴力及其相关因素的程度和影响,并监测为处理婚姻暴力而制定的法律和政策的影响。例如,在一些地区,妇女拥有住房和土地等资产与家庭暴力的发生率显著降低(比娜·阿加瓦尔和普拉迪普·潘达,Bina Agarwal and Pradeep Panda,2007)和妇女的安全性较高有关(比娜·阿加瓦尔,Bina Agarwal,1994)③。免受家庭暴力需要成为任何评估生活质量和扩大人的能力的活动的重要组成部分。

潜在的被害人可以从保险公司购买针对犯罪、事故或自然灾害风险的保护。这样,风险的实现所产生的负面后果得到部分缓解。例如,非致命性车祸的受害者因其经济损失(医疗费、工资损失)和非经济损害(受伤、暂时性或永久性残疾、疼痛和痛苦)而获得经济赔偿。事故造成死亡的,被害人的家属有权要求赔偿损失。在这两种情况下,被害人或其家属可以接受保险公司提出的和解方案,也可以通过法庭解决。

在国际上比较对致命或非致命伤害的赔偿是很困难的,因为补偿标准不是官方的。但是,一些统计数据是公开的。例如,在法国,保险公司必须公布被害者或其家属获得的赔偿,如果配偶死亡,支付给丈夫或妻子的精神损害赔偿中值为 15 500 欧元(子女为 14 000 欧元,父亲或母亲为 15 000 欧

①　Edleson,J. L. (1999),"Children's Witnessing of Adult Domestic Violence",Journal of Interpersonal Violence,14 (8).

②　Carrillo,R. (1992),Battered Dreams:Violence against Women as an Obstacle to Development,United Nations Fund for Women,New York.

③　Agarwal,B. (1994),A Field of One's Own:Gender and Land Rights in South Asia,Cambridge University Press,Cambridge.

元）。这些结果可能在很大程度上低估了这些不同类型风险的后果。安德鲁·奥斯瓦尔德和纳塔武德·波德哈维（Andrew J. Oswald and Nattavudh Powdthavee，2008）提供了丧亲对人们主观福利造成巨大影响的证据①。

（二）经济不安全

"经济不安全"一词包含的风险范围比那些对人身不安全有影响的风险更广泛。例如，收入随时间的推移可能是受影响者不安全的根源，即使对整个社会是合理的（例如，因为它反映了更高的社会流动性）。但是，评估这种可变性（以及它如何随时间变化）需要对同一个体进行长期跟踪调查。在美国，有这样的调查，证据表明随时间的推移，收入波动明显增加，特别是对于收入水平最低的家庭②。类似的调查在其他国家并不多见，本节仅限于几种可能导致经济不安全的"指定"风险（"named" risks）：失业、疾病和衰老。

经济不安全可以定义为未来可能占主导地位的物质条件的不确定性。这种不安全感可能给有关人们带来压力和焦虑，使家庭更难投资于教育和住房。联合国的《世界人权宣言》（Universal Declaration of Human Rights）提出："人人有权享受为维持他本人和家属的健康和福利所需的生活水准，包括食物、衣着、住房、医疗和必要的社会服务；在遭到失业、疾病、残废、守寡、衰老或在其他不能控制的情况下丧失谋生能力时，有权享受保障。"这一"社会权利"（social right）通常是通过对工作的保护和通过社会政策给予的。

影响经济不安全的因素有许多，因此衡量经济不安全的方法也各有不同。有些方法试图量化特定风险的频率，还有一些方法则关注某种风险发生时对生活质量的影响，以及人们可用来保护自己不受这些风险侵害的手段（尤其是社会保障计划提供的资源）。在理想的情况下，对经济不安全的全面衡量将是既考虑各种风险的发生频率，也考虑它的后果，研究人员已经朝着这个方向做了一些尝试。更进一步的问题是，如何将影响经济不安全的各种风险汇总，因为描述这些风险的指标缺乏一个共同的尺度来评估其严重程度。最后，还有一个更加棘手的问题，那就是分析各种用以限制经济

---

① Oswald, A. J. and Powdthavee, N. (2008). "Death, happiness and the calculation of compensatory damages", Journal of Legal Studies, December.

② 由密歇根大学管理的收入动态小组调查从 20 世纪 60 年代末开始就一直跟踪具有全国代表性的家庭。

不安全的政策(通过它们对失业率和劳动力大军参与程度的影响)给生活质量带来的长期后果。

对未来可能面临的物质条件感到不确定性折射出各种风险的存在,尤其是失业、疾病和衰老的风险。这些风险如变成现实,会对生活质量有负面影响,具体则取决于冲击的严重程度、持续时间、带来的羞辱感、每个人对风险的厌恶程度以及经济上的隐含后果。大多数国家统计系统和国际组织提供失业和老龄(替代率)(replacement rates)或疾病(自付费用)(out - of - pocket expenses)的经济后果的一些指标。这些后果还取决于可用的保护类型及其成本,但很少考虑影响因素。

1. 失业造成的经济不安全

如果失业一再出现或一直持续,失业救济相对原来的收入而言较低,或者劳动者为了得到一份新工作不得不接受薪水、工时或二者同时大幅削减,失业就可能导致经济不安全。工作不安全既有当下的后果(因为替代收入往往比前一份工作的收入低),也有较长远的后果(因为即使失业者真的找到另一份工作,其工资也可能下降)。尽管能够得到有关这些后果的指标,跨国比较并非易事,需要在这个方面做特别投入。衡量工作不安全的另一个方法是让员工评估目前这份工作的安全程度,或评估他们所预期的在不久的将来失去这份工作的可能性。失业的恐惧可能给工人的生活质量带来负面影响(例如身体和精神疾病,家庭生活中的矛盾等),也可能给公司(例如员工工作动力和生产率遭受不利影响,对企业目标的认同度降低)乃至整个社会造成负面影响[1]。

一个有用的区别是工作不稳定和工作不安全。工作不稳定是工人和雇主之间合同关系的破裂,在这种中断之后,可以在另一家公司找到新员工。工作不安全是指一个人长期失业的情况,这个长期的定义部分是传统的,部分是基于现有的信息。工作不安全的一个可能指标是在某一特定日期就业、一年后失业(或失业)的工人人数(通过劳动力调查衡量)[2]。根据这个

---

① 约瑟夫·斯蒂格利茨(Joseph Eugene Stiglitz)、阿玛蒂亚·森(Amartya Sen)、让-保罗·菲图西(Jean-Paul Fitoussi)著,阮江平、王海昉译:《对我们生活的误测——为什么GDP增长不等于社会进步》,新华出版社2011年版,第128页。
② 这一指标会遗漏那些在一年内经历过反复失业的工人。

定义,2003 年法国的工作不稳定性(以就业与失业或不工作之间的年转换率衡量)与 20 年前观察到的水平相同,尽管工作不稳定性大幅增加(以工作变动率衡量)(劳动就业保障局,CERC,2005)[①]。不同形式的工作不安全和不稳定在欧洲各国也是显而易见的(见表 2-2),一些国家(比利时、意大利和葡萄牙)将高工作稳定性和高工作安全性结合起来,而另一些国家(德国、英国、西班牙、爱尔兰)则以低工作稳定性和低工作安全性为特征,还有一些国家表现出高的工作保障和低的就业稳定(荷兰、丹麦和芬兰),或者低就业保障和高就业稳定(法国、奥地利和希腊)。

表 2-2　欧洲国家从就业到失业的转换率

国家	没有工作	同一份工作	另一份工作
卢森堡	2.7	91.0	6.3
比利时	2.3	86.2	11.5
意大利	4.6	85.0	10.4
葡萄牙	4.7	84.5	10.8
爱尔兰	3.7	79.3	17.0
丹麦	4.0	79.3	16.7
芬兰	4.4	83.5	12.2
法国	5.5	84.8	9.6
奥地利	5.2	84.8	10.0
希腊	5.7	84.6	9.7
德国	7.0	80.7	12.3
英国	5.9	76.2	18.0
爱尔兰	7.6	73.8	18.6
西班牙	8.9	70.2	20.9

注:2000 年 10 月有工作的法国工人中,5.5% 的在 2001 年 10 月没有工作,84.8% 的工人从事同一份工作。数据指的是 2000 年 10 月在私营部门工作的工人。

资料来源:Cerc(2005),基于 2000 和 2001 欧洲共同体家庭小组的数据。

---

① CERC (2005), La sécurité de l'emploi face aux défis des transformations économiques, Conseil de l'emploi, des revenus et de la cohésion sociale, Rapport No. 5, La Documentation Française, Paris.

就业不稳定的经济后果包括当下和未来的收入损失,当下损失是由于替代收入通常低于前一份工作的收入。人们在短期内免受失业经济影响的程度取决于四个因素:①享有失业保险的可能性;②失业保险的保险金相对于以前的收入;③无法享有失业保险时,获得社会援助的可能性;④社会援助水平。

尽管可以提供这些经济后果的指标,但是由于若干原因,跨国比较是困难的(例如,失业救济金可能取决于家庭组成,失业救济金和援助救济金可能不容易分开,有资格领取失业救济金的人的比例可能随着失业的持续时间而变化),需要在这个方向进行特别投入。从长远来看,失业的经济后果将包括当个人最终找到另一份工作时可能造成的工资损失,如人力资本特定于某一公司或行业的工人的情况。每个工人的风险规避、使用的贴现率和保险成本也影响长期经济损失的总量。

各种调查都提供了关于工作不安全的信息,比如让员工评价他们对当前工作安全的满意度,或者用概率问题来评价他们对失业的预期(你认为你会得到多少工作机会?)或者定性问题(想想接下来的 12 个月,你认为你会失去工作或者被解雇的可能性有多大)。20 世纪初,欧洲国家对工作保障的满意度数据显示出巨大的跨国差异,与北欧国家相比,南欧国家更担心失业(劳动就业保障局,2005)①。

2. 疾病造成的经济不安全

疾病可能直接或间接导致经济不安全,对没有(或只有部分)医疗保险的人来说,医疗费用可能是毁灭性的,会迫使他们负债、出售住房和资产或者放弃治疗,其后果则是健康状况将进一步恶化。在过去的几十年里,一些国家所记录的医疗保健费用越来越高,使得这些风险发生越来越频繁。

衡量与疾病相关的经济不安全的一个指标是没有医疗保险的人所占的比例。几乎所有的欧洲人都有基本医疗保险计划,尽管为各种治疗提供的保险范围不同(OECD,2004)。相比之下,2006 年将近 4 700 万美国人(占人

---

① 利用的数据集是欧洲共同体家庭事务委员会(2001),以 4 分量表(不满意、相当满意、满意、非常满意)给他们的工作安全满意度打分。10%的奥地利人认为"不满意",希腊人为 48%。而 37%的奥地利和爱尔兰人认为"非常满意",葡萄牙为 4%、法国为 6%、希腊为 6%。

口的 16%)没有医疗保险(卡门·德纳瓦斯·沃尔特等,Carmen DeNavas-Walt et al.,2007)①,自 2000 年以来,增加了近 900 万人②。将近 9 000 万人(大约 65 岁以下人口的三分之一)在 2006 年或 2007 年的一段时间内没有享有医疗保险。

这个指标低估了由于疾病造成的经济不安全,医疗保险涵盖的不测事件可能各不相同,就连有保险的人在患病后也可能需要承担高昂的实付费用。例如,2004 年,超过 1 400 万的美国人花在自付医疗费用和医疗保险费上的钱超过其收入的 25%,其中 1 000 万是有医疗保险的(美国家庭,Families USA,2004)③。医疗费用是美国近一半个人破产的一个因素,而因医疗原因破产的家庭中 80% 有医疗保险(大卫·希梅尔斯坦等,David Himmelstein et al.,2005)④。除了这些自掏腰包的医疗费用之外,还应该计算收入的损失:如果患者不得不停止工作而医疗(或其他)保险并不提供替代收入的话,他就会蒙受收入的损失。

3. 衰老造成的经济不安全

老龄本身不是一个风险,但由于退出劳动力市场后需求和资源的不确定性,老龄仍然能隐含经济不安全性。有两类风险尤其重要。

第一类是未来领取的养老金不足,或者疾病和丧失能力导致需求增多、退休期间资源不够用的风险。在过去几十年中,大多数 OECD 国家在贫困风险方面已经从老年人转向年轻人。但是,在一些国家(即那些养老金制度不太成熟的国家),贫困风险对一些老年群体(例如,工作期间劳动力参与有限的妇女)仍然重要,并与其他意外事件(如老年期慢性健康问题和残疾)相叠加。

第二类是养老金支付体系出现动荡的风险。所有养老金体系都面临某

① DeNavas-Walt,C.,B. D. Proctor and J. Smith (2007),"Income,Poverty,and Health Insurance Coverage in the United States:2006",U. S. Census Bureau,August.

② 2006 年美国没有保险的人数的增加,主要集中在处于工作年龄的人中,当年有 130 万全职工人失去医疗保险。

③ Families USA (2004),"Health issues 2004",available at http://www. familiesusa. org/health-issues-2004.

④ Himmelstein,D. U.,E. Warren,D. Thorne and S. Woolhandler (2005),"Illness and Injury as Contributors to Bankruptcy",Health Affairs,February.

些类型的风险,而私营部门在支付养老金方面作用的增强(以职业养老金和个人储蓄的形式)虽然使许多国家得以扩大养老金系统的覆盖范围,其代价却是把风险从政府和企业那里转移给了个人,从而加剧了他们的不安全感。

(三)结合各种类型风险的频率和后果的信息

理想情况下,全面衡量不安全状况需要考虑到每种风险的频率及其经济后果。虽然开发这样的综合指标是一项充满困难的任务,但在这方面已经做出了一些尝试。例如,萨利·奥斯伯格和安德鲁·夏普(Lars Osberg and Andrew Sharpe,2002)衡量了与失业相关的经济不安全,并将其作为失业概率的函数,以及人们在失业后受到保护免受经济损失的程度(按失业者总替代率估算)[1]。马克·弗莱贝伊和纪尧姆·高利尔(Marc Fleurbaey and Guillaume Gaulier,2007)提出了一个整合风险规避指标[2]。

将风险发生频率及其经济后果的信息结合起来(即风险发生的概率与风险发生时的福利变化的乘积)的思路可以从失业风险推广到任何风险。要做到这一点,福利变化的指标应该综合衡量自我保护的风险成本,这是一项复杂的任务。应进一步开展对这些方法的研究,以便开发能够反映每个国家各种风险的规模及其在人口中分布的指标。

(四)影响各种风险后果的因素

人们可以通过积累私人资产或通过购买公共或私人保险来应对各种经济风险的经济影响。由于社会保护在提供各种经济风险保险中的重要性,这一领域的传统研究已经根据各国社会保护制度的规模和特点开发了经济

---

① 萨利·奥斯伯格和安德鲁·夏普(2002)认为,第二个因素的衡量标准应该是领取失业救济金的失业者比例乘以每周收入被福利所取代的百分比。但是,缺乏关于失业者领取福利的比例的高质量信息。萨利·奥斯伯格和安德鲁·夏普还将"老年不安全感"定义为贫困人口所占比例乘以这一群体的平均贫困差距。Osberg, L. and A. Sharpe (2002),"An Index of Economic Well-Being for Selected OECD Countries",The Review of Income and Wealth,Series 48,Number 3.

② 马克·弗莱贝伊和纪尧姆·高利尔(2007)将失业风险导致的收入损失建模为风险规避程度、失业概率(根据失业率及其平均持续时间计算)和与失业相关的收入损失的函数。Fleurbaey, M. and G. Gaullier (2007),"International Comparisons of Living Standards by Equivalent Incomes",Centre d'Etudes Perspectives et d'Informations Internationales,Working Paper No. 03,Paris.

不安全的指标(乔治·梅纳海姆,Georges Menahem,2007)①。

虽然关于福利制度成果的比较研究突出了一些模式,这些模式对于评估各国人们的生活质量非常重要,这些模式有时是基于现有的保险衡量指标(通常基于各种社会项目的公共支出规模),而这些指标有以下三个方面的局限性。

(1)以公共支出总额为基础的福利指标忽视了通过税收制度提供的支持,例如通过给予税收优惠来鼓励人们购买医疗保险或私人养老金。②

(2)公共项目可以替代范围广泛的私人安排,这些安排也可以防范各种经济风险。其中一些私人安排还包括在特定条件下重新分配给人们(如雇主向雇员支付的强制性疾病津贴)③,而另一些则完全是私人安排(如在工作年龄投资于住房,用于在退休时产生收入)。

(3)防止经济不安全的所有类型的保护都有成本。就公共项目而言,为其提供资金所需的税收将影响个人为规避不安全可能采取的战略。在衡量各类风险的经济后果时,也应考虑到这些成本。

(五)不同类别的经济风险的汇总

所有试图为经济不安全开发一个综合指标的尝试所面临的普遍问题是汇总问题。虽然这些风险中的每一类都可以根据具体的指标进行量化,但由于缺乏评估其严重性的共同标准,它们无法进行汇总。但是,学者们沿着这个方向做了一些尝试。

(1)萨利·奥斯伯格和安德鲁·夏普(2002)通过"线性标度技术"(linear scaling technique)对四类主要经济风险(失业、疾病、单亲、衰老)进行的标度测量,按照惯例,每一个标度变量的增加代表较低的经济不安全性;然后,根据代表四个人口群体在总人口中相对重要性的权重,将四个标度变

---

① Menahem,G.(2007),"Prestations sociales, sécurité économique et croissance en Europe",Revue de l'OFCE,Centre de Receherche en Economie de Science Po,Paris.

② 例如,在美国,考虑到不同形式的税收支持,将公共社会支出占GDP的比重提高了约1个百分点(2003年的公共社会净支出占GDP的比重达到18.6%),而在法国,公共社会支出占GDP的比重降低了4个百分点(降至GDP的29.2%)。

③ 在美国,这些带有再分配因素的强制性私人项目(因此包括在经合组织"社会总支出"的定义中)占GDP的8.4%,而法国的这一比例不到GDP的3%。

量汇总成一个"经济安全指数"（economic security index）[1]。

（2）马克·弗莱贝伊和纪尧姆·高利尔（2007）通过计算"等价收入变动"（equivalent income variation）来比较在某些非收入维度上发生变动的群体，这将使每个群体在其当前状况和相对于非收入维度的参考状况之间没有变动。这种等价收入方法能够将各种风险汇总在一起。

（3）其他方法，如加拿大社会发展委员会开发的个人安全指数，对与经济安全有关的各种风险（如失业和财政资源损失风险、疾病和伤害风险）以及个人安全（如犯罪和盗窃风险）的综合客观衡量，使用基于特定调查的主观权重，要求人们对三类安全（经济安全、健康安全、个人安全）进行评价，这种方法也适用于其他国家。

---

[1]　这些权重是：①失业：15～64 岁人口占总人口的比例；②疾病：有患病风险的人口比例（100%）；③单亲家庭：18 岁以下子女的已婚妇女所占人口的比例；④衰老：45～64 岁人口占总人口的比例。

第三章

物质生活水平

本章介绍了欧盟各国居民的物质生活水平,涵盖了欧盟居民的经济状况和住房条件,与生活质量标准有关的金融状况是通过收入来表现的,可支配收入①提供了可供支出(或储蓄)的资金来源,并决定了物质商品和服务的所有权。

危机期间,研究"欧盟居民如何评价他们的物质生活水平"也是一个有趣的问题,这只是决定个人福祉的一系列因素之一。欧盟统计局采取了一种创新方法并在不同领域使用了不同的主观评价数据,这些数据是通过2013 年欧盟收入和生活条件统计(EU statistics on income and living conditions,EU-SILC)的特设模块收集的关于主观福利的数据,而且会使用同一领域的客观指标来补充和分析这类信息。

首先将分析与当前问题相关的可用的主观指标,同时也考虑到不同的社会经济因素,例如,年龄、性别、劳动力状况等,并评估他们对自我评价满意度的影响。该评估同指标评价和客观测度属于同一领域。通过将客观情况与主观评价联合起来分析,本章强调生活质量受个人或住户成员的客观

---

① 住户可支配收入对应市场扣除直接税收和住户内部定期现金转移后的收入和现金收益。可视为住户用于消费或储蓄的收入。住户的生活水平给定的可以实现的可支配收入取决于住户中有多少人,以及他们的年龄。因此"等价"住户收入就是调整住户的大小和构成后的收入,这样所有住户收入在一定基础上可比。等价可支配收入是住户标准化后关于经济资源的一项指标。

条件(如住房)、经济(如收入)条件以及主观感知的影响。从这个角度来看,物质生活水平不仅应该视为量化货币项目,而且应该同物质生活水平的联系更紧密。①

满意度从 0 到 10 分(0 和 10 分别表示不满意和非常满意;0~5 表示满意度较低,6~8 表示比较满意,9~10 表示非常满意)。2013 年,近一半的欧盟居民(49.2%)认为自己的经济状况为中等偏上(6~8),认为满意度较低的有 37.6%(0~5),只有 13.2% 的居民认为满意度较高(9~10)。平均满意度为 6.0 分,保加利亚是 3.7 分,丹麦和瑞典是 7.6 分。

性别满意度无差别,而年老和年轻的欧盟居民似乎比其他年龄段有更高的满意度。员工在生产年(教育、培训或退休)前后的平均满意度比其他年龄组要高。

在国家和个人层面,客观的生活条件与主观的经济评价是密切相关的。物质极度匮乏而无法实现收支平衡对一个国家的影响是非常大的。但是,一些国家确实已经偏离这一模式,并表现出高于或低于客观生活条件所预期的满意度。

一、物质生活水平和生活质量的关系

个人和住户根据自己的评价和选择使用的物质资源,去追求自我界定的幸福。因此,生活质量从根本上受制于个体自身所拥有的物质资源,即使只是作为转化为福利的物质手段。从这个角度看,经济状况,特别是物质生活水平,尽管不是生活质量本身的反映,但是有助于对个体和住户的生活质量进行测度。

---

① 与物质生活水平相关的欧盟政策。欧盟的政策高度重视各种各样的社会问题,包括物质生活水平,这是影响个体和住户的日常生活福利的重要因素。欧盟可持续发展战略致力于以下几个主要目标:第一,社会包容、人口和移民,创建一个"包容性社会","确保和提高市民的生活质量"。欧洲 2020 战略目标是解决贫困风险,包括物质上的贫困(或所谓的"物质匮乏")和社会排斥等。第二,欧洲 2020 战略目标是到 2020 年使至少 2 000 万人摆脱贫困和社会排斥的风险。第三,为了实现这一伟大的目标,欧盟委员会启动了两项旗舰计划:"新技能和就业议程"和"欧洲消除贫困和社会排斥平台"。这一战略也将有助于实现欧盟 2020 年的就业和教育目标。

1.2008 年以来住户收入的变化

如图 3-1 所示,2008 年以来,大多数欧盟成员国住户的等价收入的购买力水平提高了。2013 年住户等价收入的购买力水平[①]在国家之间存在显著差异,从罗马尼亚的 3 936 欧元到卢森堡的 28 030 欧元。2008 年爆发的经济危机导致希腊购买力大幅降低24.8%、爱尔兰降低12.1%、拉脱维亚降低9.5%、英国降低9.3%。2008 年至 2013 年,斯洛伐克提高了 41.5%,波兰提高了 36.0%,罗马尼亚提高了 28.5%,保加利亚提高了 23.8%,这些国家在欧盟国家平均收入是最低的。不仅在北欧欧盟成员国(瑞典、丹麦和芬兰),而且在奥地利、比利时、法国和德国的购买力也都提高了,其中德国提高了8.2%、比利时提高了 16.8%。

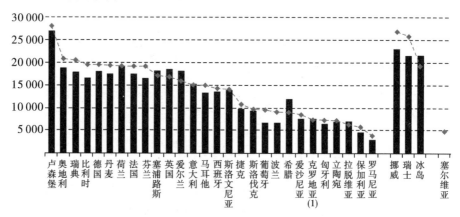

图 3-1　住户等价可支配收入的平均水平,2008—2013(PPS)

注:2010 年的数据代替 2008 年的数据。

资料来源:欧盟统计局(在线数据代码:ilc_dio3)。

---

① 购买力标准(purchasing power standard,PPS)是一种人造的货币单位。从理论上讲,PPS 在每个国家都可以购买同样数量的货物和服务。然而,跨境价格差异意味着根据国家货物和服务的不同需要提供不同数量的国家货币。PPS 是由一个国家的经济总量用本币购买力平价派生出来的。PPS 是欧盟统计局在对国民经济进行核算时采用的货币总量表示方法,一般用于有差异的价格水平进行调整时。因此,PPS 可以被解读为对欧元的汇率。

2.住户经济状况的总体满意度

图 3-2 是根据欧盟的人口数据给出了总体满意度与住户经济状况之间的关系。2013 年有将近一半的人(49.2%)经济状况满意度尚可,37.6% 的经济状况满意度较低,关于经济状况的总体满意度水平平均为 6.0 分,从图 3-3 可以看到欧盟 28 成员国满意度的取值范围为保加利亚的 3.7 分到丹麦和瑞典的 7.6 分。

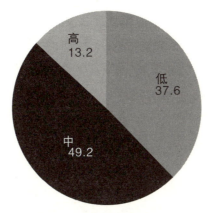

图 3-2 2013 年欧盟 28 国对于住户经济状况的满意度

资料来源:欧盟统计局(在线数据代码:ilc_pw05)。

北部欧盟成员国满意度最高(图 3-3)。丹麦和瑞典分别有 37.4% 和 35.5% 的人满意度是 9 分或 10 分(芬兰 28.6%、澳大利亚 26.1%、荷兰 22.0%、卢森堡 21.5%)。欧盟成员国的平均满意度非常接近甚至超过 7。相比之下,在所有欧盟的东部和南部的成员国中只有一小部分人(低于欧盟平均水平)对他们的经济状况非常满意。在这些国家中,低满意度(0～5 分)的比例最高。低满意度比例最高的国家是保加利亚的 78.5%,其次是葡萄牙的 67.0%、希腊的 65.9% 和克罗地亚的 64.5%。此外,保加利亚满意度最低是 3.7 分,其次是希腊和葡萄牙,分别为 4.3 分和 4.5 分。

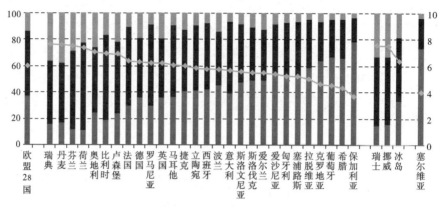

（左轴:满意度水平百分比;右轴:平均分数）

图 3-3　2013 年不同国家住户经济状况的满意度

资料来源:欧盟统计局(在线数据代码:ilc_pw01 和 ilc_pw05)。

在欧盟人口中,有 13% 的人对他们的经济状况表示十分满意,38% 的人表示的满意程度较低。

二、社会人口和经济环境与经济状况满意度的关系

个体对于经济状况的期望变化可能取决于一系列社会人口因素或变量,这些因素或者变量可能会导致不同的期望和偏好,以及与年龄、性别、劳动力状况和受教育程度有关的客观收入差异。同时也描述了主观指标和相应的客观指标之间关于测度物质匮乏和经济收入满意度的研究(收入百分位点①,收支平衡能力)。下面将分析这些因素与欧盟成员国居民的满意度之间的关系。

---

①　收入百分位点是指频率分布的三个大小相等的收入群体。百分位点的最终确定是由所有的收入决定的,从最低到最高,然后选择收入排序中的 33.3% 的占比确定为下限,66.6% 的占比为第二个区间,100% 的占比为上限。一个区间与此段关联的两个百分位点的界限是关联的。第一部分包括收入低于 33.3% 的临界点,第二部分是收入位于最低临界点和最高临界点之间的百分位点。

1.年龄与经济状况满意度

从图3-4中可以得出经济状况满意度与人口的年龄组有关。平均满意度最高的是老年人和年轻人。特别是75岁以上的老年人的平均满意度为6.3分,65~75岁年龄组的老年人的平均满意度为6.2分,中间年龄组(25~34、35~49和50~64)的平均满意度为5.9~6.0分。尽管中间年龄组的满意度水平比较接近,但是在它们之间25~34岁这个年龄组与35~49岁年龄组(36.9%)和50~64岁年龄组(36.9%)相比人数占比和满意度水平都是较低的。导致年轻人和老年人的满意度水平出现差别的原因非常多。针对前面的这种情况,可能存在着这样一个事实:许多人仍然依靠父母对其的经济支持(2013年,79.5%的18~24岁的成年人与父母同住,其中只有29.3%的人有工作①),另一个原因与他们的现状有关,特别是他们有较高的财富积累但却有较低的消费需求。60岁以上的老年人和30岁以下的年轻人有最低消费支出。他们当中前者的消费支出是15 283欧元,而后者的是14 632欧元,中年组的消费支出是16 000欧元②。

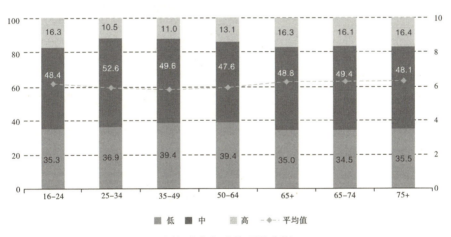

(左轴:满意度;右轴:平均分数)

图3-4 2013年欧盟不同年龄组经济状况满意度

资料来源:欧盟统计局(在线数据代码:ilc_pw01和ilc_pw05)。

---

① 资料来源:欧盟统计局,EU-SILC(ilc_lvps08和ilc_lvsp09)。

② 资料来源:欧盟统计局,住户预算调查(hbs_exp_t135)。

16～24 岁的年轻人和 65 岁以上的老年人与中年人相比更满意他们的经济状况，这可能是因为他们有较低的消费需求。

2. 性别与经济状况满意度

从图 3-5 所示，男性的经济状况满意度的平均水平为 6.1 分，比女性的 6.0 分略高点。虽然在这些方面性别差异不是特别明显，但在分析一些低满意度时还是有明显差异的。女性中低经济状况满意度比男性高出 2.5 个百分点。

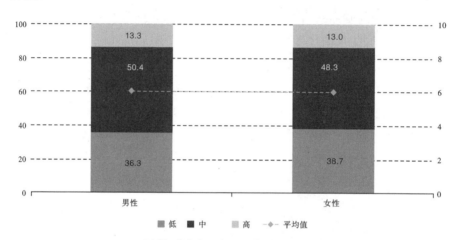

（左轴：满意度百分比；右轴：平均分数）

图 3-5　2013 年欧盟按性别分经济状况满意度

资料来源：欧盟统计局（在线数据代码：ilc_pw01 和 ilc_pw05）。

3. 家庭类型与经济状况满意度

从图 3-6 中可以看到，经济状况平均满意度最高的是没有孩子的两个成年人家庭（无论年龄大小），特别是在有一方超过 65 岁的家庭中，经济状况的平均满意度为 6.6 分，而在 65 岁以下的家庭中，平均经济状况满意度为 6.4 分。经济状况满意度最低的是单亲家庭且有一个子女需要抚养的，它们的满意度是 5.0，其次是没有子女的单身年轻人家庭，无论是男性还是女性平均值均为 5.6。通过这些分组可以反映出家庭的不同经济状况。不需要抚养子女的成年人家庭面临的贫困风险是最低的（两个老年人的家庭面临贫困的风险是 10.4%，65 岁以下的成年家庭面临贫困的风险是 11.2%）。因此，总体经济状况满意度低的是面临较高经济贫穷风险的家庭，2013 年有

31.8% 的单亲家庭需要抚养子女,有 27.5% 的单亲家庭的年龄小于 65 岁。

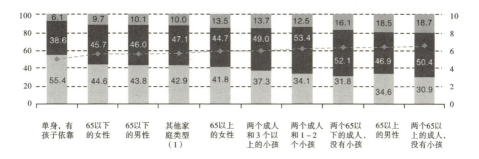

（左轴:人口满意度百分比;右轴:平均分数）

图 3-6　2013 年欧盟家庭类型与经济状况满意

注:"其他家庭类型"指的是有或没有受抚养子女的其他家庭。

资料来源:欧盟统计局。

值得注意的是,65 岁以下年龄组的单身男、女家庭平均经济状况满意度都是一样的,女性的比例通常要比男性高 0.8 个百分点。老年单身家庭在性别方面的差异较大,大概有超出 7.1% 女性的经济状况满意度较低,这可能反映了现有收入水平之间的差异。

4. 教育或培训与经济状况满意度

图 3-7 中强调了劳动状况和经济状况满意度之间明确的关系。与其他年龄组相比,在接受教育、培训或退休的前后会更满意他们的经济状况,就业也是满意度的一个来源。

平均经济状况满意度最低的是失业人口(4 分),平均经济状况满意度最高的是接受过教育和培训的人口(6.5 分)。被调查的有工作的人口中,兼职工作者的平均经济状况满意度(6.2 分)低于全职同行人口(6.4 分)。兼职工作者中表示很满意的比例(15.1%)比全职工作者要高(13.6%)。这可能是由于不同的家庭情况造成的,如收入满意度不仅仅与家庭有关,也与个人有关。在进行经济状况分析时,也要考虑到这一点,因为接受教育或培训的人们可能没有自己的收入来源。此外,个体经营者的平均满意度是 6.1 分。

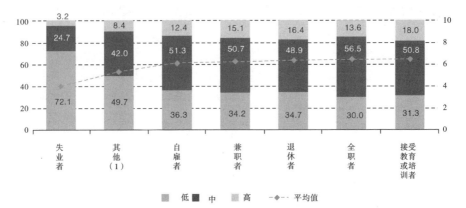

（左轴：人口满意度百分比；右轴：平均分数）

图 3-7　2013 年欧盟不同经济地位的经济状况满意度

注："其他"包括永久性残疾的人、不适合工作的人，承担国防任务、在军事社区进行强制性服务的人员。

资料来源：欧盟统计局。

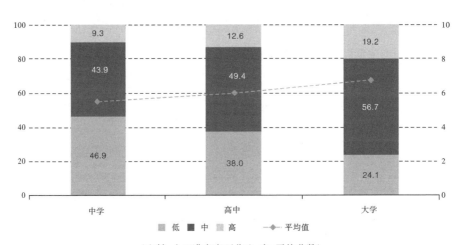

（左轴：人口满意度百分比；右：平均分数）

图 3-8　2013 年欧盟不同教育水平的经济状况满意度

资料来源：欧盟统计局（在线数据代码：ilc_pw01 和 ilc_pw05）。

教育程度和经济状况满意度之间有着一个很明显的关系，如图 3-8 所示。教育与收入水平也有一定的关系，这一结果也并不让人意外。受过高中教育的平均满意度为 6.0，受过普通高等教育（及以上）的平均满意度为 6.8。这种分析模式也反映了满意度水平的高低。

5. 家庭收入与经济状况满意度

图 3-9 显示了收入水平(在国家层面上通过收入百分比分析人们的状况)和经济状况满意度之间的关系。从图 3-9 中可以看出高收入家庭通常(相对于国家的平均水平)拥有较高的满意度。因此,经济状况的平均满意度由低收入群体的 5.1 分,提升到中等收入群体的 6.1 分和高收入群体的 7.0 分。低收入群体中,55.4% 的人对他们的经济状况满意度较低,只有 6.8% 的人对他们的经济状况非常满意,高收入群体中,21.9% 的人对他们的经济状况非常满意。收入最高的群体中,57.9% 的人对他们的经济状况是满意的。在国家层面上,收入水平与满意度水平的差异也很大。

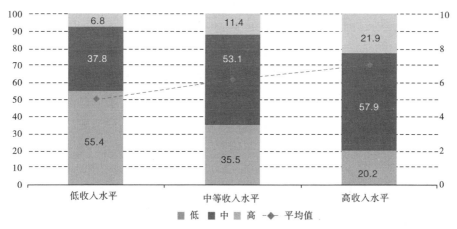

(左轴:人口满意度百分比;右轴:平均分数)

图 3-9 2013 年欧盟不同收入水平的经济状况满意度

资料来源:欧盟统计局。

三、物质水平与经济状况满意度

与收入百分位数相比,即个人的收入比例所在的位置,严重的物质匮乏是指个人没有能力支付一系列的商品或服务,欧盟成员国将会由于严重缺乏资源而降低生活水平。2013 年欧盟根据国家的物质资源情况和贫困程度制定了两种消除贫困和社会排斥的方案。

1. 收入、物质条件和消费

在生活质量的框架内,物质生活水平维度分为三个子维度:收入、物质条件和消费。收入包括在同一个国家内的收入水平、货币短缺和收入分配。物质条件是指物质匮乏和住房条件。消费集中在微观层面(家庭预算调查)和宏观层面(个人实际消费,国民核算)。这些客观指标加上一些主观指标进行补充,这样才能衡量家庭的经济状况满意度,这也是第一次通过欧盟收入和生活条件统计(EU-SILC)的主观福利模块来进行数据收集。

2. 物质匮乏

物质匮乏涉及的问题包括经济压力和耐用品。实质上被严重剥夺了物质生活水平的人极大地受到资源缺乏的影响:支付租金或水电费,使家里保持充足的温暖,支付意外费用,每隔一天吃肉类、鱼或其他蛋白质,外出一周的假期,一辆车,一台洗衣机,彩色电视或一部电话。

如图3-10所示,物质资源被严重剥夺和经济状况满意度之间有一个很明显的联系,没有被剥夺物质资源的人的满意度水平比那些被严重剥夺物质资源的满意度高近乎两倍(前者是6.3分,后者是3.4分)。这种差异在被剥夺物质资源的群体和经济状况满意度很高的人中并不明显(1.3%),但是在经济状况满意度很低的人中却很明显(80.9%)。

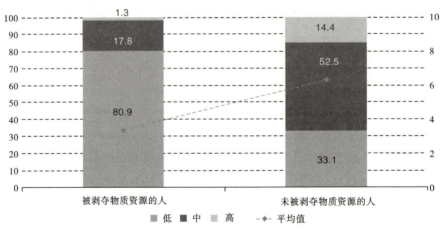

(左轴:人口满意度百分比;右轴:平均分数)

图3-10 2013年物质资源状况与经济状况满意度的关系

资料来源:欧盟统计局。

3. 收支平衡能力与经济状况满意度

生活条件也可以通过测量主观指标(如收支平衡能力)来反映,这是经济困难家庭的自我感觉的表达。图 3-11 显示了收支平衡能力与经济状况满意度之间的关系,随着困难程度的下降,满意度呈上升趋势。结果是最高的满意度比最满意高出两倍以上(前者是 8.8 分,后者是 3.3 分)。因此,收支平衡能力同经济状况满意度有着密切的联系。

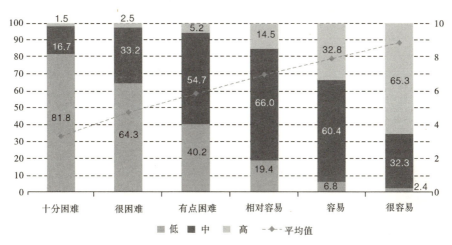

(左轴:人口满意度百分比;右轴:平均分数)

图 3-11　2013 年欧盟收支平衡能力与经济状况满意度的关系

资料来源:欧盟统计局。

四、客观物质条件与经济状况满意度

主观福利和收入是密切相关的。换句话说,日常生活中大多数国家,富人比穷人对他们的收入更满意。表 3-1 的目的是将 2013 年对自己的经济状况满意度较低的人所占比例,与面临贫困风险的人所占比例、严重物质匮乏的人所占比例,以及生活维持困难或非常困难的人所占比例进行比较。正如预期的那样,在贫困风险较高和物质条件较差的国家中,对经济状况满意度较低的人口比例也比较高。

表 3-1 2013 年欧盟 28 国贫穷和物质条件指标与经济状况满意度（%）

国家/地区	物质条件满意度较低	有贫困风险的概率[1]	被剥夺物质条件的人们	很难满足自己物质生活需要
欧盟 28 国	37.6	16.6	9.6	28.9
比利时	19.5	15.1	5.1	21.0
保加利亚	78.5	21.0	43.0	65.2
捷克	41.0	8.6	6.6	31.7
丹麦	17.2	12.4	3.8	12.1
德国	36.0	16.2	5.4	9.1
爱沙尼亚	54.8	18.3	7.6	23.4
爱尔兰	49.2	14.1	9.9	36.8
希腊	65.9	23.1	20.3	78.3
西班牙	42.6	20.4	6.2	38.8
法国	30.4	13.7	5.1	20.5
克罗地亚	64.5	19.5	14.7	55.4
意大利	39.8	19.1	12.4	41.6
塞浦路斯	52.8	15.3	16.1	59.4
拉脱维亚	58.5	19.3	24.0	54.4
立陶宛	42.0	20.5	16.0	32.9
卢森堡	24.3	15.9	1.8	13.4
匈牙利	53.2	14.3	26.8	53.9
马耳他	36.9	15.7	9.5	36.6
荷兰	10.9	10.4	2.5	15.1
奥地利	24.9	14.4	4.2	14.0
波兰	45.4	17.1	11.9	32.5
葡萄牙	67.0	18.7	10.9	46.9
罗马尼亚	30.2	22.3	28.5	50.9
斯洛文尼亚	48.0	14.5	6.7	33.1
斯洛伐克	49.7	12.8	10.2	36.6
芬兰	12.3	11.8	2.5	6.9

续表 3-1

国家/地区	物质条件满意度较低	有贫困风险的概率[1]	被剥夺物质条件的人们	很难满足自己物质生活需要
瑞典	15.8	14.7	1.4	6.6
英国	36.4	15.9	8.3	21.1
冰岛	33.5	9.3	1.9	23.7
挪威	16.2	10.9	1.9	6.6
瑞士	15.0	14.6	1.0	12.0
塞尔维亚	73.6	24.5	26.9	64.6

注:分界点为社会转移后等价收入中值的 60%。

资料来源:欧盟统计局。

五、等价净收入与经济状况满意度

自 2005 年以来大多数欧盟国家的住户平均可支配收入是在增加的(如图 3-12)。各国之间存在着巨大的差别,2013 年卢森堡(28 030 PPS)比罗马尼亚(3 936 PPS)平均高出 7 倍以上。图 3-12 比较了经济状况满意度与等价净收入之间的关系。

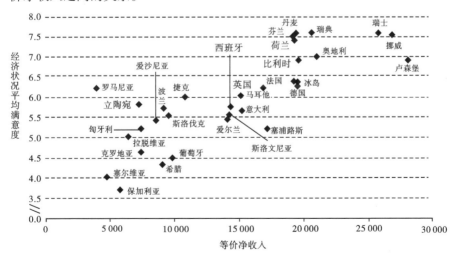

(横轴:平均收入,PPS;纵轴:平均满意度)

图 3-12　2013 年经济状况满意度和等价净收入

在 2013 年对欧洲国家的调查中,丹麦和瑞典满意率最高(7.6 分),也是平均收入水平最高的国家(分别是 19 349 PPS 和 20 516 PPS)。保加利亚是欧盟成员国中平均收入最低的(5 900 PPS),满意度也是最低的(3.7 分)。

经济状况平均满意度的高低与收入有显著的相关关系,卢森堡则是例外,尽管收入水平很高,但经济状况满意度的平均分数为 6.9 分。另一方面,罗马尼亚平均收入水平最低的,但经济状况满意度却并不是最低的,平均分数为 6.2 分,几乎与欧盟的平均水平 6.0 分持平(见图 3-12、图 3-13)。

六、北部的欧盟成员国中低贫困风险与高经济状况满意度

2013 年欧盟成员国普遍受到了财政危机的影响,欧盟国家 8 350 万人受到影响(相当于欧盟人口的 16.7%),其次是物质匮乏和低劳动强度,其中受影响的人数分别为 48.2 万人和 40.2 万人。一般来说,面临贫困风险的国家和相应比较低的经济状况满意度是有一定的关系的。如图 3-13 所示,在贫困风险相对较低的国家,满意度低的比例较少。这种情况主要是在北部的欧盟成员国中,如荷兰、芬兰、瑞典和丹麦。另一方面,货币短缺程度比较高的国家(20% 以上),如保加利亚、希腊和克罗地亚,经济状况的满意度较低。罗马尼亚是一个例外,尽管贫困风险率较高(22.3%),但是认为自己的经济状况满意度低的比例为 30.2%,这远远低于欧盟平均水平(37.6%)。

在某些情况下反过来也是存在的。特别是大约有一半的人口经济状况满意度的匈牙利、塞浦路斯、斯洛伐克、爱尔兰和斯洛文尼亚,尽管它们贫困风险低于欧盟平均水平,但它们的经济状况满意度也低于欧盟平均水平。

此外,在欧盟成员国中捷克的贫困风险最低(9.6%),经济状况满意度比欧盟平均水平高 3.5 个百分点。

捷克面临贫困风险的比例是最低的。但是,超过 40% 的捷克人的经济状况满意度较低。

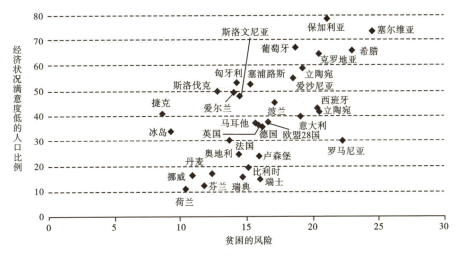

（平均收入：PPS；平均满意度：平均分数）

图 3-13　2013 年经济状况满意度和贫困风险的关系

资料来源：欧盟统计局（在线数据代码：ilc_pw05 和 ilc_li02）。

七、物质匮乏与经济状况满意度

严重的物质匮乏是贫困的第二个最普遍的形式，9.6% 的欧盟人口（相当于 1/11）都受到了影响。图 3-14 分析了国家中严重被剥夺物质的人的比例和他们关于自己经济状况满意度的报告。

物质严重匮乏的人口比例较高的国家，如保加利亚（43%）、匈牙利（26.8%）和拉脱维亚（24%）对自己的经济状况满意度低的比例很高（分别为 78.5%、53.2% 和 58.5%）。罗马尼亚则是一个例外，有较低满意度的比例（30.2%）较低，尽管它的贫困人口比例也不低（28.5%）；匈牙利的贫困比例与罗马尼亚差不多，但是它的低满意度所占的比例却很高。另一方面，一些受到物质匮乏的影响的人口比例很小的国家也有同样的情况，如瑞典（1.4%）、芬兰和荷兰（分别都是 2.5%）。

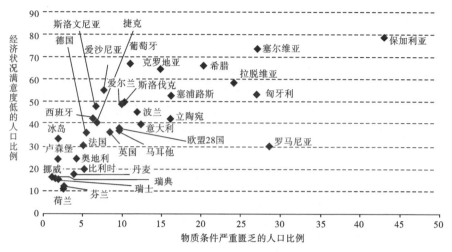

图 3-14　2013 年经济状况满意度和物质严重匮乏的人口比例

资料来源:欧盟统计局(在线数据代码:ilc_pw05 和 t2020_53)。

八、住房条件

在 2013 年,17.2% 的欧盟居民生活在拥挤不堪的住房,比起 2005 年降低 2.3%。34.4% 的欧盟居民有良好的生活环境和住房,比起 2005 年提高了 3.1%。

基于这些数据,超过 80% 的欧洲人对自己的居住条件相对满意也就不足为奇了。特别是,在 0~10 分的满意度量表中,51.8% 的人表示中等满意(6~8 分),32.5% 的人表示非常满意(9~10 分),只有 15.7% 的人表示不太满意(0~5 分)。与经济状况满意度相比,这个方面的调查结果要好很多,这也是物质生活条件的另一个方面。

就平均满意度而言,保加利亚为 6.0 分,芬兰为 8.4 分,平均值为 7.5 分。住房满意度在性别方面的调查并没有进行,尽管女性的比例稍微低些,但是满意度却很高。更高的年龄组和拥有自己住房的群体有着更高的住房满意度。

一些国家尽管有高比例的住房情况,但是与之相关的住房满意度则较低,反之亦然。但是,这并不适用于结构性问题。因此大多数欧盟国家之间无法进行住房问题和住房满意度之间的关系研究。

1.2005 年以来住房条件的发展状况

如图 3-15 所示,2005 年欧盟住房拥挤的人口比例已经下降了 2.3 个百分点(从 2005 年的 19.5%到 2013 年的 17.2%),住房很小的人口比例增加了 3.1 个百分点(从 2005 年的 31.3%到 2013 年的 34.4%)。

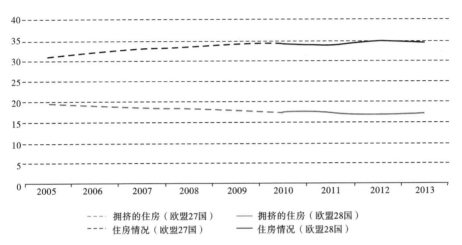

图 3-15 2005—2013 年欧盟人口生活的拥挤情况或住房情况(%)

资料来源:欧盟统计局(在线数据代码:ilc_lvho05a 和 ilc_lvho50a)。

尽管大多数欧盟成员国效仿这种模式,但是随着时间的推移,各国之间出现明显的差异。特别是,在罗马尼亚超过一半的住所都是过度拥挤的,在而比利时只有 2.0%的住房是这样的,其次是塞浦路斯和荷兰,分别为 2.4%和 2.6%。

2005 年到 2013 年拥挤的住房下降幅度最大的是欧盟东部成员国:如斯洛文尼亚、爱沙尼亚、立陶宛和拉脱维亚。2005 年到 2013 年,观察到过度拥挤的住房有所增加,不过仍然是适度的增长。

比较图 3-16a 和 3-16b,分别显示生活在拥挤条件下的人口和在城市里的住房面积较小的人口,通过观察欧盟国家和上面或多或少有相同的国家也有高于和低于欧盟平均水平的。2005 年到 2013 年住房面积较小、人口增加最高的是斯洛文尼亚,增长了 17.9 个百分点,其次是爱沙尼亚、立陶宛和葡萄牙这些国家增加了 12.0 个百分点。相反,荷兰下降了 7.6%,意大利下降了 2.6%。

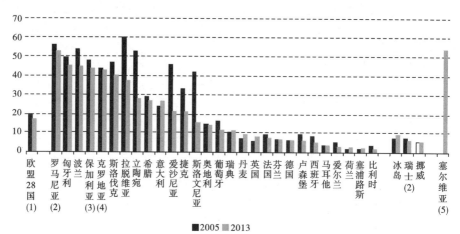

图 3-16a 2005—2013 年居住在拥挤的住房的人口数(人口总数百分比)

注:2005 年的数据是欧盟 27 国;2007 年数据代替 2005 年数据;2006 年数据代替 2005 年数据;2010 年数据代替 2005 年数据;没有 2005 年数据。

资料来源:欧盟统计局(在线数据编码:ilc_lvho05a)。

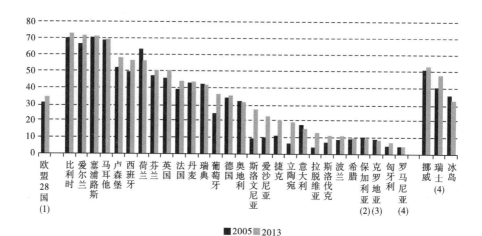

图 3-16b 2005—2013 年面积较小住房的人口数(人口总数百分数)

注:2005 年的数据是欧盟 27 国;2006 年数据代替 2005 年数据;2010 年数据代替 2005 年数据;2007 年数据代替 2005 年数据。

资料来源:欧盟统计局(在线数据代码:ilc_lvho50a)。

2.住房条件和住房满意度

住房通常是居民家庭最大的支出项目。2012 年,11% 的欧洲人的生活支出中,40% 的住户可支配收入都花在住房上,因此有时这些费用对一个家庭的影响是比较大的。这样的情况会迫使住房条件一般和住房条件恶劣的住户放弃一些其他方面的基本需求,使他们无法达到一个体面的生活水平。

类似的经济状况满意度、自述的住房满意度可能是基于客观和主观标准进行评价的。对住房的评价可能是基于客观标准进行的。例如:住房的类型、充足或缺乏空间、住房质量(某些设施的可用性和存在的结构性问题,如腐烂或潮湿住房等)。主观标准取决于人们不同的价值需求。

3.如何满足欧盟居民的住房需求

图 3-17 显示了 2013 年欧盟居民对其住房的满意度情况。在 0~10 分的范围内,有 84.3% 的欧盟居民是中等或高满意度。特别是,51.8% 的欧盟居民是中等满意度(6~8 分),32.5% 的欧盟居民是高满意度(9~10 分),只有 15.7% 的人似乎不满意(0~5 分)。

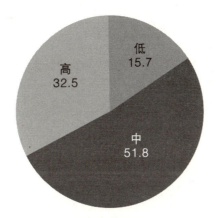

图 3-17　2013 年欧盟居民的住房满意度(居民的满意度百分比)

资料来源:欧盟统计局(在线数据编码:ilc_pw05)。

4.住房满意度与经济状况满意度

欧盟居民的平均住房满意度是 7.5 分,而保加利亚的是 6.0 分,芬兰的是 7.5 分,奥地利和丹麦的分别是 8.1 分、8.3 分(见图 3-18)。

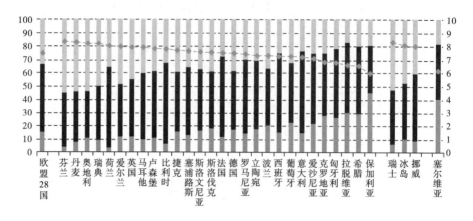

（左轴:满意度;右轴:平均分数）

图 3-18　2013 年欧盟国家的住房满意度

资料来源:欧盟统计局(在线数据代码:ilc_pw01 和 ilc_pw05)。

　　住房满意度遵循这样的结果(见图 3-18)。12 个国家的水平低于欧盟的平均水平,并且这 12 个国家都是位于欧盟东部和南部。相反,另外 16 个国家的水平是高于欧盟平均水平的,这 16 个国家大部分都位于欧盟的西部和北部,除了斯洛文尼亚、斯洛伐克、捷克、塞浦路斯和马耳他等。住房成本相对较低,而家庭总收入在这些国家似乎发挥重要作用。特别是在马耳他和塞浦路斯的居民住房成本比例非常低,2013 年的比例分别是 2.6% 和 3.3%(相比欧盟国家的平均值 11% 要低很多)。

　　住房满意度低的人群比例最高的是保加利亚(人口比例达 46.2%),远远落后其他欧盟成员国,如拉脱维亚(30.6%)、希腊(29.7%)和克罗地亚(28.5%)。满意度高于 50% 的居民有大约一半居住在芬兰、奥地利、丹麦、瑞典和爱尔兰。具体来说,芬兰、丹麦和瑞典等国家只有不到 10% 的人口认为自己的居住水平比较低。

　　5. 不同人口划分的住房满意度

　　住房满意度可能会受到年龄、性别、家庭组成、收入或货币或物质匮乏的影响。

　　如图 3-19 所示,与经济状况满意度一样,住房满意度随年龄增长而增加(除了最年轻的年龄组,因为在大多数情况下他们仍与家人生活在一起)。

因此,65 岁年龄组的平均住房满意度最高(7.8 分),50~64 岁年龄组(7.6 分)和最年轻的年龄组(7.5 分),25~34 岁年龄组(7.1 分)。

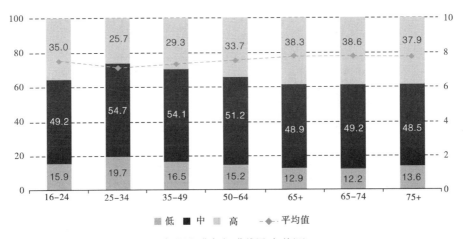

(条形图:满意度;曲线图:年龄组)

图 3-19 2013 年按年龄组划分的住房满意度状况

资料来源:欧盟统计局(在线数据代码:ilc_pw01 和 ilc_pw05)。

一个不寻常的例子是,16~24 的人(35.0%)和 25~34 岁的人(25.7%)之间高满意度的人口比例相差 9.3 个百分点。

一种可能的解释是,25~34 岁年龄组中很多人离开父母的家庭开始自己的生活(79.5%的 18~24 岁与父母同住,而对于 25~34 岁年龄组的比例则是 28.8%),他们意识到很难负担得起良好的住房条件。

图 3-20 没有强调性别和住房满意度之间的明确关系,两种性别的平均满意度相同。这并不奇怪,因为大多数人(59.8%)作为夫妻生活(有或没有子女)都是共享相同的住房条件,因此他们拥有相同的客观住房条件。关于家庭经济状况满意度也出现了类似的趋势,不过平均满意度在 6 分左右。应该注意的是,女性高满意度的比例和低满意度的比例都高于男性。

图 3-21 说明了租住权和住房满意度之间的关系。拥有住房者比租住者的平均满意度高出约 1%,它们的数值分别是没有抵押贷款者的是 8.0 分,有抵押贷款者是 7.7 分,租房者是 6.8 分。这三类住房拥有者的满意度水平是明显不同的,主要的原因在于他们受到抵押(8.5%)、市场或利率降低(分别为 25.5%和 25.4%)的影响是不同的。这些差异可能与后者有更

高的住房不安全感有关。此外,决定买(而不是租)房子的人可能更有选择性,更愿意投资良好的住房条件。

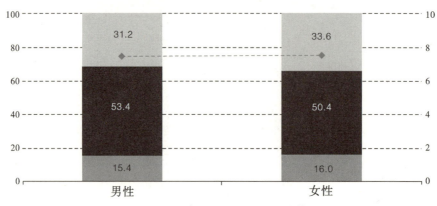

(条形图:满意;曲线图:性别分组)

图 3-20 2013 年按性别分组的住房满意度状况

资料来源:欧盟统计局(在线数据代码:ilc_pw01 和 ilc_pw05)。

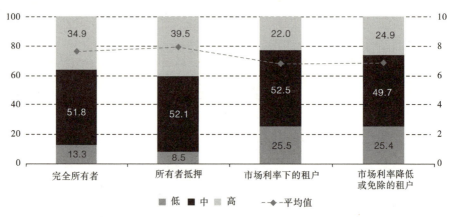

(条形图:满意度;曲线图:平均分数)

图 3-21 2013 年欧盟不同住房权的满意度

资料来源:欧盟统计局。

对是否拥有抵押贷款的所有者之间的差异进行解释时应特别谨慎。由于历史和文化原因,拥有自己的房子并且没有抵押贷款的人在更大程度上可能位于东部和南部的欧洲国家,在这些地理区域的人们对自己的住房满意度更高。

图 3-22 比较了 2013 年不同住房问题下的住房满意度与整个欧盟人口的住房满意度。

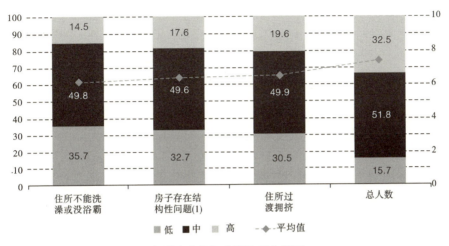

（条形图:满意度;曲线图:平均等级）

图 3-22　2013 年欧盟不同住房问题下的住房满意度

注:结构性问题有屋顶漏水、墙壁潮湿、地板或地基的窗框腐烂。

资料来源:欧盟统计局。

比起一般的欧盟居民而言,生活在住宅区的人们受到住房问题影响时,对于他们的住房有更加低的平均满意度。住房中没有洗澡或沐浴的欧洲人的平均住房满意度是 6.2 分,其次是那些有住房结构性问题的满意度是 6.4 分和那些生活在拥挤的住房满意度是 6.5 分。总的来说,这些数据远低于欧盟总人口的平均住房满意度 7.5 分。没有浴室设施的住房之比为 2.5%,比较拥挤的住房占比为 17.4%。

6. 可支配收入与住房满意度

图 3-23 显示了收入和住房满意度之间的关系,强调了在欧盟成员国之间平均年收入水平差异的变化,从罗马尼亚的 936 欧元到卢森堡的 28 030 欧元。这也使得人们对住房满意度的评价不同,例如,芬兰的住房满意度是 6.0 分,保加利亚的住房满意度是 8.4 分。

收入和住房满意度之间的关系是可以建立的。事实上,欧盟成员国中平均住房满意度水平最低的是5个国家:保加利亚、希腊、拉脱维亚、匈牙利、克罗地亚,也有一些国家的收入状况满意度在欧盟成员国中属于中等水平。

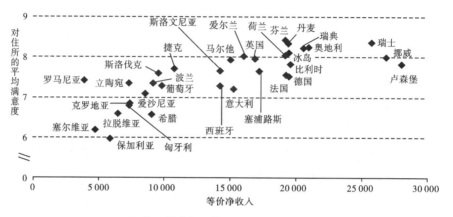

(y轴:平均等级;x轴:PPS下的平均收入)

图3-23 2013年中等收入国家的等价净收入和住房满意度

资料来源:欧盟统计局(在线数据代码:ilc_pw01 和 ilc_di03)。

表3-2比较了2013年满意度较低的人们通常情况下遇到的最常见的住房问题。

表3-2 2013年欧盟28国住房条件指标和住房低满意度

国家	较低的住房满意度	既不能洗澡,也没室内冲洗厕所(1)	屋顶漏水,墙壁、地板或地基潮湿,窗框腐烂	拥挤的住房
欧盟28国	15.7	2.7	15.7	17.3
比利时	7.3	0.3	18.1	2.0
保加利亚	46.2	13.0	12.9	44.2
捷克	16.3	0.4	10.0	21.0
丹麦	8.4	0.8	17.1	9.4
德国	18.0	0.0	13.1	6.7
爱沙尼亚	23.6	6.4	17.5	21.1
爱尔兰	12.2	0.3	14.3	2.8
希腊	29.7	0.7	14.0	27.3

续表 3-2

国家	较低的住房满意度	既不能洗澡,也没室内冲洗厕所(1)	屋顶漏水,墙壁、地板或地基潮湿,窗框腐烂	拥挤的住房
西班牙	15.8	0.1	16.7	5.2
法国	12.1	0.3	13.2	7.6
克罗地亚	28.5	1.5	13.1	42.8
意大利	14.8	0.1	23.1	27.3
塞浦路斯	13.6	1.0	31.1	2.4
拉脱维亚	30.6	13.5	27.7	37.7
立陶宛	17.8	12.0	19.9	28.0
卢森堡	11.4	0.0	15.3	6.2
匈牙利	26.9	0.2	25.8	45.7
马耳他	10.2	3.0	11.8	3.6
荷兰	3.6	0.9	15.6	2.6
奥地利	11.3	32.2	12.5	14.7
波兰	21.3	0.4	10.1	44.8
葡萄牙	22.7	0.2	31.9	11.4
罗马尼亚	14.5	0.4	15.0	52.9
斯洛文尼亚	16.7	0.0	27.0	15.6
斯洛伐克	18.5	0.2	7.5	39.8
芬兰	4.2	0.4	5.2	6.9
瑞典	9.3	0.0	7.5	11.2
英国	12.4	0.2	15.9	8.0
冰岛	10.7	0.0	18.0	9.1
挪威	9.3	0.2	7.0	6.0
瑞士	6.5	0.0	11.5	6.7
塞尔维亚	40.3	4.0	21.6	54.3

注:(1)瑞典和冰岛是 2009 年的数据,挪威的是 2011 年的数据,德国、荷兰和瑞士的是 2012 年的数据;(2)欧盟国家住房问题是估计的。

资料来源:欧盟统计局(在线数据代码:ilc_lvho07a)。

住房问题并不直接影响人们对住房满意度的评价,同样也可能取决于个人对于他们住房质量的重视程度。

第四章

就 业

　　本章侧重于就业，或者更具体地说是"生产或主要活动"，这是"8＋1"生活质量指标框架中的第二个维度。就业关系到欧盟的核心政策，因为它是创造财富的基础。了解如何使欧盟居民对自己的职业感到满意是非常重要的，因为一个人失去工作可能会降低一个人的生活满意度。生产或主要活动是指有偿和无偿工作和其他类型的主要活动状态。无论是有偿或无偿，工作通常是人们时间利用的重要组成部分，它可以对生活质量产生重大影响，这些影响无论是积极的还是消极的。从积极的一面来看，工作带来了收入，为人们提供了一个进行社交的身份和机会，可以创新、学习新事物和从事活动，带给人们一种满足感和享受感。相反，当工作不顺心或入不敷出时，生活质量可能下降。找不到工作或失业甚至威胁到一个人的心理健康。

　　本章介绍了欧盟的就业形势①，并建立一个客观的工作条件与工作满意度之间的关系（如工作强度和合同的类型）。本章给出的客观指标来自欧盟劳动力调查（EU-LFS）和欧盟收入和生活条件统计（EU-SILC），EU-LFS 提

---

　　① 欧盟与就业有关的政策。就业是欧盟政策的核心，因为它是创造财富的基础。经济增长和就业是欧洲 2020 战略高度重视的内容，并且通过其"包容性财富增长创造就业"机会。有偿工作但没有报酬的主要活动，如国内工作影响生活质量，因为他们是决定个人身份和提供社会交往机会的重要决定因素。除了仅仅获得就业以外（即定量方面），有偿工作的质量尤为重要，因为它关系到个人的尊严。因此，解决就业和就业环境质量方面的问题是就业政策指南重点突出的内容。

供了 15 岁及以上人群的劳动参与情况和非劳动力人口的数据,EU-SILC 旨在收集收入、贫困、社会排斥和生活条件方面的数据。主观评价数据是通过 2013 年 EU-SILC 的主观福利模块来收集的。

对生活质量影响的评价是一项复杂的工作,因为很多的互补方面必须考虑人的活动。通过分析客观情况与主观评估,工作满意度是影响人们生活质量的重要因素。

一、欧盟的就业

2014 年,在欧盟国家,20~64 岁适龄人口的就业率为 69.2%,与 2005 年的 67.9% 和 2008 年的 70.3% 相比,主要是全球金融和经济危机的影响 (图 4-1)。尽管努力为女性带来更多的就业机会,但是在 2014 年男性和女性就业率之间的差距仍然有 11.5%(与 2005 年的 15.9% 相比已经有所下降)。

（20~64 岁适龄人口的百分比）

图 4-1 2005—2014 年欧盟 28 国性别就业率与设定的 2020 目标

资料来源:欧盟统计局(在线数据代码:lfsi_emp_a 和 lfsa_urgaed)。

2013 年,欧盟总体就业率是 68.4%,但欧盟成员国情况各不同,如图 4-2 所示。2013 年,就业率最高的是瑞典(79.8%),其他北部或西部欧盟成员国(如德国、荷兰、丹麦、奥地利)最低的在 75.0% 以上,而在希腊 (52.9%)和一些其他南部、地中海欧盟成员国(如克罗地亚、西班牙和意大利),就业率低于 60.0%。

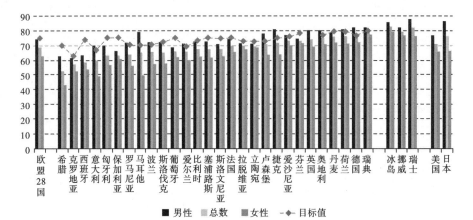

图 4-2　2013 年 20~64 岁不同国家的就业率与国家的目标值

注：欧盟总体的就业目标是 75%。它从 62.9%（克罗地亚）变化到 80.0%（丹麦、荷兰和瑞典）。英国没有制定就业目标。

资料来源：欧盟统计局（在线数据代码：lfsi_emp_a 和 lfsa_urgaed）。

　　欧盟成员国——除了德国就业率达 77.3%，略微超过 77% 的目标——仍然需要努力实现国家目标。瑞典距离它们 80% 的目标仍差 0.2 个百分点，卢森堡和奥地利小于它们雄心勃勃的目标，分别为 73% 和 77%。与目标差距最大的是希腊和西班牙。

　　2013 年，男性和女性就业率之间的差距为 11.6 个百分点（分别是 74.2% 和 62.6%），类似的差距在美国（分别是 77.0% 和 65.4%）和日本（分别是 86.4% 和 66.3%）也存在。

二、工作满意度

　　在欧盟，目前大约五分之一的人口（19.4%）[①]工作满意度低，大约四分之一（24.8%）的人口满意度高（见图 4-3），平均满意度为 7.1 分。

　　工作也受到其他的一些因素的影响，比如通勤时间。

---

① 住户成员年龄在 16 岁及以上的成员都参加了工作。

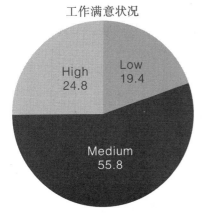

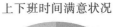

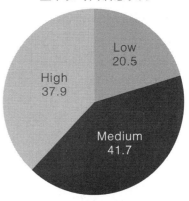

图4-3　2013年欧盟人口的工作满意度和对于通勤时间的满意度(%)

资料来源:欧盟统计局(在线数据编码:ilc_pw05)。

从图4-4a和图4-4b中看出,对通勤时间不满意的人口比例接近工作满意度低的人口比例(20.5%和19.4%)。但是,通勤时间满意度高的为37.9%,基本满意的为41.7%。通勤时间和工作的满意度分别是7.4分和7.1分。

在国家层面上看(图4-4a),平均工作满意度保加利亚为6.0分,希腊为6.1分,丹麦和芬兰为8.1分。希腊满意度偏低的根本原因可能是目前的劳动力市场形势不利,2013年的就业率为52.9%,失业率为27.3%。保加利亚的情况类似,低就业率和高失业率并存(2013年分别为63.5%和12.7%)。另一方面,丹麦和芬兰都拥有最有利的劳动力市场状况,就业率远高于欧盟的平均水平,而且失业率也远低于欧盟的平均水平。

工作满意度分析了各种因素,更全面地反映了全国劳动力市场客观和主观评价结果。这些包括劳动力的供给和需求、用人单位对于劳动力市场潜在的增长或下降的评估、雇主可以雇佣或解雇工人,加上经济结构、自主权和灵活性、工人可以受益于其他与工作质量方面相关的因素。这些因素会影响员工的工作机会和工作保障,因此影响他们的工作满意度。

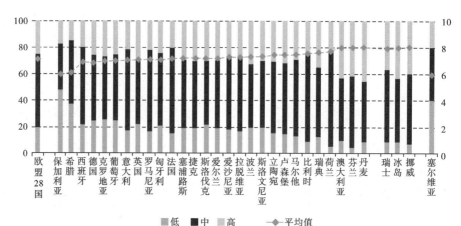

（左轴:满意度;右轴:平均分数）

图 4-4a　2013 年欧盟 28 国对工作的满意度

资料来源:欧盟统计局（在线数据代码:ilc_pw01 和 ilc_pw05）。

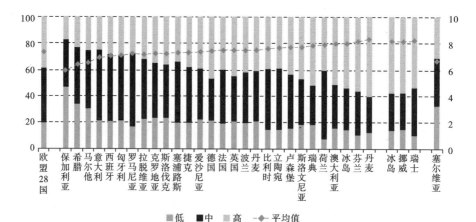

（左轴:满意度;右轴:平均分数）

图 4-4b　2013 年欧盟 28 国对通勤时间的满意度

资料来源:欧盟统计局（在线数据代码:ilc_pw01 和 ilc_pw05）。

　　图 4-4b 显示欧盟员工对通勤时间的满意度。位于北部欧盟成员国右半轴上的国家对通勤时间的满意度较高（接近或高于 8.0 分）。

　　所有西部欧盟成员国,包括爱尔兰、德国和英国通勤时间平均满意超过欧盟的平均水平。另一方面,东部大多数欧盟成员国(除了波兰、立陶宛和斯洛文尼亚)和南部所有欧盟成员国(葡萄牙除外)的通勤时间平均满意低于欧盟的平均水平。

通勤时间平均满意度的数据与工作满意度具有相关性。平均满意度最低的是保加利亚(5.9分),最高的是丹麦(8.3分)和芬兰(8.2分)。对通勤时间的满意状况受到几个因素的影响,如通勤时间、交通费、无酬工作时间和差旅费的报销资格①。

在欧盟就业人口中,25%的人口的工作满意度较高,19%的满意度低。

1.社会因素与工作满意度

社会因素,如年龄、性别、收入、教育程度、劳动力状况和职业,以及生活在城市或农村地区②,工作时间和最近的工作变化可能会导致不同的客观条件、期望和偏好,这些也反映了人们对他们的工作条件的评价。

(1)年龄组与工作满意度。如图4-5所示,年龄组和工作满意度之间的关系是弱相关,工作满意度在三个年龄组的变化和对通勤时间的满意度只相差0.2个百分点。这三个年龄组有几乎相同的工作满意度(7.1分)。

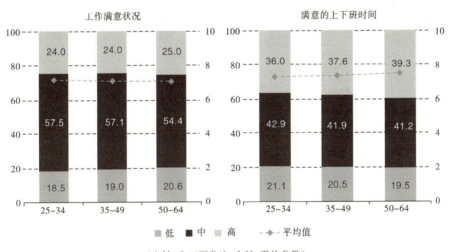

(左轴:人口百分比;右轴:平均分数)

图4-5 2013年欧盟28国不同年龄组工作满意度和通勤时间的关系

注:不包括16~24岁和65岁以上的年龄组。

资料来源:欧盟统计局(在线数据代码:ilc_pw01和ilc_pw05)。

---

① 参见欧盟统计局:《欧盟对工作、私人和住户时间的概述(2009)》,第42页。
② 个人居住区域的城市化程度。

2013 年通勤时间满意度随着年龄的增长而提高,从最年轻组(25 ~ 34 岁)的 7.3 分到中年组(35 ~ 49 岁)的 7.4 分和老年组 50 ~ 64 年岁年龄组为 7.5 分。这些差异可能与每个年龄组不同的住房条件有关。

(2)性别与通勤时间满意度。如图 4-6 所示,男、女对工作满意度都是 7.1 分,但是还存在轻微的差异。特别是女性低工作满意度和高工作满意度的比例分别比男性高 0.8 和 1.6 个百分点。"性别效应"在通勤时间满意度上比较明显。特别是女性通勤时间满意度高的比例要超出男性 5.0 个百分点。

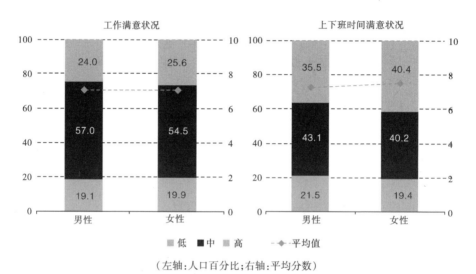

(左轴:人口百分比;右轴:平均分数)

图 4-6　2013 年欧盟 28 国性别与工作满意度和通勤时间满意度的关系

资料来源:欧盟统计局(在线数据代码:ilc_pw01 和 ilc_pw05)。

平均而言,女性比男性的通勤时间满意度要高 0.2 个百分点(分别是 7.5 分和 7.3 分)。这可能是由于这样一个事实:女性比男性用于通勤的时间更少[1],她们可能会选取离家更近的地方工作或每周少工作几天,以便照顾家庭。

(3)收入水平与工作满意度。图 4-7 描述了收入水平和工作满意度的关系。工作满意度的平均水平从最低 6.7 分到 7.1 分,再到较高水平的

---

[1]　参见欧盟统计局:《欧盟对工作、私人和住户时间的概述(2009)》,第 42 页。

7.4分。与此同时,在收入水平较低的组中,工作满意度较高的为22.2%,在收入水平较高的组中工作满意度较高的为27.2%。相反的,在收入水平较低的组中,工作满意度较低的是工作满意度较高的两倍(分别是27.2%和15.1%)[①]。

通勤时间满意度与收入水平之间没有联系(平均的变化范围只有0.1,即从7.3分到7.4分的范围内),这就是图中不显示的原因。

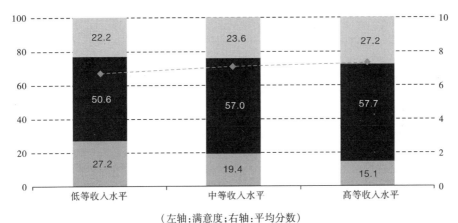

(左轴:满意度;右轴:平均分数)

图4-7 2013年欧盟28国收入水平与工作满意度

资料来源:欧盟统计局(EU-SILC)。

(4)教育与工作满意度。如图4-8所示,教育程度和工作满意度之间相关程度较高,教育水平低的人平均工作满意度是6.8分,而中等教育或高等教育的人平均工作满意度分别为7.1分和7.3分。

大多数受过教育的人将拥有技术含量高的好工作,从而达到更高的工作满意度,教育和满意度之间的联系与通勤时间之间的关系不明确,从初等教育的7.2分到中等和高等教育的7.4分,变化不明显。

与收入一样,教育对通勤时间满意度没有影响,这可能是更依赖于其他因素,如实际通勤时间和家务劳动时间。

---

① 工资分位点的分析与满意度揭示的模式相同。工资分位数有五个大小分类,相同的工资群体指工资在全国频率分布的位置基本相同。

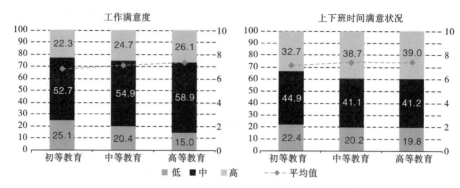

（左轴：人口满意度百分比；右轴：平均分数）

图4-8　2013年欧盟28国教育程度与工作和通勤时间满意度

注：初等教育：学前、小学和中等教育前期（isc级别0—2）；中等教育：中等教育后期和高中教育（isc级别3和4）；最高教育：高等教育的第一和第二级（isc水平5和6）。

资料来源：欧盟统计局（在线数据代码：ilc_pw01和ilc_pw05）。

（5）就业类型与工作满意度、通勤时间满意度。就业类型和工作满意度之间的关系见图4-9,在两种情况下平均分数之间只有0.5分的差异。

有员工的个体经营者(7.5分)比没有员工的个体经营者(7.0分)以及有兼职员工的个体经营者(7.2分)的工作满意度高。个体经营者可能会给员工更多的奖励和报酬,从而使员工有更高的工作满意度。工作缺乏灵活性或者管理较为严格都会使得员工缺乏自主创新性,从而也会降低员工对工作的满意度。

受过高等教育的人中,26%的人工作满意度较高,39%的人通勤时间满意度较高。

与通勤时间满意度相关的数据主要是用来进行对比分析的。原因一方面是通勤的时间数量与全职员工自述的最低程度的满意度有关;另一方面,通勤时间通常是更加灵活的,它不像对自由职业者进行的差旅费补偿那样,更需要人们进行主观判断。兼职员工往往比全日制大学生通勤时间更少,因为他们更有可能接受离家近的工作或每周少工作几天①。

---

① 参见欧盟统计局：《欧盟对工作、私人和住户时间的概述（2009）》,第44页。

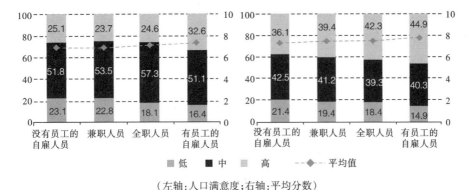

（左轴：人口满意度；右轴：平均分数）

图4-9　2013年欧盟28国工作类型与工作满意度和通勤时间满意度的关系

资料来源：欧盟统计局（EU-SILC）。

（6）岗位类别与工作满意度、通勤时间满意度。图4-10a揭示了工作满意度和职业之间显著的联系。更高的教育程度普遍获得更高的职业和更高报酬的工作，从而能更欣赏自己的工作。

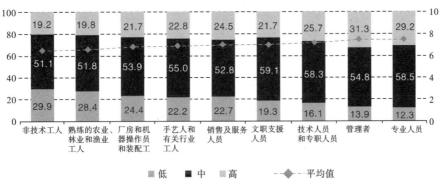

（左轴：满意度；右轴：平均分数）

图4-10a　2013年欧盟28国不同职业人员对工作的满意度

资料来源：欧盟统计局（EU-SILC）。

需要基本技能的初级职业人群平均满意度最低，为6.5分，其次是初级部门的熟练工人的平均满意度为6.6分，工厂和机器操作员为6.9分。大多数受过教育的人口，由专业人员、管理人员和技术人员组成，其中2/3毕业于高等教育且满意度最高，技术人员的是7.3分，经理和专业人士是7.5分。工艺人员、销售人员和职员之间的平均满意度为7.0分和7.1分。岗位类别之间的差异在一定程度上反映了不同受教育水平程度之间的差异(图4-8)。

通勤时间满意度(图4-10b)在不同的职业类别中是不一样的,可以通过以下三组类别来分析它们之间的区别。第一组满意度较高在7.5~7.6分,包括经理、服务、销售人员和专业人员。第二组满意度为7.4分,包括职员、技术人员和熟练工人,第三组满意度较低,为7.1~7.2分,包括初级职业工人、工厂和机器操作员以及工艺和相关行业的工人。

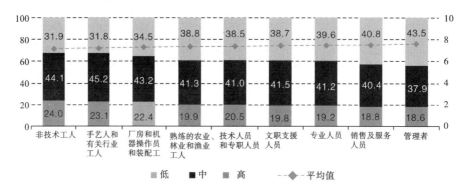

(左轴:满意度;右轴:平均分数)

图4-10b 2013年欧盟28职业类别与通勤时间满意度

资料来源:欧盟统计局(EU-SILC)。

(7)工作时间与通勤时间满意度。图4-11显示,工作时间对工作满意度有影响。事实上,那些每周工作31~40小时的员工比工作时间少的员工(即全职或接近全职的)①有更高的工作满意度(0.3个百分点)。有趣的是,工作时长最短的也是工作满意度最高的。每周平均工作40个小时的和每周平均工作21~30个小时的平均满意度是相同的,为7.1分。通勤时间满意度随着工作时间增加而下降(见图4-11)。

---

① 2013年在欧洲通常每周平均的工作时间为37.4小时[资料来源:欧盟统计局,EU-LFS(lfsa_ewhun2)]。根据所在国家受访者的自发回答来区分全职与兼职工作(除了荷兰,冰岛和挪威),兼职工作是根据正常工作时间是否少于35小时来确定的,而全职工作是根据正常工作时间是否超过35小时来确定的,在瑞典这一标准也适用于自由职业者。

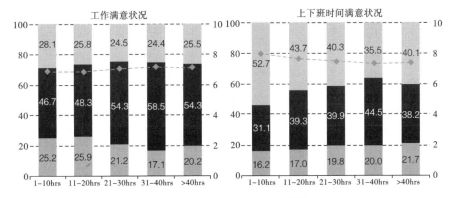

（左轴：满意度；右轴：平均分数）

图4-11　2013年欧盟28国工作时间与工作满意度和通勤时间满意度

注：通常每周对于主要工作的平均时间。实际上的小时数通常包括额外的工作（包括一周所有带薪或无薪的工作），但不包括家庭旅行时间和工作的地方以及休息时间（通常在中午）。人也在家工作参考期间要求包括在家工作的小时数。学徒，在学校或其他特殊的培训中心要求学员在职业培训人员排除其他所花费的时间。

资料来源：欧盟统计局（EU-SILC）。

（8）工作稳定性与工作满意度。工作稳定性和工作满意度之间的关系见图4-12。工作满意度的平均水平表明，在所有受访者中，在过去一年，工作有变动与没变动的人口中，工作满意度分别是6.9分和7.1分。

（9）城市化程度与通勤时间满意度。城市化程度和工作满意度之间关系不明显（这就是为什么图上没有显示），城市化对通勤时间满意度的影响比较明显（如图4-13所示）。生活在人口稠密地区或人口稀少地区的人们不太满意他们的通勤时间（分别为7.3分和7.4分），那些生活在城市中心的人为7.5分。

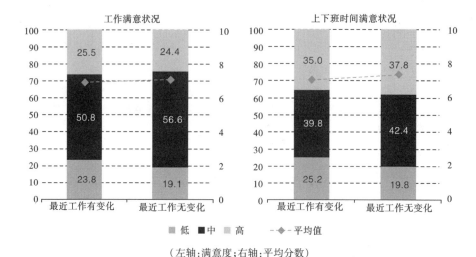

（左轴:满意度;右轴:平均分数）

图4-12　2013年欧盟28国工作变动与工作满意度和通勤时间满意度

资料来源:欧盟统计局(EU-SILC)。

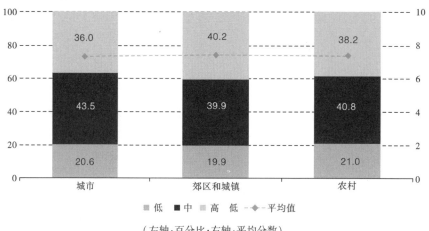

（左轴:百分比;右轴:平均分数）

图4-13　2013年欧盟28国通勤时间满意度与城市化程度

资料来源:欧盟统计局(在线数据代码:ilc_pw02)。

2.客观就业条件与工作满意度

在国家层面上,工作满意度和工作条件是密切相关的。表4-1比较了2013年经历各种形式的不利工作条件(生活在工作强度很低的家庭,就业不足或按照临时合同工作)的居民比例和对工作满意度低的人口比例。

表 4-1　2013 年各国就业状况与工作满意度（%）

国家/地区	16 岁以上年龄组工作满意度低的比例	0~59 岁年龄组低工作强度的比例	15~74 岁年龄组兼职人员的比例	15~64 岁年龄组临时合同的比例
欧盟 28 国	19.4	10.8	4.6	13.7
比利时	8.5	14.0	3.6	8.1
保加利亚	47.7	13.0	1.1	5.6
捷克	19.0	6.9	0.7	9.1
丹麦	9.1	12.9	3.0	8.8
德国	24.3	9.9	4.4	13.4
爱沙尼亚	18.4	8.4	1.3	3.5
爱尔兰	20.0	23.9	7.8	10.0
希腊	37.7	18.2	66.1	10.2
西班牙	21.5	15.7	9.1	23.2
法国	15.5	7.9	6.0	15.9
克罗地亚	25.4	14.8	2.2	14.5
意大利	17.5	11.0	2.9	13.2
塞浦路斯	20.0	7.9	7.4	17.5
拉脱维亚	17.3	14.8	3.6	4.3
立陶宛	15.0	11.0	2.7	2.7
卢森堡	14.5	6.6	2.0	7.0
匈牙利	20.9	12.6	2.3	10.8
马耳他	13.0	9.0	2.9	7.5
荷兰	5.4	9.3	2.2	20.3
奥地利	10.2	7.8	4.0	9.2
波兰	19.8	7.2	2.3	26.8
葡萄牙	25.1	12.2	5.9	21.4
罗马尼亚	17.4	6.4	2.7	1.5
斯洛文尼亚	19.3	8.0	2.5	16.3
斯洛伐克	22.3	7.6	1.9	6.8

续表 4-1

国家/地区	16 岁以上年龄组工作满意度低的比例	0~59 岁年龄组低工作强度的比例	15~74 岁年龄组兼职人员的比例	15~64 岁年龄组临时合同的比例
芬兰	4.7	9.0	3.2	15.3
瑞典	13.0	7.1	5.3	16.3
英国	22.4	13.2	6.5	6.1
冰岛	9.6	6.2	—	14.4
挪威	7.2	6.4	6.0	8.4
瑞士	8.5	4.1	2.9	12.9
塞尔维亚	41.6	18.1	—	—

资料来源：欧盟统计局(EU-SILC)。

第五章

教育

教育在许多方面影响着个人的生活质量。技能有限和专业知识较少的人们往往有更糟糕的就业机会和更糟的经济前景,同时辍学的人们面临更高的社会排斥风险,而且不太可能参与公民生活。与就业的重要性相同,教育是欧盟政策非常核心的一部分[①],因为当地居民的教育水平可以对他们的就业能力产生重要的影响,从而减少贫困的风险,通过提供必要的技能和专业知识去适应快速变化的劳动力市场和社会。通过增强创造力、企业管理能力与创新力,教育还可以为创造就业机会和经济增长做出贡献。此外,除了从务实角度考虑,教育是最伟大的社会价值之一,因为它有助于我们更好地理解我们生活的世界。

本章的第一部分着重对教育程度进行分析(指标主要包括早期教育率和辍学率),以及自我专业知识和技能的分析,如外语知识和数学素养。其次是欧盟成员国之间受教育程度的变化分析,对各种社会人口学的变量进

[①] 欧盟与教育有关的政策。教育在 2020 年欧盟经济增长和就业战略中扮演着重要的角色。欧洲 2020 战略的总体目标来自这个领域:至少 40% 的 30 至 34 岁的人应该是大专毕业生;到 2020 年辍学人数应小于 10%。同时,实现终身学习,以及改善教育和培训的质量和效率是在教育培训方面欧洲合作战略框架的目标(ET 2020,委员会 2009年 5 月 12 日的结论)。ET 2020 包括一个 95% 的 4 岁儿童接受教育的基准。另一个重要的欧洲战略是促进多种语言,以加强社会凝聚力,跨文化对话和欧洲建设(2008 年 11 月21 日的理事会决议)。

行分析,如年龄、性别、收入、劳动状况和职业。统计调查结果表明高校毕业生的工作满意度和总体生活满意度更高。在此基础上,本章的最后部分把教育作为检验个体生活质量的决定因素,在欧盟层面和欧盟成员国考虑受教育程度和幸福感的各个方面之间的关系。

一、生活质量视角下的教育

作为生活质量框架的一个维度,教育是指获得的专业知识和技能,能够持续参与终身学习活动和接受教育的各个方面(见专栏 5-1)。2014 年,欧盟 28 个成员国大约有 460 万早期教育和培训(18~24 岁年龄组)的毕业生。这些人存在很大的贫困和社会排斥风险,其中约 41% 的人失业。[①]

专栏 5-1 　　　　　　　**国际教育标准分类**

教育活动的分类是基于国际教育标准分类(international standard classification of education, ISCED)。截止到 2013 年的数据是根据 1997 年的国际教育标准分类准则进行分类的,从 2014 年的数据是根据 2011 年的国际教育标准分类准则进行分类的。

1997 年的国际教育标准分类包括 7 类。0 级:学前教育;1 级:初等教育或基础教育的第一阶段;2 级:中等偏下的教育或第二阶段的基础教育;3 级:中等教育水平;4 级:大专教育;5 级:高等教育水平的第一阶段;6 级:高等教育水平的第二阶段。

2011 年的国际教育标准分类包括 9 类。0 级:初等教育水平以下;1 级:初等教育水平;2 级:中等偏下教育;3 级:高中教育;4 级:大专教育;5 级:短周期高等教育的水平;6 级:学士或同等学力水平;7 级:硕士或同等学力水平;8 级:博士或同等学力水平;

教育程度的数据可以归结为初等、中等、高等教育水平。

"中等偏下教育程度"是指 2011 年的国际教育标准分类的 0 级、1 级和 2 级。2013 年数据是指 1997 年的国际教育标准分类

---

① 欧盟委员会:《教育和培训监控报告(2014)》,第 30 页。

的 0 级、1 级和 2 级,而且还包括3c 短级(国际教育标准分类的 3 级标准少两年的教育程度)。

"中等教育程度"对应 2011 年的国际教育标准分类的 3 级和 4 级。2013 年数据是指 1997 年的国际教育标准分类的 3c 长级、3a 级、3b 级和 4 级。

"高等教育程度"包括 2011 年的国际教育标准分类的 5 级、6 级、7 级和 8 级。2013 年数据是指 1997 年的国际教育标准分类的 5 级和 6 级。

欧盟 28 个成员国只把 25 ~ 74 岁已完成中等偏下教育的人口比例的下降(2005 年为 34.7%,2013 年为 28.1%,2014 年为 27.2%)和获得高等教育比例的提高(在同一年龄组中,从 2005 年的 20.9% 到 2013 年的 26.8%,到 2014 年的 27.5%)联系起来。在 2013 年高等教育的女性毕业生(25 ~ 74 岁)的比例比男性高出 1.2%(27.3% 比 26.1%)。大多数高等教育毕业生分布在更年轻的 25 ~ 34 岁年龄组。

教育是生活质量的决定因素:在欧盟,受教育程度高的人更不容易情绪低落、抑郁或紧张,且比受教育程度最低的人更幸福,对生活满意度的评价也更积极。对他们家庭的经济状况感到很满意;此外,高校毕业生有着更有价值的社会关系,感到更安全、更健康;最后,他们的总体生活满意度更高。

二、2005 年以来技能培训的主要成就

下面关注 2005 年以来,在欧盟 28 个成员国和国家层面的技能培训成就的变化。

1. 过早离开教育和培训的人越来越少

2014 年,欧盟 28 个成员国大约有 460 万过早从教育和培训离开的人(18 ~ 24 岁的年龄组)。他们存在潜在的贫困和社会排斥的风险,特别是由于他们要面临高失业:41.0% 的人失业。[①]

图 5-1 表明,自 2005 年以来,欧盟 28 个成员国过早离开教育和培训的

---

① 欧盟委员会:《教育和培训监控报告(2014)》,第 30 页。

人数比例在不断下降。从 2005 年的 15.7% 下降到 2014 年的 11.1%,其中男性为 9.5%、女性为 12.7%。2014 年,欧盟 28 个成员国的平均水平仍高出 10% 目标的 1.1%,但女性比例低于 10%。

(18~24 岁年龄组的百分比)

图 5-1 2005—2014 年欧盟 28 早期教育和培训情况

资料来源:(在线数据编码:edat_lfse_14)。

自从 2005 年以来,在欧盟 28 个成员国水平上观察到过早离校生的数量在减少,反映到几乎所有的欧盟成员国的过早离校的人数的降低(图 5-2)。比例最低的国家主要来自欧盟的中部和东部地区(斯洛文尼亚、捷克、波兰和克罗地亚)。另一方面,南部的欧盟成员国(如西班牙、马耳他、葡萄牙和意大利),还有罗马尼亚和保加利亚,比例最高,尽管这些国家数据已经大大改善。

尽管马耳他和葡萄牙到 2014 年已经最大限度地减少过早离校生数量,它们仍然和欧洲 2020 年国家目标有一些距离(分别为 10.4% 和 7.4%)。

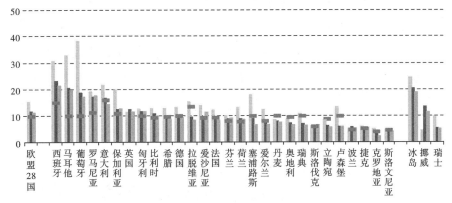

■ 2005 ■ 2013 ■ 2014 ■ 欧洲2020年目标值

（18~24岁年龄组的百分比）

图5-2　2005、2013和2014年各国早期教育和培训情况

资料来源：欧盟统计局（在线数据代码：edat_lfse_14）。

2. 欧盟人口已经改善了其数字应用技能

如图5-3所示，欧盟28个成员国很大一部分人口仍受到缺乏数字素养的影响，在2013年大约79.0%的人已经使用互联网，但只有12.0%的人是为了获得高水平技能去使用互联网。尽管自2005年以来有重大的改进，但也意味着2013年超过20.0%的受访者从未使用过互联网（见专栏5-2）。

专栏5-2　　　　　　　　　**互联网技能**

通过对互联网技能水平使用自我评估方法进行衡量，受访者表示他们是否执行过与互联网使用有关的特定任务，这些技能是否进行评估、测试或实际观察。

在2005、2006、2007、2010、2011和2013年，使用了6件与互联网有关的事情，将受访者分为不同的互联网技能水平：使用搜索引擎查找信息；发送电子邮件和附加文件；发布信息到网上聊天室、新闻组或任何在线讨论论坛；利用互联网打电话；使用点对点文件共享来交换电影、音乐等；创建一个网页。

受访者分为四类。没有基本的互联网技能：没有做过这6件中任何 1 件与互联网有关的事情;低水平的互联网基本技能:做过 1 件或 2 件与互联网有关的事情;中等水平的互联网基本技能:做过 3 件或 4 件与互联网有关的事情;高水平的互联网基本技能:做过 5 件或 6 件与互联网有关的事情。

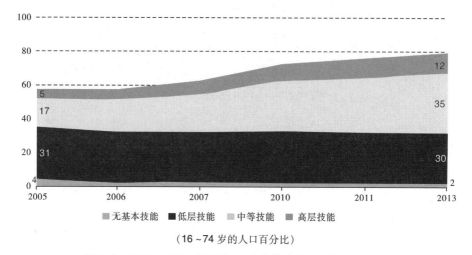

(16~74 岁的人口百分比)

图 5-3　2005—2013 年欧盟 28 个人基本的互联网技能水平

注:2005 年和 2006 年是欧盟 27 国数据,而不是 28 国数据

资料来源:欧盟统计局(在线数据代码:isoc_sk_iskl_i)。

如图 5-4 所示,2013 年国家之间有些差异。从来没有使用过互联网的比例最低的(或没有做过任何所列的互联网活动)是丹麦(6.0%),其后是卢森堡、瑞典和荷兰,比例最高的是罗马尼亚和保加利亚,分别是 43.0%、42.0%。南部的欧盟成员国(意大利、希腊、葡萄牙、塞浦路斯、马耳他和西班牙),比例更高的人口的地区只有小学或更低的中等教育[①],同时也高于从来没有使用过互联网的欧盟 28 个成员国的平均数。

在欧盟成员国之间,那些使用过互联网的人中,也有技能水平程度的差异。低技术水平的变化,从立陶宛的 12.0% 到德国的 46.0%。对于中等技

---

①　资料来源:欧盟统计局(tin 00089 和 tin 00090)。2014 年住户的比例为 78%;对企业来说,2013 年是 90%。

能,从保加利亚的22.0%到丹麦的50.0%。对于高技术水平,从德国和罗马尼亚的5.0%到立陶宛的高达32.0%。

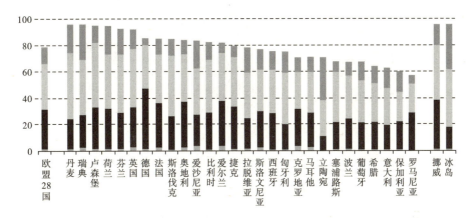

无基本技能 ■低层技能 中等技能 高层技能

(16~74岁的百分比)

图5-4 2013年不同国家个人基本的互联网技能水平

资料来源:欧盟统计局(在线数据代码:isoc_sk_iskl_i)。

在大多数欧盟成员国中,互联网技能取得的进展伴随着企业和家庭宽带互联网连接的大幅提高①。实际上,在高科技的环境中,只有一半的所谓"数字原生代"的人能够解决更多的基本问题②。

三、2005年以来教育的主要成就

让欧盟进入一个灵活的、可持续的和包容的经济环境中,它提供高水平的就业、生产力和社会凝聚力,需要提高技能和专业知识的整体水平,还有教育水平。

自2005年以来,如图5-5所示(25~74岁年龄组),可以看到欧盟受教育水平的趋势。在2014年,受过初等教育的比例从34.7%下降到27.2%,而高等教育毕业生的比例从20.9%提高到27.5%。接受高中教育的人还是

---

① 资料来源:欧盟统计局(tin00089和tin00090)。2014年住户的比例为78%;对企业来说,2013年是90%。

② 欧盟委员会:《教育和培训监控报告(2014)》,第49页。

多数,几乎稳定在 44% ~45%。

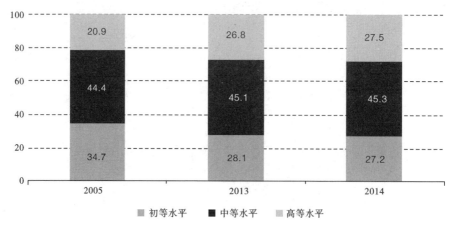

（25~74 岁年龄组的百分比）

图 5-5   2005 年与 2013 年和 2014 年欧盟 28 国的受教育程度

注:2005 年是欧盟 27 国的数据而不是欧盟 28 国的数据。

资料来源:欧盟统计局(在线数据代码:edat_lfs_9903)。

2013 年是欧盟收入和生活条件统计新模块对主观福利收集数据的基准年,通过下面的分析,旨在把客观教育指标与主观教育指标联系起来,因此使用的是 2013 年的数据。

2013 年,欧盟 28 个成员国根据教育水平的人口分布如下:26.8% 的人完成了高等教育,45.1% 完成了高中教育和 28.1% 完成了中等偏下的教育。

自 2005 年以来,所有欧盟成员国除了丹麦(3.6%)最多完成中等偏下教育的比例有下降的趋势。高等教育的趋势不明显。如图 5-6 所示,2013 年,完成中等偏下教育的人的比例中有一些显著的变化(从捷克的 8.8% 到葡萄牙的 8.8%)。完成高等教育的比例从罗马尼亚的 14.5% 到爱尔兰的 38.7% 不等。

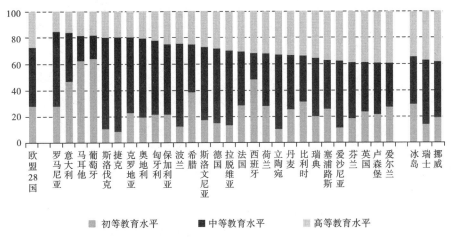

（25～74 岁人口百分比）

图 5-6 2013 年各国受教育程度

资料来源:欧盟统计局(在线数据代码:edat_lfs_9903)。

四、不同的社会群体受教育程度不同

1.25～34 岁年龄组是接受教育最多的群体

图 5-7 显示,年轻一代的教育水平高于老年一代,特别是高等教育。在 25～34 岁年龄组中,36.2% 的人完成了高等教育,55～74 岁年龄组中只有 18.9% 的人完成。中等偏下的这种趋势正好相反,从 55～74 岁年龄组的 39.7% 下降到 25～34 岁年龄组的 17.7%。

2.高校毕业生女性比男性要多

在 2013 年,女性在高等教育方面似乎比男性表现得更好(见图 5-8),比 男性高出 1.2% 的比例(分别是 27.3% 和 26.1%)。另一方面,中等偏下的 教育女性比男性要高(分别是 29.6% 和 26.5%),而高中教育男性比女性高 (分别是 47.3% 和 43.2%)。

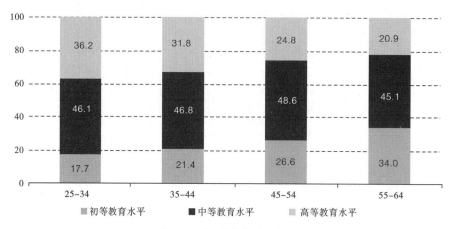

（25～74岁年龄组的百分比）

图5-7　2013年欧盟28国不同年龄的受教育程度

资料来源:欧盟统计局(在线数据代码:edat_lfs_9903)。

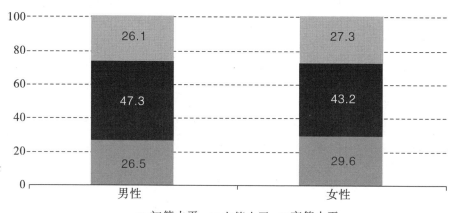

（25～74岁年龄组的百分比）

图5-8　2013年欧盟28国不同性别的受教育程度

资料来源:欧盟统计局(在线数据代码:edat_lfs_9903)。

3.教育与收入的关系

可以在图5-9中看出,达到的教育水平明显影响着欧盟人口的收入水平。中等偏下教育的毕业生的收入中位数①(12 721 欧元)比高中教育的毕业生的收入(15 275 欧元)少1/5,比高等教育毕业生的收入(21 769 欧元)少一半。

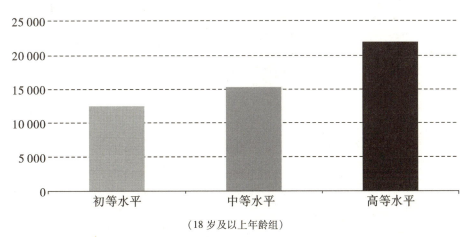

(18 岁及以上年龄组)

图 5-9　2013 年欧盟 28 国教育水平与等价净收入

资料来源:欧盟统计局(在线数据代码:ilc_di08)。

4. 就业类别与教育程度

图 5-10 显示,一个人的教育水平和职业分类显著相关。有关就业的数据显示,大约2/3 的管理人员(64.2%)接受了高等教育,其他三类的就业者超过一半主要是高中教育毕业的。在这两个职业中,接受过高等教育的人的比例是最低的(6.6%)。

---

① 中等可支配收入。住户可支配收入指市场来源的收入和现金收益扣除直接税收和住户内部常规的现金转移。收入可以被认为是用于住户消费或储蓄。拥有一定可支配收入的家庭所能实现的生活水平,取决于家庭成员的人数和年龄。住户收入因此是"等价的",即调整后住户的大小和构成,这样所有住户的收入可以看作在可比的基础上。可支配收入是一个标准化住户经济资源的一项指标。[资料来源:欧盟统计局,统计数据解释生活水平统计(2014)。]

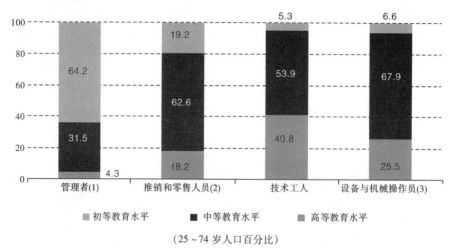

初等教育水平　　中等教育水平　　高等教育水平

（25～74岁人口百分比）

图5-10　2013年欧盟28国不同职业人员的受教育程度

注：①管理人员包括：管理人员、专业人员、技术人员和专家；②熟练工人包括：熟练的农业和渔业工人，工艺和相关交易人员；③工厂和机器操作员包括：工厂和机器操作员，装配和非技术工人。

资料来源：欧盟统计局（在线数据代码：edat_lfs_9905）。

五、教育和满意度之间的关系

1. 教育和心理健康的关系

教育对心理健康有积极的影响。如图5-11所示，教育水平低的人会经常出现沮丧或抑郁情绪。一般来说，在欧盟28个成员国中，12.9%的人会出现这种状态，这是完成高中和高等教育的人的大约2～3倍。

当评价幸福感时，教育水平低的人感觉快乐的水平最低（见图5-12）。大约一半的人（51.9%）大部分或全部的时间会感觉快乐，相对于高中教育的60.5%和高等教育的67.4%。一般而言，他们也更倾向于只有很少或没有时间感到快乐。在欧盟高等教育人口中，67%的人认为大多数或所有的时间都快乐（在过去4周）。

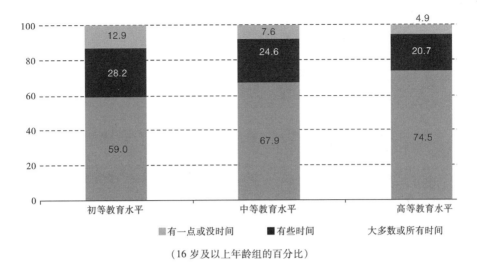

（16 岁及以上年龄组的百分比）

图 5-11　2013 年欧盟 28 国不同学历的人们在过去 4 周感觉沮丧的频率

资料来源：欧盟统计局（EU-SILC）。

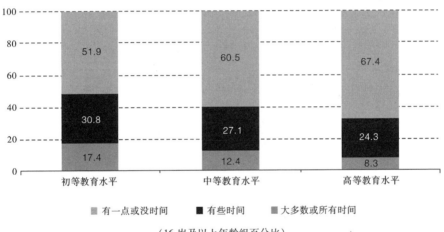

（16 岁及以上年龄组百分比）

图 5-12　2013 年欧盟 28 国不同教育程度的快乐频率

资料来源：欧盟统计局（EU-SILC）。

2. 教育程度和生活满意度各方面的关系

教育程度是一个人心理健康的一个影响因素，它也可能导致日常生活不同的一些主要方面的评价，如物质生活条件、工作、人际关系、健康等（见图 5-13a）。

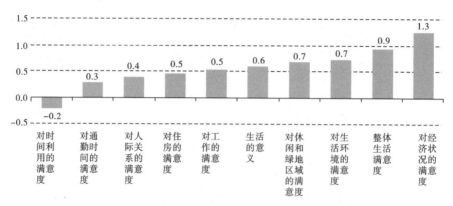

图 5-13a 2013 年欧盟 28 国对生活主要方面的评价

资料来源：欧盟统计局（在线数据代码：ilc_pw01）。

3. 教育与生活满意度

大多数受过系统教育的人对他们的生活质量有一个更好地评价。教育对家庭满意度在经济状况方面有着强烈的影响（见图 5-13b）。

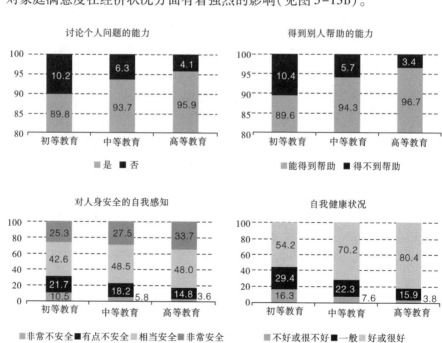

图 5-13b 2013 年不同教育程度的人们对生活满意度主要方面的评价（百分比）

资料来源：欧盟统计局（在线数据代码：ilc_pw06）。

教育程度的分析集中在 25～74 岁的人口,教育和满意度之间关系的分析是基于整个受访人口(当前所有家庭成员年龄在 16 岁以上的),没有反映年龄等因素的影响。高等教育毕业生拥有更好的社会关系,感到更安全,健康状况更好。(见图 5-14)

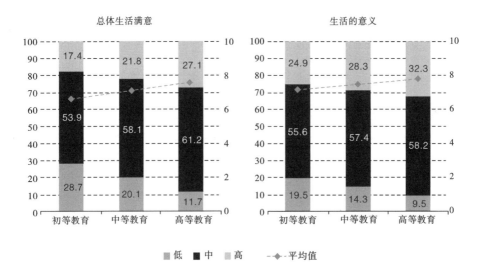

图 5-14　2013 年欧盟 28 不同受教育程度与总体生活满意度

资料来源:欧盟统计局(在线数据代码:ilc_pw01)。

4. 教育最终对生活满意度的影响及其意义

图 5-15 显示了教育也对生活质量有积极的影响。事实上,中等偏下教育的人生活满意度为 6.6 分,这比受高中教育的人低 0.5 分,比受高等教育的人低约 1 分(0.9 分)。对生活满意度很低或很高的比例在很少受教育和受过很高教育的两组中几乎是相反的。图 5-15 也说明了教育和生命的价值之间的关系。

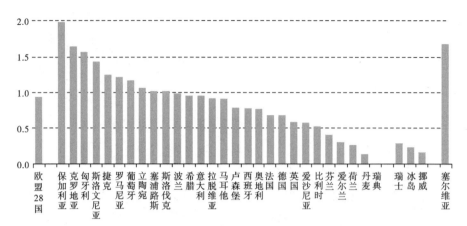

图 5-15 2013 年不同国家教育程度与整体生活满意度之间的差异

资料来源:欧盟统计局(在线数据代码:ilc_pw01)。

第六章

健康不仅是一个基本因素,也是人们生活质量的决定性因素。在可持续发展战略中,健康是一个关键的挑战,它的目的是在平等的条件下促进良好的公共医疗,提高人民的健康水平。促进良好的健康也是 2020 年欧洲特别重要的战略,特别是关系到实现的智能和包容性增长的优先事项。

本章首先呈现的指标是衡量医疗系统的结果,即预期寿命和健康寿命年;其次研究健康整体水平和社会人口因素(如年龄、性别、收入、劳动状况和教育水平)的指标;最后分析两种类型的健康评价指标。

一、生活质量视角下的健康

在不同性别之间预期寿命是不平等的。2012 年欧盟女性的平均寿命比男性高出 5.6 岁,与 2005 年相比差距已经缩小了。平均而言,在没有限制他们的日常活动并引起健康问题的情况下,女性比男人寿命长 0.6 年,但这一优势也从 2005 年开始下降了。

在此背景下,男性却往往有一个更积极的健康评价结果。特别是,2013 年男性(70.7%)认为自己健康或者非常健康的比例要高于女性(65.0%),男性认为自己身体状况不好或很糟糕的比例要比女性低(8.4% 比 10.5%)。年轻的居民自我健康状况评价最好。但是,即使是 65 岁以上的居民,也只有

5.0%认为他们的个人健康状况很糟糕①。

人们对于健康状况评价似乎与他们的收入有关,收入水平最高的人有着更好或非常好的健康评价,高等教育毕业生或全职员工的健康状况最好,退休人员自我健康评价不太好。

在大多数欧盟国家,普遍的健康问题导致日常活动的限制并与慢性疾病有关。在国家层面平均寿命与对于他们的健康评价好或非常好的人口比例有关。最后,自我健康状况的评价是对总体生活满意度的预测最接近的一个因素,大约10个欧盟居民中有7个认为健康状况好或非常好。

二、欧洲人更长寿

2005—2012年,图6-1显示了欧盟居民的预期寿命延长了1.8年,比80岁略高(80.3岁)。男性和女性的预期寿命相差5.6岁。另一方面,男性的预期寿命似乎增加的更快,2005—2012年男性延长了2.1岁,女性延长了1.6岁。

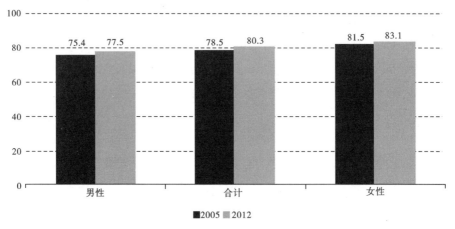

图6-1　2005—2012年欧盟28国按性别分类的预期寿命(平均年限)

资料来源:欧盟统计局(在线数据代码:demo_mlexpec)。

国家层面的分析表明在出生时的预期寿命在性别之间呈上升趋势(见图6-2)。平均而言,西班牙、意大利、塞浦路斯和法国居民出生时的预期寿

---

① 资料来源:欧盟统计局(hlth_silc_01)。

命超过所有其他欧盟居民,2013 年的寿命数据超过了 82 岁。另一方面,立陶宛、拉脱维亚人、保加利亚的平均寿命低于 75 岁。一般来说,在 2004 年之后加入欧盟的国家预期寿命较低(不超过欧盟平均水平),除了南部马耳他和塞浦路斯等欧盟国家。

欧盟各成员国作为一个整体,2005—2012 年可观察到预期寿命增加了 1.8 年,在国家层面上,爱沙尼亚的 1.5 年到瑞典 4.8 年(前者是 2005 年欧盟国家平均寿命最高的国家之一,后者是最低的国家之一)。2005—2013 年瑞典的预期寿命增加了 1.7 年,爱沙尼亚增加了 5.6 年。

导致国家之间差异的原因不完全是财富上的(尽管从欧盟中部到东部寿命较低的国家的 GDP 或人均收入也相对较低)。卢森堡是一个很好的例子,因为它并不是平均寿命最高的国家,但其欧盟净收入中值却是最高的,西部和北部的一些国家,如丹麦和比利时的 GDP 或人均收入较高,可是它们并不是欧盟国家预期寿命最高的国家。事实上,一些位于地中海的欧盟成员国的预期寿命最高,尽管人均 GDP 或人均收入不是最高。随着科学的进步和获得医疗服务的概率的提高,有助于缩小各国平均寿命的差距。

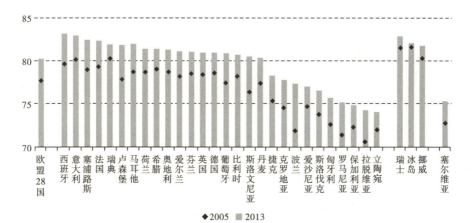

图6-2 2005—2013 年不同国家出生时的预期寿命

注:欧盟 28 国 2012 年的数据代替 2013 年数据。

资料来源:欧盟统计局(在线数据代码:demo_mlexpec)。

三、欧盟居民健康评价

自我健康评价,本质上是主观的。自我健康评价是个人的评价而不是来自面试官、卫生保健工作者或亲戚朋友的评价。受访者将包括健康的不同维度,即身体、社会和情感功能和生理医学上的症状和体征。下面将分析在欧盟各成员国人们是如何评价健康状况的。

欧盟三分之二的人认为有一个好的或非常好的健康状况。在图 6-3 中,可以看出 10 个居民中有 7 个认为健康状况好或非常好(67.7%)。实际上这些人中,有 22.2% 的是非常健康。健康状况非常不好的人(9.5%)中,健康状况非常不好的比例很小(只有总人口的 1.8%)。

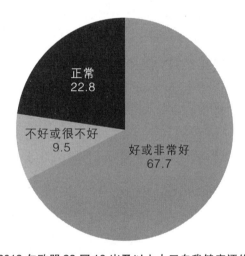

图 6-3 2013 年欧盟 28 国 16 岁及以上人口自我健康评价(百分比)

资料来源:欧盟统计局(在线数据代码:hlth_silc_02)。

图 6-4 是对比了各国的结果。2013 年,爱尔兰居民对其健康状况的负责评价的比例最低(3.6%),紧随其后的是马耳他(3.9%)、瑞典(4.0%)、荷兰(5.4%)、芬兰居民(6.7%)和塞浦路斯(6.9%)。此外,爱尔兰居民对自己的健康评价最积极,其中 82.4% 的居民认为他们有好或非常好的健康状况,其次是瑞典(81.1%)、塞浦路斯(76.8%)、荷兰(75.4%)、希腊(75.1%)。相比之下,克罗地亚只有不到一半(47.0%)的人表示健康状况好或非常好,立陶宛有 46.3%,拉脱维亚有 45.4%;而 16.5% ~ 24.7% 的人

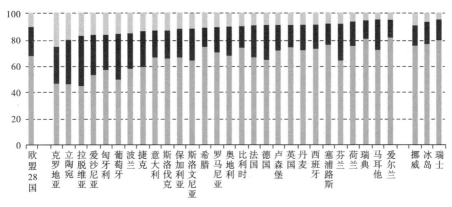

图6-4 2013年欧盟28国16岁及以上人口自我健康状况评价(百分比)

资料来源:欧盟统计局(在线数据代码:hlth_silc_02)。

认为他们的健康是不好的或非常不好的。这些国是在欧盟中预期寿命最短的一些国家。

尽管在芬兰和德国健康状况不好或非常不好的人口比例很低(分别为6.7%、8.1%),这可能与对潜在健康问题的认识水平有关,同时也对"健康寿命年"这一指标有影响。

生活在欧盟成员国高收入水平的人口,如瑞典和芬兰更有可能负担得起各项医疗费用。塞浦路斯、马耳他属于中等收入国家,尤其是希腊远低于欧盟成员国的平均水平①。然而,这并不能妨碍这些国家的居民对他们健康状况的积极评价。

四、自我健康评价与各因素的关系

下面分析年龄、性别、收入等因素与他们对整体健康状况评价的关系。群体之间的差异可能反映了客观差异,不同的期望、生活方式和层次的认知可能以不同的方式转化为个体对自我健康的评价。

1. 健康状况良好的评价随着年龄的增长而下降

随着年龄的增长,人们自我健康状况不好的百分比提高、健康状况良好

———————

① 资料来源:欧盟统计局(ilc_di03)。

的百分比降低(图 6-5)。总的来说,75 岁以上年龄组超过四分之一的 (28.2%)人口认为健康状况(很)好,而 16~24 岁年龄组中超过十分之九 (92.5%)的人表示自己的健康状况很好。人们健康状况不好或非常不好的 评价随着年龄增长而显著增加。

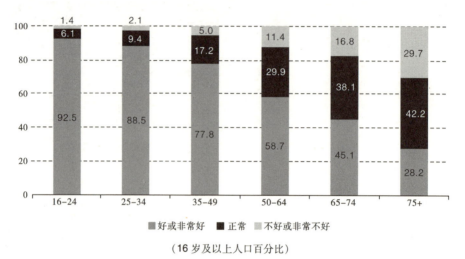

(16 岁及以上人口百分比)

图 6-5　2013 年欧盟 28 国不同年龄组自我健康评价的百分比

资料来源:欧盟统计局(在线数据代码:hlth_silc_02)。

2. 男性健康状况要好于女性

如图 6-6 所示,男性对于他们健康状况的评价比女性更积极。70.7% 的男性认为他们的健康状况是好的或非常好的,只有 8.4% 认为不好或非常 不好;女性的比例分别为 65.0% 和 10.5%。男女的认知差异主要在于男性 对健康状况评价非常好的比例较高(5.7%),对健康状况评价一般的比例较 低(3.5%)。

在多数年龄组,与男性相比,女性健康方面评价是消极的。一方面,在 16~24 岁年龄组中健康状况好或非常好的女性比例为 91.4%,而男性比例 为 93.7%;65 岁以上年龄组的女性比例为 34.3%,而男性是 41.3%。另一 方面,16~24 岁年龄组健康状况不好或非常不好的评价,女性比例为 1.5%, 而男性比例为 1.3%;65 岁以上年龄组中,女性的比例是 24.7%,而男性比 例为 19.5%。

一个可能的解释是,女性比男性有可能更长寿,因此会面临更多的健康

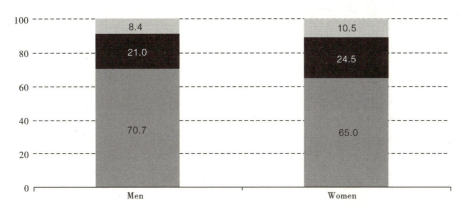

（16 岁及以上人口百分比）

图 6-6　2013 年欧盟 28 国不同性别自我健康状况评价的百分比

资料来源:欧盟统计局(在线数据代码:hlth_silc_02)。

问题,与男性相比,女性更容易患慢性疾病(2013 年女性的比例为 34.0% 和男性的比例为 29.7%)[①]。女性,特别是从 65 岁开始(其中许多都是独居),会面临更多因经济原因而导致的医疗需求问题[②]。另外性别之间对健康重要性的意识也不一样。其他研究也表明,男性意识到自己的症状的能力没有女性强,寻求帮助的意愿也不强。

3. 收入水平最高的自我健康评价最好

图 6-7 说明了自我健康状况评价和收入水平之间的关系。收入水平最低的自述健康状况不好或非常不好的人口比例远远高于收入水平最高的人口比例(分别是 13.4% 和 5.6%),而收入水平最低的自述健康状况好或非常好的人口比例要远远低于收入水平高的人口比例(分别是 60.4% 和75.6%)。事实上,无论收入水平如何,很少有人自述健康状况非常不好(不同收入水平之间的差别不到 1%)。

值得注意的是,这些模式反映了不同收入水平对医疗的负担能力,这导

---

① 　资料来源:欧盟统计局(hlth_silc_05)。

② 　65 岁以上年龄组自述因为不能负担需要的体检费用(费用太高)的女性比例为3.5% ,男性比例为 2.5% 。相当于女性总数的 2.7% 和男性人口总数的 2.0% 。[资料来源:欧盟统计局(hlth_silc_08)。]

致低收入者(35.9%)的长期疾病患病率高于高收入者(25.9%)①。

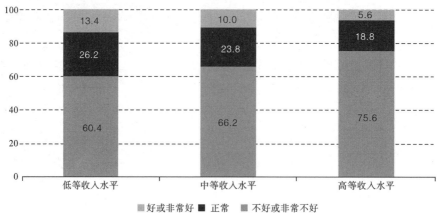

好或非常好　　正常　　不好或非常不好

(16 岁及以上人口百分比)

图 6-7　2013 年欧盟 28 国不同收入水平自我健康状况评价的百分比

资料来源:欧盟统计局(EU-SILC)。

4. 参加教育或培训以及全职雇员健康状况的评价最积极

图 6-8 欧盟各成员国居民劳动状况和健康之间的关系是十分明确的。正在参加教育、培训和就业的人口有着最积极的健康状况评价。这可能是因为这样一个事实:这个群体往往比较年轻。事实上,90%接受教育或培训的以及 80% 全职工作的人员自述健康状况好或非常好。自由职业和兼职工作的群体自述健康状况好或非常好不是太积极,超过 75.0%。失业者中自我健康状况评价好或非常好的比例下降到了 69.5%。到目前为止,退休的群体自我健康状况评价非常好的比例是最低的,为 40.0%。

---

① 这一数据分别是指第一和第五收入水平。资料来源:欧盟统计局(hlth_silc_11)。

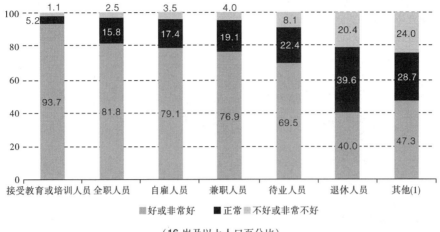

（16 岁及以上人口百分比）

图 6-8　2013 年欧盟 28 不同工作状态的人口自我健康状况评价的百分比

注："其他"包括永久性残疾或不适合工作的人,担任国内任务以及在强制性军事社区或服务的人员。

资料来源:欧盟统计局(在线数据代码:hlth_silc_01)。

5.教育程度较低的人有较差的自我健康状况评价

教育程度和自我健康状况评价之间存在高度相关,如图 6-9 所示。大约一半的接受中等教育的人口自我健康状况评价是好或非常好的,比例为54.2%,与高等教育的80.4%相比要低。

这一结果并不出人意料,教育也与收入水平有关,因此可以更大能力满足对医疗的需求和对可能选取的健康的生活方式有一个更清晰的认识,以及对健康的饮食包括足够的摄入的水果和蔬菜的经济支付能力。

6.可以得到别人帮助的人有更好的健康状况

超过 90%的人口(93.3%)认为能够得到别人的帮助。欧盟各成员国的居民对于他们的人际关系满意度的平均值为 7.8 分,这是在对 2013 年欧盟幸福模块所有变量评价最高的一项。而那些可以从与他人的关系中得到帮助或者支持的人,自我评价的整体生活满意度要高于那些不能得到帮助的人们(分别是 7.2 分和 5.6 分),图 6-10 显示了那些更容易得到帮助的人,自我健康状况很好的比例(68.4%)高于不能得到帮助的人们的比例(49.5%)。在第二组中,自我健康状况不好或非常不好比例是前者的两倍

（分别是 20.0% 和 8.9%）。这项研究可以更好地定制支持干预措施（例如将社会支持要素纳入其中），这对身体健康状况的影响，以及最终生活质量的影响至关重要。

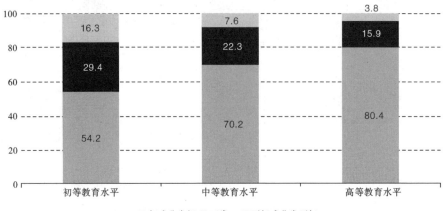

（16 岁及以上人口百分比）

图 6-9　2013 年欧盟 28 不同教育水平的人口自我健康状况评价的百分比

资料来源：欧盟统计局（在线数据代码：hlth_silc_02）。

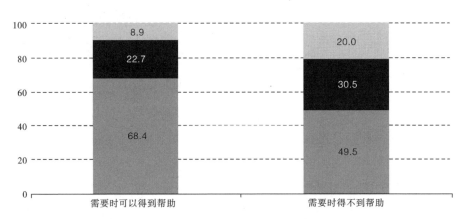

（16 岁及以上人口百分比）

图 6-10　2013 年欧盟 28 国良好的社会关系对自我健康状况评价的百分比

资料来源：欧盟统计局（EU-SILC）。

五、自我健康状况评价与预期寿命

尽管受到社会和文化因素的影响,自我健康状况评价与有关的健康问题,人们能否负担得起医疗检查或治疗是有关系的。

表6-1比较了健康问题或无法满足医疗需求与他们出生时的预期寿命。2013年,大约8.3%的欧盟各成员国的居民由于日常活动的长期限制导致严重的健康问题。大约17.4%的欧盟各成员国居民抱怨存在着一些限制,而74.2%的认为没有任何限制[1]。约三分之一的欧盟各成员国的居民(32.0%)自我评价存在慢性疾病或健康问题[2],而3.6%无法满足他们的医疗需求[3]。

表6-1 2013年欧盟28个成员国自我评价的健康问题与预期寿命和获得卫生保健的途径

国家/地区	健康状况不好或非常不好的	由于健康问题在日常活动中自身受到限制（百分比）	慢性疾病和其他健康问题（百分比）	无法满足自身健康的检查（百分比）	出生时预期寿命（平均年份）
欧盟28国	9.5	8.3	32.0	3.6	80.3
比利时	8.5	7.9	25.7	1.9	80.7
保加利亚	11.3	3.6	18.9	8.9	74.9
捷克	12.7	6.4	31.5	1.0	78.3
丹麦	7.4	6.7	38.3	1.6	80.4

----

[1] 活动限制:这一概念通过利用全球活动限制指标(GALI)进行衡量,以观察人们因为一个或多个健康问题。过去限制应该持续了至少6个月。限制应该是由于健康原因,而不是由于金融、文化或其他与健康无关的问题。三个类别可能回答:"严重限制""有限但不严重"或"没有限制"。资料来源:欧盟统计局(hlth_silc_07)。

[2] 慢性并发症:行动化的概念问题询问被调查者患有慢性(长期、持续时间至少6个月)疾病或健康问题。慢性疾病的主要特征是,它是永久性的,可能会需要一个长期的监督、观察或护理;暂时不感兴趣的问题[资料来源:欧盟统计局(hlth_silc_05)。]自述的未满足的需求:个人自身的评价他或她是否需要检查或治疗特定类型的卫生保健。EU-SILC收集数据包括两种类型的医疗服务:医疗和牙齿护理。"访问障碍的原因"总结了以下三个原因:无力支付费用(费用太高)、旅途太远、没有交通工具。

[3] 资料来源:欧盟统计局(hlth_silc_03)。

续表6-1

国家/地区	健康状况不好或非常不好的	由于健康问题在日常活动中自身受到限制(百分比)	慢性疾病和其他健康问题(百分比)	无法满足自身健康的检查(百分比)	出生时预期寿命(平均年份)
德国	8.1	10.4	28.5	1.3	80.9
爱沙尼亚	15.6	9.2	44.3	8.4	77.5
爱尔兰	3.6	5.4	27.3	3.3	81.1
希腊	9.7	10.0	22.8	9.0	81.4
西班牙	7.2	4.4	29.9	0.8	83.2
法国	8.3	8.8	36.0	2.7	82.4
克罗地亚	24.7	7.6	30.5	3.3	77.8
意大利	12.0	9.1	24.5	7.1	82.9
塞浦路斯	6.9	7.7	32.8	4.4	82.5
拉脱维亚	16.6	9.9	39.4	13.8	74.3
立陶宛	18.5	8.0	30.9	3.2	74.1
卢森堡	8.2	7.7	23.3	0.9	81.9
匈牙利	15.5	7.6	36.8	2.4	75.8
马耳他	3.9	3.1	29.2	0.9	81.9
荷兰	5.4	5.8	36.5	0.4	81.4
奥地利	9.0	9.6	34.4	0.4	81.3
波兰	14.2	7.9	34.0	8.8	77.1
葡萄牙	14.5	7.2	36.1	3.0	80.9
罗马尼亚	9.1	7.9	19.4	10.4	75.2
斯洛文尼亚	10.6	9.2	31.3	0.0	80.5
斯洛伐克	11.7	9.5	30.4	1.9	76.6
芬兰	6.7	7.2	47.5	4.3	81.1
瑞典	4.0	6.8	35.2	1.9	82.0
英国	7.9	9.8	32.0	1.6	81.0
冰岛	5.7	9.7	29.2	3.6	82.1
挪威	7.9	5.6	34.0	1.5	81.8
瑞士	3.7	5.2	34.5	1.2	82.9
塞尔维亚	21.2	4.8	—	—	75.3

注:①2012年芬兰的数据;②2012年欧盟28国和英国的数据。

资料来源:欧盟统计局(在线数据编码:hlth_silc_02 hlth_silc_03,hlth_silc_05,hlth_silc_07和demo_mlexpec)。

随着时间的推移,两种长期健康问题在欧盟人口比例是下降的,并且无法满足医疗需求的人口比例也在下降①,出生时预期寿命更长(2012 年的80.3 岁)②。

表6-1 中可以看出,2013 年欧盟成员国居民中最消极的健康状况评价是克罗地亚(24.7%)。其他欧盟成员国居民的比例从爱尔兰的18.5%到立陶宛的3.6%。斯洛文尼亚居民是长期受限最严重的国家(9.2%),而马耳他是影响最小的(3.1%)。长期受疾病影响的居民比例最高的是芬兰(47.5%)和爱沙尼亚(44.3%)。保加利亚和罗马尼亚居民受到的影响最小(低于20%)。欧盟各成员国居民中医疗需求最难以满足的是拉脱维亚(13.8%)和罗马尼亚(10.4%)。相反,一些欧盟成员国如马耳他、卢森堡、西班牙、荷兰和奥地利的百分比低于1%,而斯洛文尼亚甚至为0。在此背景下,2013 年欧盟成员国居民的平均寿命从低于 75 岁的立陶宛、拉脱维亚和保加利亚,到超过 82 岁的西班牙(83.2 岁)、意大利(82.9 岁)、塞浦路斯(82.5 岁)和法国(82.4 岁)。

影响健康结果有诸多因素,包括居民所在国家预算中政府卫生支出的重要性、疫苗接种运动(和它们的有效性)、疾病管理、筛查项目。环境条件和文化因素(包括生活方式,如吸烟和饮酒、营养和身体锻炼)也是重要因素③。

六、国家层面健康状况评价以及与健康有关的问题

1. 健康状况评价和日常活动严重受限并不总是相关的

2013 年,8.3%的欧盟各成员国居民在正常的活动中长期受限是由于健康问题,这与2005 年各项比例相比,增长约为1%(7.4%)。有趣的是,2013年,10.4%的德国居民认为正常的活动受限是由于健康问题。相反,在马耳他、保加利亚和西班牙,只有不到5%的居民有类似情况。图 6-11 显示在2013 年健康状况不好或非常不好的评价与因长期受限导致的关系。在马耳他只有3.1%的居民认为由于健康问题正常的活动受限和2013 年对与健康

---

① 资料来源:欧盟统计局(hlth_silc_03 hlth_silc_05/hlth_silc_07)。
② 《经合组织一览表:欧洲》(2012),第90-108 页。
③ 资料来源:欧盟统计局(demo_mlexpec)。

状况不好或非常不好的评价是 3.9%。

在这些欧盟成员国,只有相对较小比例的居民认为长期以来受限,但是这些国家的大部分居民健康状况不好的或非常不好的评价却很高(远高于欧盟平均水平的 9.5%)。在克罗地亚,尤其如此,仅仅 7.6% 的居民受到限制,超过 24.7% 人认为健康状况不好或非常不好。北部和西部大部分欧盟成员国集中在图 6-11 的左下方,有些远低于欧盟平均水平。

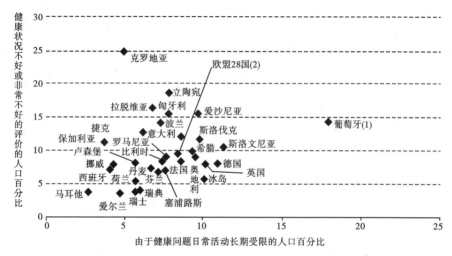

图 6-11　2013 年健康状况不好或非常不好的评价和由于健康问题日常生活长期严重受限的人口百分比

注:①2012 年的数据;②欧盟 28 国数据中没有爱尔兰和葡萄牙的数据;③2011 年的数据。

资料来源:欧盟统计局(在线数据代码:hlth_silc_02 和 hlth_silc_07)。

2. 慢性疾病的患病率与健康状况评价

2013 年,大约 32.0% 的欧盟居民患有慢性病,比 2005 年(30.3%)高出 1.7 个百分点①。这大约是健康状况不好或非常不好的 2013 年比例的 3 倍(9.5%)。人们可以从图 6-12 推断慢性病的发病率和人们对于健康消极(如不好或非常不好)评价的关系是不密切的。

---

①　2005 年计算的是欧盟 27 国的估计结果。2013 年欧盟 27 国和欧盟 28 国的估计数相等。资料来源:欧盟统计局(hlth_silc_05)。

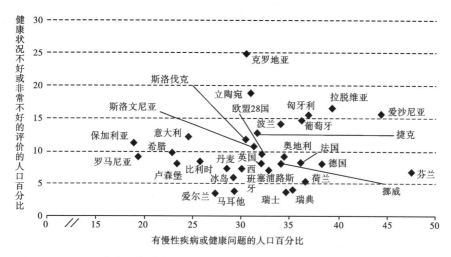

图6-12 2013年各国健康状况不好或非常不好的评价与慢性疾病或者健康问题的人口百分比

资料来源:欧盟统计局(在线数据代码:hlth_silc_02 和 hlth_silc_05)。

保加利亚、罗马尼亚、希腊和卢森堡的居民显示的模式非常相似,如图6-12。健康状况不好或非常不好的评价的人口百分比在卢森堡的8.2%到保加利亚的11.3%之间,比较接近欧盟平均水平(9.5%),而慢性疾病或健康问题的百分比是在卢森堡的18.9%到保加利亚的23.3%之间变化,远低于欧盟平均水平(32.0%)。

另一组的欧盟成员国,包括爱沙尼亚、拉脱维亚、匈牙利和葡萄牙,百分比较高的(超过36%)存在慢性疾病或健康问题的人口比例以及健康状况不好的评价的人口百分比(约14% ~17 %)。相反,在爱尔兰、马耳他、瑞典和荷兰,这两项的比例都比较低。在这些欧盟成员国,健康状况不好的人口百分比在3.6%(爱尔兰)和5.4%(荷兰)之间变化,而慢性疾病或者健康问题的百分比是在27.3%和36.5%之间(在同一个国家)。

只有一小部分的欧盟居民(3.6%)认为自己负担不起医疗费用,或是由于距离和等待时间的原因,这与2005年相比下降了1.4个百分点(5.0%)。2013年,斯洛文尼亚、荷兰、奥地利、西班牙、马耳他和卢森堡只有不到1%的人口认为无法满足医疗服务是由于经济原因或其他障碍。拉脱维亚和罗马尼亚因为这一原因的百分比分别为13.8%和10.4%。

　　如图 6-13,罗马尼亚、希腊、保加利亚、波兰、爱沙尼亚和意大利这些欧盟成员国(上面提到的原因)无法满足医疗服务的百分比最高。在某种程度上,反应无法满足医疗服务和健康状况的评价也受到文化的态度和政策辩论的影响①。

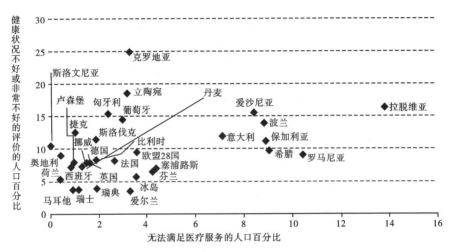

图 6-13　2013 年各国健康状况不好或非常不好与医疗服务未能满足的人口百分比

资料来源:欧盟统计局(在线数据代码:hlth_silc_02 和 hlth_silc_08)。

3. 健康状况评价与寿命之间的关系

　　从 2005 年到 2012 年欧盟的预期寿命增加了 1.8 年,达到 80.3 岁(图 6-14),所有年龄组的死亡率都下降了②,主要原因是人们能够获得医疗服务或其他因素(如生活方式、教育和生活水平的提高)。

　　而 2013 年超过三分之二(67.7%)的欧盟居民认为他们的健康状况是好的或非常好的,图 6-14 强调了预期寿命和健康状况评价之间积极的关系。因此,欧盟成员国平均寿命—健康状况较好或非常好的评价比例较高。葡萄牙的预期寿命高于欧盟平均水平(80.9 岁),但是葡萄牙只有一半的居民认为健康状况好或非常好,远低于欧盟平均水平。对于斯洛伐克、保加利亚和罗马尼亚受访者来说,预期寿命低于 77 岁,但对健康状况的评价更积

---

　　①　OECD《2012 年欧洲的健康报道》,第 9 页。

　　②　资料来源:欧盟统计局(hlth_cd_aro)。

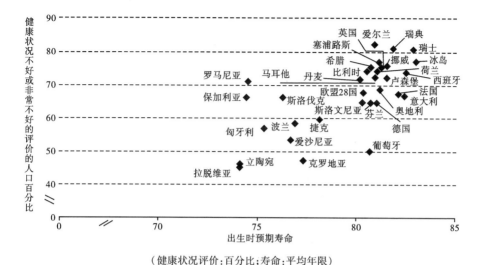

（健康状况评价：百分比；寿命：平均年限）

图6-14　2013年各国健康状况好或非常好的评价和预期寿命之间的关系

资料来源：欧盟统计局（在线数据代码：hlth_silc_02 and demo_mlexpec）。

极：健康状况非常好的人口百分比从罗马尼亚的 71.2% 到斯洛伐克的
66.2%。

4.健康状况评价和生活满意度之间的关系

下面将解释在国家层面上健康状况评价与整体生活满意度之间的关系。整体生活满意度从广义上讲是基于个人生活的整体认知评价，包括评价主观生活领域的所有方面，如经济状况、住房、卫生、教育、环境、安全等。

在2013年，欧盟居民对于整体生活满意度的低（21.0%）或高（21.7%）的比例都是很类似的，而其余部分（57.4%）则是中等满意度（表6-1）。

在国家层面考虑这两个方面时（图6-15），健康状况不好和低生活满意度之间的关系是显而易见，欧盟成员国对于整体生活满意度的评价和欧盟平均水平的健康状况基本上是相同的。欧盟成员国中只有几个东部和南部的国家有些偏离。其中，保加利亚生活满意度较低的人口比例（64.2%）。

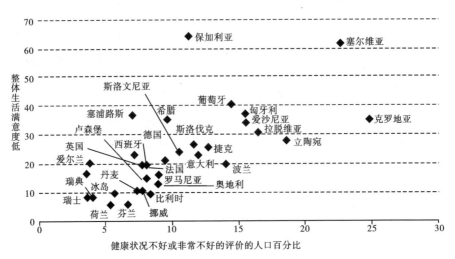

图6-15　2013 年各国健康不好或非常不好的评价的人口百分比和整体生活满意度较低的国家

资料来源：欧盟统计局（在线数据代码：hlth_silc_02 and ilc_pw01）。

第七章

闲暇和社会交往

现代社会对娱乐和文化活动以及工作与生活平衡的重视,强调了闲暇和社交互动在生活质量中的作用。这种重要性体现在欧盟制定的家庭友好政策中,这是为了纠正"工作和家庭不平衡"而制定的政策。在整个欧盟适用于所有工人的例子是欧盟工作时间法令,旨在保证工作时间满足最低标准。同时也关注了职业女性在家庭和工作之间的平衡,以及一些改善家庭工作场所、让父亲参与家庭生活和改善家庭经济状况的措施。

已经提出了影响闲暇活动的质量且具有可用性的欧盟政策。欧盟旨在保护欧洲的共同文化遗产(欧盟条约第 167 条)——语言、文学、戏剧、电影、舞蹈、广播、艺术、建筑和手工艺品,并帮助使其能够接触其他文化项目等项目。

本章分为两个主要部分:其一,分析时间利用情况,通过观察欧盟居民闲暇和文化(通过他们在这种类型的商品和服务支出)的活动情况,在不同社会人口因素(比如年龄类别之间的差异、性别、收入水平、家庭类型、劳动状态、职业类别和教育水平)中研究人们如何利用时间。其二,着重分析社会交往,分析人们可以从他人的支持中得到哪些帮助,通过分析满意的人际关系(其中包括由不同社会人口特征可能对它产生的影响),最后分析人际关系的满意度。

一、生活质量视角下的闲暇和社会交往

1. 闲暇和时间利用的满意度

2012年，欧盟居民在娱乐和文化方面的支出约为1300欧元，占家庭支出的8.5%，凸显了对娱乐和文化的重视。

统计数据表明，2013年，几乎有一半的人（49.2%）对时间利用基本满意，略多于四分之一（28.1%）的人满意度较低，还有将近四分之一（22.7%）的人是非常满意。平均满意度为6.7分。时间利用的满意状况与年龄密切相关，年轻人和老年人的平均满意度最高（7.2~7.6分）。性别之间基本没有差别，男、女的平均满意度分别为6.8分和6.7分。

2. 社会交往与人际关系满意度

40.8%的人口表示在社会支持的前提下有较高的生活满意度，6.7的人口无法获得支持。在移民中缺乏支持的现象更普遍，特别是对于那些来自欧盟以外的国家的人口更是如此。

大多数欧盟居民（49.2%）对人际关系基本满意；满意度低的是11.7%、满意度高的是39.1%，平均满意度为7.8分。

二、闲暇支出

闲暇和文化活动支出在家庭总支出中有所下降，见图7-1。自2005年以来，家庭总支出增长了14.1%，2012年达到了14 600欧元，娱乐和文化支出是300欧元，只增长了8.3%。2012年，占家庭最终消费支出的8.7%，相比2005年的9.3%和2008年的9.1%而言，同期持续下降。在个人日常生活中，娱乐和文化发挥了不小的作用，在家庭预算中排在第四位。2012年，家庭娱乐和文化的主要预算用于娱乐和文化服务（37.9%），其次是其他娱乐项目和设备，包括花园和宠物（21.8%），视听、摄影和信息处理设备（16.1%），报纸、书籍和文具（13.8%）。

文化越来越多地被认为是一项基本权利，教育、卫生和其他基本权利也是这样。1948年《世界人权宣言》并未要求承认这项权利，但在其第二十七条规定中，每个人都有参加社会的文化生活、享受艺术、分享科学进步和它带来的好处的权利。然而，这种参与并不普遍，并且在不同欧盟成员国还在

变化,如图 7-2 所示。

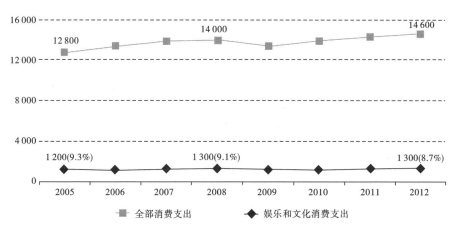

图 7-1 2005—2012 年欧盟 28 国娱乐和文化支出在家庭总支出的比重

注:括号中的数字代表的是家庭总支出中娱乐和文化的支出比重。

资料来源:欧盟统计局(在线数据代码:nama_co3_c)。

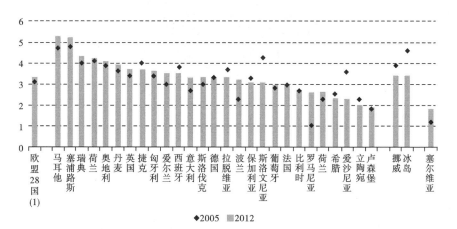

图 7-2 2005 年和 2012 年欧盟 28 国闲暇和文化活动支出在家庭总支出的百分比

注:①不包括立陶宛、保加利亚、罗马尼亚和希腊;②2010 年的数据代替 2012 年的数据;③2011 年的数据代替 2012 年的数据;④2009 年的数据代替 2012 年的数据。

资料来源:欧盟统计局(在线数据代码:nama_co3_c)。

1. 时间利用的整体满意度

通过参与闲暇和文化活动,在自己感兴趣的方面花时间,平衡和令人满意的时间利用将有助于提高一个人的整体生活满意度。时间利用可能包含所有类型的活动,不管是否与工作有关。一方面,这可能包括有偿和无偿工作和家务劳动、通勤时间,也包括照顾子女、老人或残疾者、做饭、做家务;另一方面,参与社会或文化活动、身体锻炼或体育活动、志愿服务、政治活动、利用互联网、参加宗教活动等。

欧盟作为一个整体,2013 年大多数居民(49.2%)时间利用满意度是中等的;28.1% 满意度低;22.7% 满意度高(图 7-3)。平均满意度为 6.7 分。

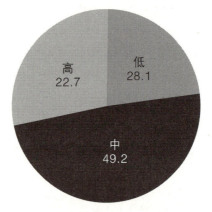

图 7-3　2013 年欧盟 28 国人口对于时间利用的满意度

资料来源:欧盟统计局(在线数据代码:ilc_pw01)。

2. 不同的社会人口分类对于时间利用的满意度

(1)时间利用满意度最高的是年轻人的和老年人。如图 7-4 所示时间利用的满意度与年龄密切相关。2013 年,年龄较大的年龄组(65 岁以上年龄组)最满意,平均满意度为 7.5 ~ 7.6 分,其次是最小的年龄组,平均满意度为 7.2 分。不同年龄组的差异背后可能有几个影响因素,对于年轻人(16 ~ 24 岁)和老年人(65 岁以上)来说,自由时间的多少是时间利用满意度的一个积极因素。可能是因为他们尚未工作或不再工作,且不需要抚养子女。劳动适龄人口,50 ~ 64 年龄组是 6.7 分,25 ~ 34 年龄组的是 6.3 分,在 35 ~ 49 年龄组是 6.2 分,平均满意度最低。活跃的年龄组,50 ~ 64 年龄组有较高的满意度,可能要归功于他们已经有了事业基础和照顾孩子的责任,并获得更高的预算资金和更多闲暇活动的时间。

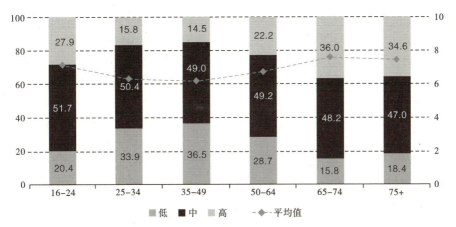

（左轴：人口满意度水平百分比；右轴：平均分数）

图 7-4 2013 年欧盟 28 国不同年龄组对时间利用的满意度

资料来源：欧盟统计局（在线数据代码：ilc_pw01）。

（2）性别对时间利用的满意度。图 7-5 显示随着时间的推移，性别对满意度有着一个非常轻微的影响，男女之间分别是 6.8 分和 6.7 分。可能的解释是，尽管女性比男性更经常做兼职工作[①]，无酬工作，在家务和照顾子女上花时间。这种所谓的"双转"往往会限制她们的闲暇时间，这也解释了她们的满意度低的比例略高于男性（分别是 28.7% 和 27.5%）。

（3）收入与时间利用的满意度。如图 7-6 中可以看到，收入水平（通过个人的收入分位数在国家层面上的收入分布位置来衡量）与满意度之间的关系相当有限。财务状况较好的人对自己的时间使用情况并不会有较高的满意度。收入水平最高的平均为 6.8 分，排在倒数第二（最低为 6.6 分）。主要差异是因为满意度水平较低的分布不均匀，较少出现在那些在收入水平最高的部分（26.6%）。在国家层面上收入水平和他们转化为时间利用满意度的方式有着重要的差异。

---

① 在 15～64 岁年龄组的就业总人数中大约 9% 的男性和 32% 的女性是兼职人员。资料来源：欧盟统计局（lfsq_eppga）。

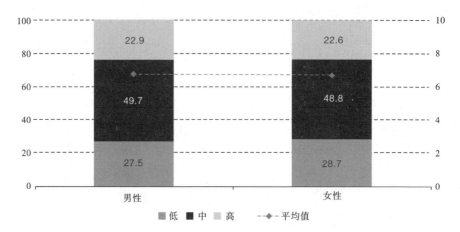

(左轴:满意度百分比;右轴:平均分数)

图 7-5　2013 年欧盟 28 国不同性别时间利用的满意度

资料来源:欧盟统计局(在线数据代码:ilc_pw01 和 ilc_pw05)。

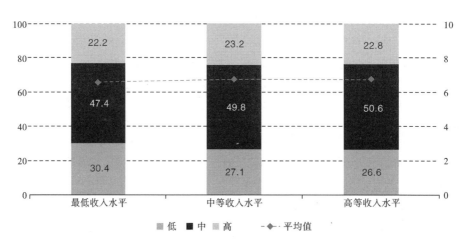

(左轴:满意度百分比;右轴:平均分数)

图 7-6　2013 年欧盟 28 国不同收入水平时间利用的满意度

资料来源:欧盟统计局(EU-SILC)。

(4)没有孩子的老年家庭时间利用的满意度。图 7-7 显示,很有可能已经退出劳动力市场且没有受抚养子女的老年家庭对其时间使用的平均满意度最高,为 7.7 分,超过 65 岁的单身男女和有两个相同年龄组的成年人是 7.5 分。另一方面,有孩子的家庭,时间利用方面是最不满意的,平均是在

6.1 分到 6.3 分之间。2013 年最不满意的是单身父母,这些人的压力都很大。没有孩子的年轻家庭平均满意度为 6.7~6.8 分。

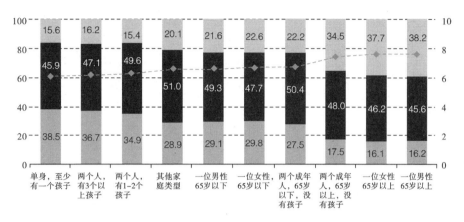

（左轴:人口满意度水平百分比;右轴:平均分数）

图 7-7　2013 年欧盟 28 国不同家庭类型时间利用的满意度

注:"其他家庭类型"是指有或没有受抚养子女的 3 个或以上的成年人家庭。

资料来源:欧盟统计局(EU-SILC)。

（5）时间利用的满意度取决于劳动力的地位。图 7-8 突出显示了截然不同的劳动状况的满意度。

对于退休的人来说,那些在训练或教育、兼职员工和失业者比其他两类（全职员工和自雇工人）时间利用有更高的满意度。没有育儿责任可能是一个原因,作为退休和学生比失业者和兼职员工有较高的满意度。

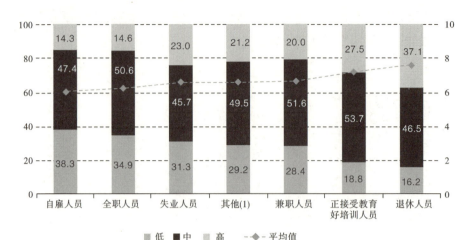

（左轴:满意度百分比;右轴:平均分数）

图7-8 2013年欧盟28国不同经济地位时间利用的满意度

注:"其他"包括永久禁用、不适合工作、担任国内工作,在强制性军事社区或服务的人员。

资料来源:欧盟统计局(EU-SILC)。

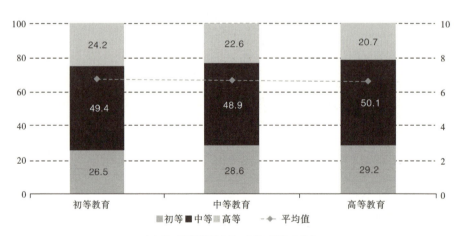

（左轴:满意度百分比;右轴:平均分数）

图7-9 2013年欧盟28国不同教育背景的人时间利用的满意度

注:初等教育:学前、小学和初中教育(isc级别0~2);中等教育:接受中等和高等教育(isc级别3~4);最高的教育:第一和第二阶段的高等教育(isc水平5~6)。

资料来源:欧盟统计局(在线数据代码:ilc_pw01和ilc_pw05)。

（6）教育与时间利用的满意度。如图7-9所示，受教育程度和时间利用的满意度之间的关系在变弱，平均为6.8分，教育程度最低的比受过更好教育的人的满意度要高（中等教育的满意度是6.7分，高等教育的满意度是6.6分）。这种情况体现在对时间利用的满意度水平上。在大学毕业生中，对工作满意度低的人比例最高，而对工作满意程高的人比例最小。这种情况在教育水平较低的人中正好相反。

3. 影响时间利用满意度的若干因素

本节分析欧盟居民在工作一周内通常利用的平均时间和在总时间中他们用于闲暇时间的百分比。

现有的数据显示，2013年，欧盟居民时间利用平均满意度是6.7分。主要工作中的时间利用为37.2小时，荷兰就业人员工作的时间最短，为30.0小时，而希腊的时间最长，为42.0小时。2012年欧盟成员国家庭最大的预算是马耳他，用于娱乐和文化服务时间是家庭总支出的5.3%，是卢森堡的3倍（1.8%，也是最低的）。

表7-1　2012年欧盟28国居民每周时间利用情况

国家/地区	主要工作上所用的平均时间（周每小时）	闲暇和文化支出占消费总支出（百分比）	时间利用的平均满意度（0-10）
欧盟28	37.2	3.3	6.7
比利时	37.2	2.7	7.1
保加利亚	40.7	3.1	5.7
捷克	40.5	3.7	6.7
丹麦	33.6	3.9	7.8
德国	35.3	3.3	6.5
爱沙尼亚	38.8	2.3	6.7
爱尔兰	35.4	3.5	6.9
希腊	42.0	2.3	6.1
西班牙	38.0	3.5	6.6
法国	37.5	2.9	6.9

续表 7-1

国家/地区	主要工作上所用的平均时间（周每小时）	闲暇和文化支出占消费总支出（百分比）	时间利用的平均满意度（0-10）
克罗地亚	39.8	:	6.6
意大利	36.9	3.3	6.4
塞浦路斯	39.8	5.2	6.7
拉脱维亚	38.8	3.3	7.1
立陶宛	38.1	2.0	6.8
卢森堡	37.1	1.8	7.2
匈牙利	39.5	3.6	6.3
马耳他	38.4	5.3	6.6
荷兰	30.0	2.6	7.5
奥地利	37.1	4.1	7.3
波兰	40.7	3.2	6.8
葡萄牙	39.3	2.9	6.5
罗马尼亚	40.0	2.6	6.9
斯洛文尼亚	39.6	3.1	6.8
斯洛伐克	40.7	3.3	6.9
芬兰	36.9	4.2	7.7
瑞典	36.3	4.3	7.3
英国	36.5	3.7	6.9
冰岛	39.5	3.4	7.4
挪威	33.7	3.4	7.2
瑞士	35.1	—	7.0
塞尔维亚	6.2	1.8	6.2

注:除数据立陶宛(2009),罗马尼亚(2010),保加利亚、希腊和挪威(都是2011年的数据),其他均为2012年数据。欧盟28不包括立陶宛、罗马尼亚、保加利亚和希腊。

资料来源:欧盟统计局(EU-SILC)。

（1）国家层面上的工作时间与时间利用满意度的关系。每周平均工作时间影响工作和个人生活之间的平衡，也影响工人的自由支配时间。图 7-10 表明时间利用满意度与工作时间之间的明确联系，似乎对满意度的影响是下降的。二者之间的联系最明显的是匈牙利、葡萄牙、西班牙、马耳他和爱尔兰，瑞士和挪威。荷兰和希腊通常每周工作时间为 30.0 和 42.0 小时。丹麦、荷兰每周工作时间为 33.6 小时。工作时间略少于希腊居民（40.7 小时），保加利亚居民对工作时间利用满意度较低，为 5.7 分。

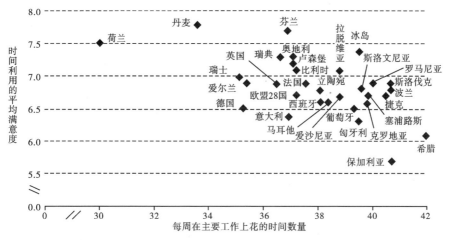

图 7-10　2013 年欧盟 28 国工作时间和时间利用的满意度

资料来源：欧盟统计局（在线数据代码：lfsa_ewhuis 和 ilc_pw01）。

（2）娱乐、文化支出在总支出的比例和时间利用的满意度之间的关系。家庭闲暇支出反映闲暇和文化活动的可用性（供给）、在家庭预算中负担得起这样的开支。因为它是一个相对指标（总支出的百分比），也可能是受到其他消费品价格的影响，特别是住房和食品。

如图 7-11 所示，时间利用满意度与娱乐和文化上的支出关系并不密切。大部分欧盟成员国的居民有这样的预算，如芬兰（4.2%）和丹麦（3.9%），同时，时间利用的平均满意度分别是 7.7 分和 7.8 分。在保加利亚和希腊的情况则正好相反，娱乐投入不超过 3.1%，时间利用的平均满意度分别为 5.7 分和 6.1 分。有些欧盟成员国二者之间没有清晰的关系。卢森堡的情况是尽管支出少（1.8%），时间利用的平均满意度很高（7.2 分），荷兰只有 2.6%，但时间利用的平均满意度平均值为 7.5 分，是满意度最高的国家之一。塞浦路斯和马耳他则相反，投入的预算在 5.0% 以上，时间利用的平均满意度为 6.6～6.7 分。大多数其他欧盟成员国在这两相项目上表现出不太紧密的联系。如立陶宛、爱沙尼亚、罗马尼亚、法国和比利，时间利用的平均满意度在 6.7～7.1 分，用于闲暇上的支出低于 3.0%。

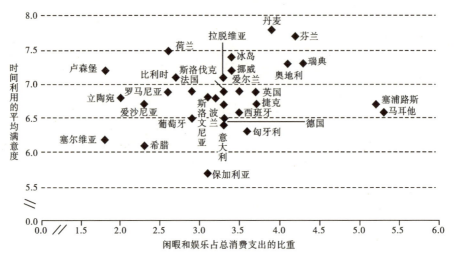

图 7-11　2013 年欧盟 28 国闲暇和文化支出百分比与时间利用满意度的关系

注：除了立陶宛是 2009 年的数据，罗马尼亚是 2010 年的数据，保加利亚、希腊和挪威是 2011 年的数据，其他国家都是 2012 年的数据。欧盟 28 国不包括立陶宛、罗马尼亚、保加利亚和希腊。

资料来源：欧盟统计局（在线数据代码：nama_co3_c 和 ilc_pw01）。

三、社会交往

社会交往是个体福利必不可少的要素。强大的家庭纽带和社会关系（以及结婚）可以预防身体或精神健康问题，如疾病或残疾。有亲戚、朋友或邻居能够提供道德或其他类型的支持以提高整体生活满意度；能够获得支持的，他们的平均生活满意度是那些不能获得支持的两倍。2013 年大多数欧盟居民自述他们可以依靠亲戚、朋友或邻居。

如图 7-12 所示，6.7% 的认为不能获得支持，大多数欧盟成员国的比例低于这一水平。

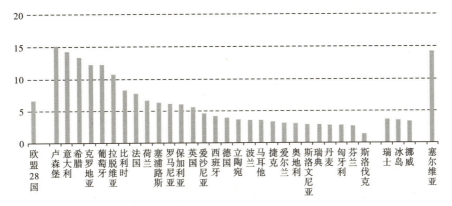

图7-12 2013年欧盟28在需要帮助时没有任何依靠的人口百分比

资料来源:欧盟统计局(在线数据代码:ilc_pw06)。

即便如此,一些欧盟成员国,在需要帮助时没有任何依靠的人口比例超过10%(拉脱维亚、葡萄牙、克罗地亚、希腊和意大利),卢森堡为15%。另一方面,斯洛伐克和芬兰居民普遍获得支持分别为98.6%和97.5%。欧盟成员国之间存在差距的原因是文化或人口结构和家庭经济收入等因素。缺乏社会支持更普遍的是来自移民人口,特别是来自欧盟以外的移民。因此,在需要帮助的情况下没有任何依靠的国家居民的比例是6.3%,来自欧盟成员国的外国人的比例为9.1%和非欧盟外国人的比例为14.8%,见图7-13。

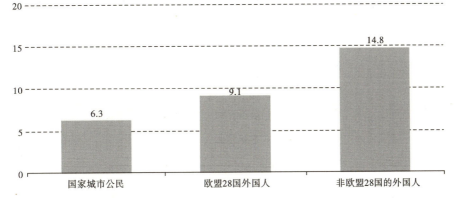

图7-13 2013年不同国家在需要帮助时没有任何依靠的人口百分比

资料来源:欧盟统计局(EU-SILC)。

1. 人际关系的整体满意度

社会交往大大有助于提高一个人的幸福感和总体生活满意度。欧盟作为一个整体,大多数居民(49.2%)认为人际关系的满意度是中等,11.7%认为是低满意度,39.1%认为是高满意度,平均满意度为7.8分,如图7-14所示。

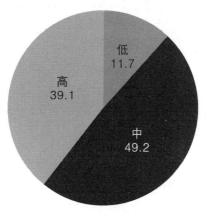

图 7-14 2013 年欧盟 28 国人际关系整体满意度

资料来源:欧盟统计局(在线数据代码:ilc_pw01)。

如图7-15所示,分析表明保加利亚人际关系总体满意度最消极(平均为5.7分),而爱尔兰的最积极(平均为8.6分)。奥地利、丹麦的都是8.5分,其他几个欧盟成员国(主要是东部和北部地区的)都在8.0分以上。

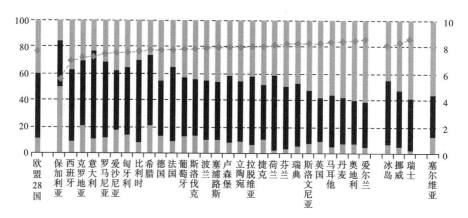

图 7-15 2013 年欧盟 28 国人际关系满意度

资料来源:欧盟统计局(在线数据代码:ilc_pw01 和 ilc_pw05)。

2.不同社会人口特征的人际关系满意度

社会人口因素如何与人际关系满意度相联系？下面探讨不同社会人口因素分组下的年龄、性别、收入水平与人际关系满意度之间的关系。

（1）年轻的和年长年龄组与人际关系的满意度。如图7-16所示，满意度和年龄有着密切的关系。满意度最高的是年轻一代（16～24岁年龄组和25～34岁年龄组），分别为8.1分和7.9分，超过65岁年龄组为8.0分（从75岁开始下降到7.8分），劳动适龄人口（35～64岁年龄组）为7.7分。两个中间年龄组（35～49岁和50～64岁），从事工作和照顾孩子上花费了大量的时间，这可能会使他们有更少的机会发展人际关系和从事亲密的家庭领域以外的工作，这或许可以解释他们较年轻的和年长的一代满意度稍低的原因。

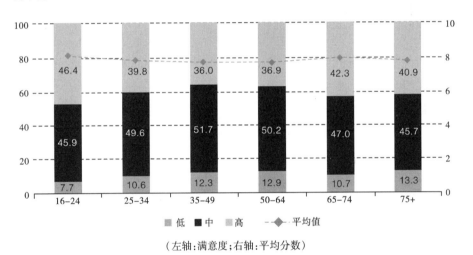

（左轴：满意度；右轴：平均分数）

图7-16 2013年欧盟28国不同年龄的人际关系满意度

资料来源：欧盟统计局（在线数据代码：ilc_pw01和ilc_pw05）。

2013年，在欧盟层面上，46%的16～24岁年龄组、42%的65～74岁年龄组对他们的人际关系满意度较高。

（2）性别与人际关系的满意度。图7-17显示性别对满意度的影响是很小的。男性在人际关系的平均满意为7.8分，而女性的是7.9分，与女性相比，男性更满意他们的人际关系（分别是40.5%和37.6%）。

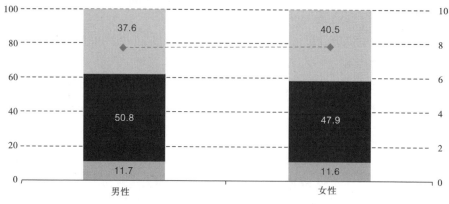

（左轴:满意度;右轴:平均分数）

图7-17 2013年欧盟28国不同性别的人际关系满意状况

资料来源:欧盟统计局(在线数据代码:ilc_pw01和ilc_pw05)。

（3）收入与人际关系的满意度。如图7-18,收入水平之间的关系(收入水平的分布是在国家层面上),对人际关系满意度的影响略强于时间,尽管它仍然相当有限。平均值为8.0分,收入水平在顶部的比在中间收入水平和最低收入水平要高(分别为0.4个点和0.1个点)。这反映在收入较高的水平中报告较低的满意度是8.1%,中间收入水平的是10.6%和最低的收入水平的是15.9%。这些差异可能是由于这样的事实:在一定程度上低收入在维护社会关系上也有一定困难。

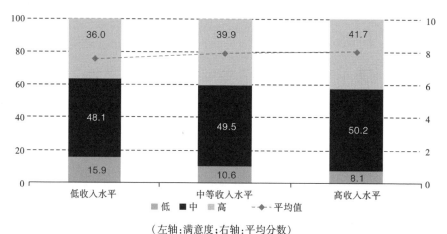

（左轴:满意度;右轴:平均分数）

图7-18 2013年欧盟28国不同收入水平的人际关系满意度

资料来源:欧盟统计局(EU-SILC)。

（4）有两个成年人的家庭与人际关系的满意度。如图7-19，两个成年人没有孩子的家庭构成比有孩子的夫妇更满意他们的人际关系（分别为8.0分和7.9分），但是差异非常小。

所有独居人士，除了老年单身女性，都不太满意自己的人际关系，65岁以下男性的平均满意度是7.2分，独自生活的年轻女性是7.6分。单身家庭需要注意的是，男性与同一年龄组的女性相比不太满意他们的人际关系，而那些65岁以上年龄组的比年轻人更满意。因此，单身的超过65岁的女性与有孩子的夫妇有着相同的满意度（7.9分）。与有孩子的夫妇相比，独居的老年妇女的低满意度更为明显。

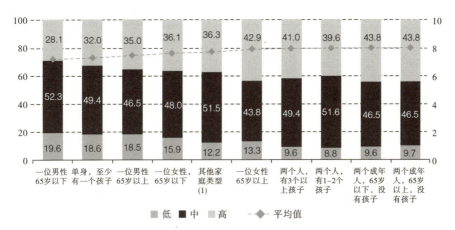

（左轴：满意度；右轴：平均分数）

图7-19 2013年欧盟28国不同家庭类型人际关系满意度

注："其他家庭类型"是指有或没有受抚养子女的3个或以上的成年人家庭。

资料来源：欧盟统计局（EU-SILC）。

（5）工作状况与人际关系满意度。图7-20显示了工作状况与人际关系满意度的关系。失业者经常被社会排除在外，他们的人际关系满意度最低，为7.3分。紧随其后的是个体的，为7.7分。全职工作和退休的人均为7.9分。学生和培训的人（那些不参与劳动力市场的）比起那些兼职的工作人员来说，似乎有略高的满意度。

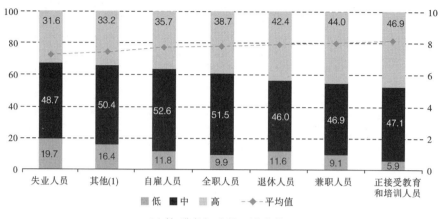

（左轴:满意度;右轴:平均分数）

图7-20　2013年欧盟28国不同工作状况的人际关系满意度

注:"其他"包括永久禁用、不适合工作,国内工作,在强制性军事社区或服务。

资料来源:欧盟统计局(EU-SILC)。

（6）教育与人际关系满意度。图7-21表明受教育程度与人际满意度的关系很清晰,虽然影响比较小。受教育程度最低的,人际关系满意度为7.6分,与中等教育水平相差0.3个点,与高等教育相差0.4个点。

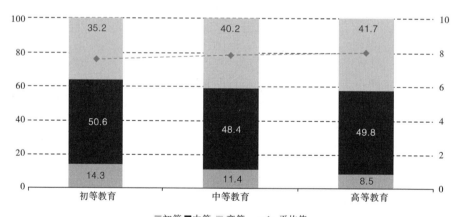

（左轴:人口满意度水平百分比;右轴:平均分数）

图7-21　2013年欧盟28国受教育程度与人际关系满意度

注:初等教育:学前、小学和初中教育(isc级别0-2);中等教育:接受中等和高等教育(isc级别3-4);最高教育:第一和第二阶段的高等教育(isc水平5-6)。

资料来源:欧盟统计局(在线数据代码:ilc_pw01和ilc_pw05)。

3.社会交往与人际关系满意度

下面分析社会交往在不同程度上如何转化为人际关系。这种交往可能采取的形式是获得别人帮助的能力,别人既可以是亲戚、朋友或邻居(和他们谈论自己的问题),也可以是一个可以信任的人。

(1)满意的人际关系与可以从他人处寻求帮助的能力有关。2013 年,93.3%的人认为能够在需要帮助的时候获得帮助,而 6.7%的无法得到帮助,见图 7-22。这种能力显然影响了他们的人际关系满意度,对于不能获得帮助的满意度为 6.4 分,能够得到帮助为 7.9 分。无法得到帮助的人中有32.8%的人的满意度较低,是那些能够得到帮助人的比例的 3 倍(9.9%)。在满意度高的人口比例中,前者为 40.8%,后者为 18.6%。

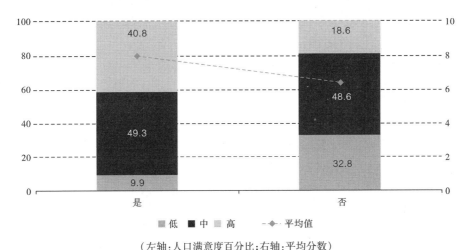

(左轴:人口满意度百分比;右轴:平均分数)

图 7-22　2013 年欧盟 28 国在需要帮助时不同社会支持的人际关系的满意度
资料来源:欧盟统计局(EU-SILC)。

(2)与他人讨论个人问题的可能性。92.9%的人认为他们可以与他人谈论个人问题。在此背景下,和缺乏社会支持的关系一样,可以观察到人们寻求帮助的能力,那些没有人可以跟他们讨论个人问题的人们的生活满意度仅为 6.3 分,相对于那些可以讨论个人问题的要低,为 7.9 分(见图 7-23)。

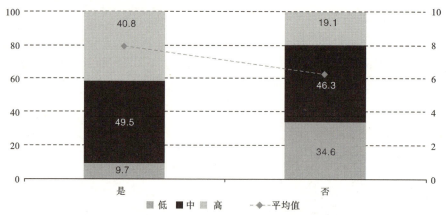

（左轴：人口满意度百分比；右轴：平均分数）

图 7-23　2013 年欧盟 28 国人际关系的满意度

注：该变量是指受访者至少有一个人可以依靠并且可以与之讨论个人问题。

资料来源：欧盟统计局（EU-SILC）。

（3）满意的人际关系增加了对别人的信任程度。图 7-24 显示满意的人际关系增加了对他人的信任程度。各种客观或主观的原因使他们对他人不太信任，这也导致对于自己的人际关系不太满意。他们平均的满意度为 7.0分，对于他人中等信任的是 7.7 分，对他人完全信任的是 8.3 分。这更明显地分析了与低水平的满意度之间的关系，5.0% 的人对于他人是高水平的信任，24.4% 的人对他人不太信任。

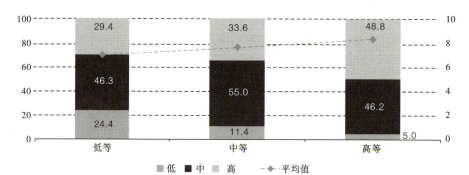

（左轴：人口满意度百分比；右轴：平均分数）

图 7-24　2013 年欧盟 28 国对他人信任程度的人际关系满意度

资料来源：欧盟统计局（EU-SILC）。

第八章

经济安全和人身安全

本章着重探讨生活质量"8+1"的第六个指标框架——经济安全和人身安全。居民生活的安全性是一个至关重要的方面。居民能够提前计划和解决突然恶化的经济和环境问题对他们的生活质量有着很重要的影响。任何种类的不安全都是恐惧和担心的源泉,对生活质量产生负面影响,意味着对未来的不确定性对目前可能有负面影响。经济危机说明了经济安全对于欧盟成员国居民生活质量的重要性,自我的脆弱感大大降低了个人的自由感。

为了方便统计,我们把这一问题分为两大类:经济安全和人身安全。统计上要测度的是经济安全的风险(是指有可能导致物质生活条件突然恶化的风险)以及家庭防范风险的能力。人身安全测度的是可能威胁到人身安全的风险。

经济安全的概念涵盖了很多方面,例如:财富、债务和工作的不安全。为了测度一个家庭的财富,测度指标应该使用家庭财富的积累。不过,欧盟成员国没有可比数据。面对意外支付的能力、补充欠款的能力①(作为债务指标)通常作为替代变量。

人身不安全包括所有可能会使人处在危险中的外部因素。犯罪行为和事故是最明显的因素,以及在日常生活中,有相当一部分人面临暴力。关于

---

① 因为经济原因,一些人可能无法及时支付他们的抵押贷款、租金、水电费或租购分期付款。

"人身安全"的问题,犯罪的测度不仅仅是警方记录的国家自杀率,还包括EU-SILC调查的关于犯罪、暴力以及对邻居的破坏等百分比。这些都是测度安全的指标。主观不安全感和通过统计犯罪得出的客观数据都发挥着重要作用。

在描述关于安全感的主观指标之前,首先关注人身安全,不同社会经济群体(比如年龄类别、性别和收入水平等)如何评估他们的人身安全。之后,将检验评价指标和属于同一领域的客观指标之间的关系。其次关注经济安全问题。如前所述,重点分析意外支付(也分析包括社会人口等方面的原因),也会分析"无法面对不可预见支付的能力"和"拖欠"情况与家庭经济状况之间的关系。

通过分析客观信息和主观评价,本章再次强调生活质量受到两个方面的影响,即个人或家庭的客观安全和主观感知的影响,尤其适用于与经济安全和人身安全有关的主观感知。

对于家庭的物质条件和人身安全的可能的意外和不利的影响有很多。为了统计测度的目的,需要分为两类:经济安全和人身安全。经济安全和脆弱性是指通过财富、债务和收入/工作的不安全感表现出来的经济方面的问题。人身安全包括自杀率;在一个地区自述存在的犯罪、暴力或破坏;人身安全的感知。

一、生活质量视角下的人身安全

2013 年,46.4%的欧洲居民独自在夜里行走是相当安全的,而28.4%的居民认为非常安全,25.2%的居民认为有点不安全。女性比男性更容易感到不安全,欧盟居民中老年人的人身安全数据低于年轻人。在人口稀少的地区,欧洲居民和他们的邻居一起在他们的社区行走比他们独自一人要感到安全。

社区公开犯罪、暴力或破坏公物通常会降低的自身安全感。在国家和个人层面上,与人身安全的主观评价有着密切的联系。

关于经济安全,16~24 岁的年轻人无力支付意外费用的比例最高,为46.2%,其次是25~34 岁的人,比例为43.8%。总的来说,尽管国家之间差别很大,但经济不安全感随年龄的增加而增加。生活在单亲家庭或单身女性无法面对不可预见支付风险的比例较高。无力支付意外费用的比例在失业人口中最高,而个体经营者的比例最低。当观察经济状况满意度低的人口比例与无力支付意外费用和拖欠款项的人口比例之间的关系时,可以看到明确的正相关关系。

除了这些客观的不利条件,对于危险的主观感知和由此产生的不安全感影响着生活的质量。为了解决这个问题,在2010年3月的会议上,欧盟委员会批准了欧盟内部安全战略("欧洲安全模型")。提出了关于应对威胁安全与有组织的犯罪、恐怖主义和自然或人为灾害有关的机遇、原则和指南。欧盟委员会通过了一项与实施策略建议相关的行动,目的是完善2011—2014年的部署(欧盟内部安全战略行动)。

1. 人们是否安全以及人们是否感知安全

人身安全是指一个人被保护在各种人身安全风险之外,如犯罪、事故或自然灾害。缺乏人身安全可能影响主观幸福感,并且这一影响大于实际人身威胁的影响。犯罪人仅占所有死亡人数的一小部分,但它的影响不同于其他的死亡影响,例如因为医疗条件导致的死亡。因此,那些犯罪行为对于个人的人身安全威胁往往被社会放大。

生活质量测度的框架提供了两个方面(主观和客观)的人身安全指标。例如凶杀给社会整体的人身安全造成了影响。这是在犯罪方面对欧盟指标最具有协调性的影响因素。然而,杀人是一种罕见的事件,因此它需要辅以关于其他类型的犯罪信息。由于其他犯罪行为的警方记录尚未得到充分协调,因此 EU-SILC 也是提供社区犯罪、暴力或破坏行为信息的来源。

2. 个体感知的人身安全

2013年,当被问及独自走夜路是否安全时,16岁或以上的欧盟居民有近一半(46.4%)的人回答是"非常安全"。28.4%的居民回答说他们感到"很安全",25.2%的居民回答"有点或非常不安全"。(见图8-1)

感到"很安全"的占比最高的地区是马耳他和塞浦路斯(结果分别为66.4%和57.1%),后面依次是芬兰(49.0%)、丹麦(47.7%)、斯洛文尼亚(44.7%)和奥地利(43.4%)。只有9.8%的立陶宛居民和11.0%的斯洛伐克居民独自走夜路时感到"非常安全"。保加利亚认为人身安全是很低的(或非常不安全)(78.5%),其次是希腊(40.0%)、葡萄牙(39.1%)。(见图8-2)

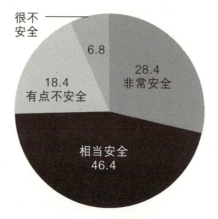

图8-1 2013年欧盟28国人们独自走夜路时自我感知的安全度（百分比）

资料来源：欧盟统计局。

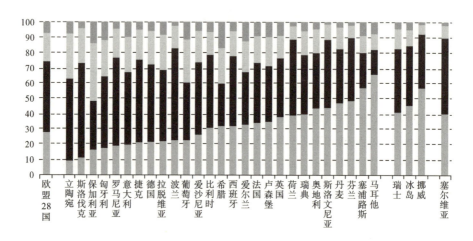

■非常安全 ■相当安全 □有一点不安全 ■非常不安全

图8-2 2013年欧盟28国不同国家独自走夜路时感知的安全度（百分比）

注：不包括克罗地亚。

资料来源：欧盟统计局。

3. 对于人身安全的自我感知，不同年龄组的数据是不同的

自我评价的人身安全，本质上是主观的，受到个人经历以及别人意见的影响。在安全的环境中，媒体在塑造个体对于社会安全的看法时也起着至关重要的作用。当然这种看法可能取决于一系列社会人口因素的变化，如年龄、性别和收入。但在面对犯罪、暴力和破坏时，关于这个问题的存在可

能会导致不同的看法。

4. 人身安全感最高的是年轻人和中年人,最低的是 75 岁以上的老年人

从图 8-3 中可以看出人身安全在一定程度上是与年龄有关的。年轻和中年组之间没有明显差异(16 ~ 24 岁年龄组、25 ~ 34 岁年龄组、35 ~ 49 岁年龄组)。从 50 岁开始,不安全感在每个年龄组中不断增加。50 ~ 64 岁年龄组感到"有点或非常不安全"的比例比较低(24.7%),但与年轻的年龄组相比还是高的。65 ~ 74 岁年龄组是 31%,尤其是 75 岁以上年龄组的这一比例(40.5%)大幅提高。

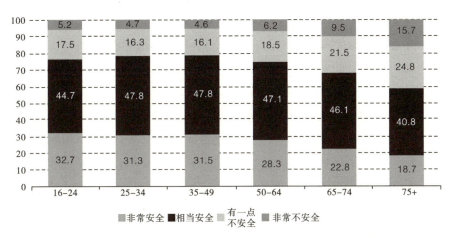

图 8-3 2013 年欧盟 28 国不同年龄组独自走夜路时感知的安全度(百分比)

资料来源:欧盟统计局。

5. 性别影响人身安全的自我感知

如图 8-4 所示,男性和女性之间对于人身安全有显著差异。85.5% 的男性认为非常或相当安全,女性只有 65.2% 认为是非常或相当安全的。另一方面,34.8% 的女性觉得非常不安全,而男性是 14.5%。

差别最大的是瑞典,35.8% 的女性感觉有点或者非常不安全,而男性只有 5.7%。差别最小的是保加利亚(分别是 45.4% 和 54.8%)、斯洛伐克(21.4% 和 30.3%)和斯洛文尼亚(5.7% 和 14.8%)。

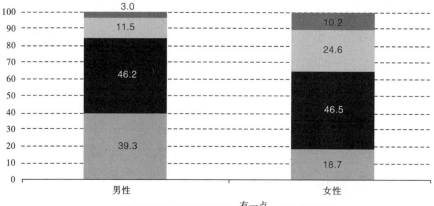

图 8-4　2013 年欧盟 28 国不同性别独自走夜路的感知安全(百分比)

资料来源:欧盟统计局。

6. 人烟稀少地区生活的居民感到更安全

图 8-5 说明了不同地区对于人身安全的认知程度。在城市和郊区之间对于人身安全只有轻微的认知差异。此外,与城市、郊区和城镇(分别为23.1% 和28.2%)相比农村的人们认为安全的比例要低(36.9%)。在城市地区,30.3%感觉有点或非常不安全,这几乎是农村地区的(17.8%)的两倍。这些数据说明,一个地区城市化区域越少,居民独自走夜路感觉越安全。

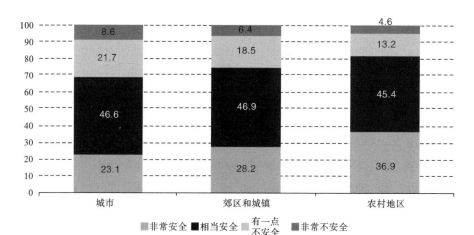

图 8-5　2013 年不同程度的城市化对于独自走夜路的感知安全（百分比）

资料来源:欧盟统计局。

7. 生活在社区的居民受到犯罪、暴力或破坏而感到不安全的比例较高

该地区出现犯罪、暴力或破坏行为的迹象是为了评价这类行为(违反现行规范,特别是规定人们正常行为的文化标准)是否存在于当事人居住的街区,并对家庭造成问题。图 8-6 中的数据显示当独自走夜路时,近一半(47.9%)的人认为犯罪的存在使他们感到非常或者有点不安全,有 21.4% 的人对于这些问题的存在表示不确定。显然,面对犯罪等存在与他们区域的相关问题可能会对安全的感知产生负面影响。

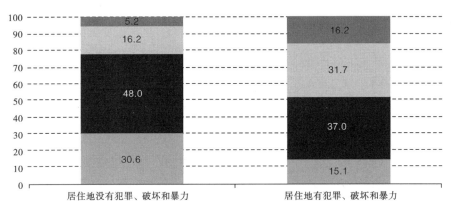

图 8-6　欧盟 28 国不同生活区域的感知安全 (百分比)

资料来源:欧盟统计局。

在欧洲杀人的数据比其他类似的犯罪数据更有用。此外,国家之间对于这一犯罪的定义比其他类型的犯罪的差异要小。因此,杀人数据可以作为人身安全的替代指标。

为了方便统计,故意杀人被定义为有目的的伤害一个人,包括谋杀、杀人和杀婴。它不包括危险驾驶导致的死亡,还有堕胎和安乐死。杀人未遂被排除在外。

图 8-7 说明了自杀率与人们感觉有点或非常不安全之间的联系。整个欧盟的杀人率相对较低。大多数国家杀人案件是介于每 100 000 件里有0.6~2.0 件。波罗的海国家立陶宛的自杀率是 4.6,拉脱维亚的是 6.7。另一方面,感觉不安全人口比例国家之间的差异很大(从芬兰的 9.1% 到保加

利亚的 50.6%）。波罗的海国家感觉不安全的比例较高,芬兰人身不安全的感知的比例最低,但自杀率却比保加利亚要高。

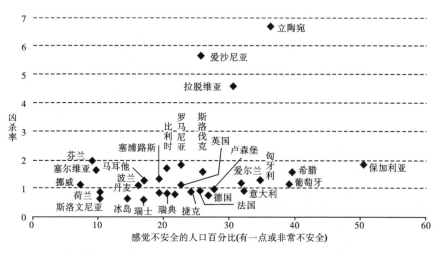

（x 轴:感觉有点或非常不安全人数百分比;y 轴:每十万居民中杀人者的数量）

图 8-7　2010—2012 年平均自杀率与 2013 年感觉有点或非常不安全的比例之间的关系

资料来源:欧盟统计局(犯罪统计数据和 EU-SILC)。

　　人们报告的犯罪、暴力或破坏的比例与人口中感到有点或很不安全的人口比例的关系,如图 8-8 所示。除了挪威(感觉有点或非常不安全的人口比例最低,犯罪率、破坏或暴力的比例也最低)和保加利亚(拥有最高比例的低的人身安全感和在他们的区域报告的犯罪、破坏或暴力的比例),其他的都不能确定它们之间的关系。25.3% 的人口是低水平的人身安全感,而 14.5% 是受到犯罪、暴力或破坏的影响。然而,一些国家则相当矛盾,如比利时和荷兰有较高比例的人报告犯罪、破坏或暴力,但只有一小部分人感觉有点或非常不安全(10.1%)。相反对于立陶宛,区域中犯罪、暴力或破坏行为的占比比较低(6.4%),但却有一个相当高的对于人身安全的风险比例(36.2%)。研究表明,对比警察处理的犯罪率和主观感知的风险也有其局限性。

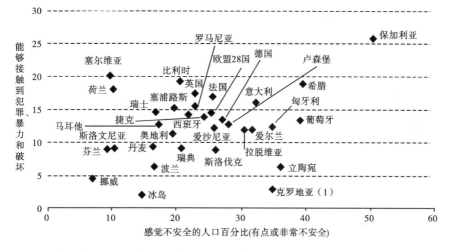

（x轴:感觉有点或非常不安全的人口比例;y轴:在生活的区域认为受到犯罪、暴力或破坏的人口比例）

图8-8　2013年犯罪、暴力或破坏和低安全感之间的关系

注:没有关于人身安全的数据。

资料来源:欧盟统计局(在线数据代码:mddw03)。

二、经济安全

1.应对经济危机的能力

经济安全包含主观、客观的许多方面。经济安全与收入水平低和物质不足有所不同(这些指标反映的是现状),经济安全是表明未来的状况。意味着经济安全有着深远的心理影响,是基于一个家庭或个体的现状以及对未来的局势如何演变的预期。

经济安全的两个方面包括:第一,经济风险所描述的是家庭面对不可预见支出的能力。EU-SILC中的问题是"通过自身资源,你的家庭是否能负担得起一个以上所需的费用",例如手术意外的支出、葬礼、修理和更换耐用品(如洗衣机、汽车等)。"自身资源"这个词意味着家庭并不需要其他人的帮助,在限定时间内对于潜在的债务并没有恶化。

如图8-9所示,2013年与2008年相比,欧盟人口有较多的人无法支付不可预见的费用(比例分别是39.4%和34.3%)。那些遭受经济危机的国家比例上升得比较快,如爱沙尼亚(+22.3%)、希腊(+20.5%)、立陶宛

（+18.1%）、葡萄牙（+17%）和爱尔兰（+15.4%），明显降低是马耳他（-10.0%）、奥地利（-5.5%）和芬兰（-2.2%）。2013年近40%的欧盟人口无法支付不可预见的费用。

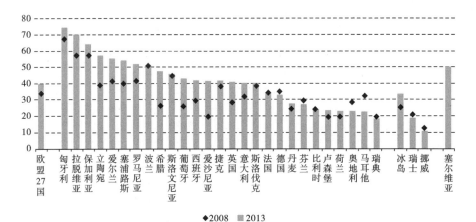

◆2008 ■2013

图8-9　2008年和2013年无法面对不可预见支出的人口比例

资料来源:欧盟统计局(在线数据编码:ilc_mdes04)。

第二,个体经济安全的重要元素是工作安全。"生活质量框架"这个要素是衡量失业的指标。在一个灵活的劳动力市场,波动较大也是增加不安全感的一个主观因素,从而影响经济风险的评估。在这种背景下,EU-SILC提供劳动力市场的信息,也是基于调查得出的。

图8-10反映了2011年的就业到2012年的失业的状况。失业率最高的是西班牙(10.5%)、葡萄牙(8.2%)、拉脱维亚(7.6%)、克罗地亚(7.1%)。失业率低的有罗马尼亚(0.7%)、马耳他(1.3%)和德国(1.8%)。

2.不同群体的经济安全也不同

经济安全在不同社会人口分组中的分布是不均匀的。由于疾病或其他限制安全工作和定期收入将会比失业者或不能参与劳动力市场的人有着更积极的态度。独居并且有很少的养老金的人会比两人家庭收入承担风险的比例高两倍。下面主要分析的是欧盟层面,也会分析一些特殊国家。

3.不同年龄组面对不可预见支出的承受能力

如图8-11中可以看到面对不可预见支出的能力随年龄增长而增长。特别是,16～24岁年龄组无法面对这样的支出的比例最高(46.2%),而

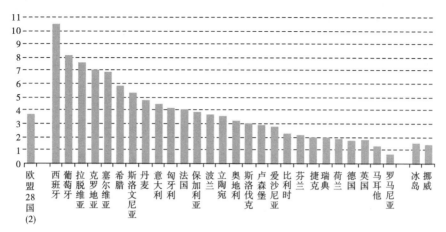

图 8-10 从 2011 年就业的人口百分比到 2012 年失业的人口比例

注：①不包括爱尔兰；②估计值；③2011 年的数据。

资料来源：欧盟统计局（在线数据代码：ilc_lvhl30）。

65～74 岁的年龄组的比例是 32.2%。75 岁以上年龄组的比例略高于 65～74 岁的年龄组,这可能是因为在这个年龄组有很高比例的单身女性家庭[①]或者是有一个较低的养老金,从而导致了这样的现象。可以说面对不可预见支出的承受能力随年龄增加而增加,除了 75 岁以上年龄组,最高的是 65～74 岁年龄组。

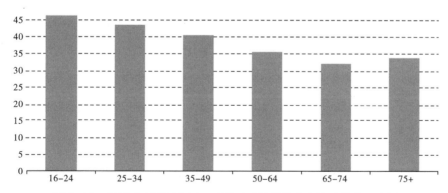

图 8-11 2013 年欧盟 28 国无法面对不可预见支出风险的人口比例

资料来源：欧盟统计局。

---

① 65 岁以上年龄组有 22.3% 是女性单身(75 岁以上年龄组的比例更高)。

欧盟各成员国的情况也是不一样的。北欧欧盟成员国(丹麦、芬兰和瑞典)无法面对不可预见支出的比例随着年龄增长而降低,比欧盟的平均水平还要低,尽管在年龄最大组会有稍微的增加。比利时、德国和荷兰的风险较高的年龄组是 25 ~ 34 岁和 35 ~ 49 岁。在南部欧盟成员国希腊、意大利、西班牙和葡萄牙中,比例最高的是最年轻和最年老的年龄组。保加利亚和罗马尼亚在某种程度上无法面对不可预见支出的比例随年龄增长而增加。最后,克罗地亚无法面对不可预见支出的分布在各个年龄组是均匀的,波兰和斯洛文尼亚以及波罗的海国家会有些波动。

4. 经济最安全的是超过 65 岁没有孩子的老年夫妇,最低的是单亲家庭

家庭构成对于风险传播的影响很大,见图 8-12。一般来说,独居比二人家庭有更高的风险,但不同群体之间会有一些差异。最缺乏安全感的是单亲家庭的儿童(欧盟平均水平是 64.5%,不同的是荷兰和匈牙利分别是 38.9% 和 89.9%)。

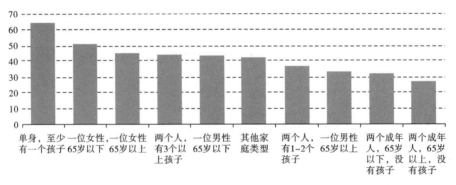

图 8-12　2013 年欧盟 28 国不同家庭类型无法面对不可预见支出的人口比例

资料来源:欧盟统计局。

一半以上的单身女性家庭认为无法面对不可预见的支出(65 岁以上年龄组的比例是 45.6%,65 岁以下年龄组的比例是 51.3%)。比例最低的是 65 岁以上有两个成人的家庭(27.3%)和 65 岁以下有两个成人的家庭(32.6%)。

原因可能是因为单亲家庭的收入不稳定,因此需要一个人独自养家糊口。许多单亲父母因此会有更大的经济压力。另一方面老年人家庭,他们已经支付了他们的信用债务,在许多情况下有可能较少依赖养老金。所不

同的是,他们可以依靠一个固定的收入或财富,从而更好地应对经济风险。

5. 比例最高的无法支付不可预见支出的是失业者,最低的是个体经营者

从图 8-13 中可以看到,个体无法面对不可预见支出的比例最低(30.8%),这一群体应该是面对创业风险和不确定性。也可能是因为这个群体通常有更多的可用资产。意料之中的是,失业人员的风险最高,69%的人无法面对不可预见支出。从表 8-1 中可以看出,除了北欧欧盟成员国(丹麦、芬兰和瑞典)和荷兰,所有其他欧盟成员国的失业人员无法面对不可预见支出的占比都在 50% 以上。

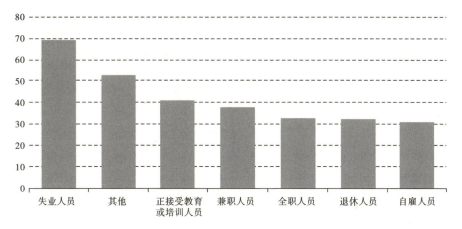

图 8-13　2013 年欧盟 28 国不同类型人员无法面对不可预见支出的人口比例

资料来源:欧盟统计局。

表 8-1　2013 年 欧盟 28 国不同工作状态无法面对不可预见开支的人口比例

国家	失业人员	全职人员	兼职人员	自雇人员
比利时	57.6	16.2	22.1	11.0
保加利亚	85.8	52.4	71.9	42.1
捷克	77.2	38.6	43.5	25.0
丹麦	63.5	20.6	29.3	14.8
德国	83.0	31.1	36.1	23.8
爱沙尼亚	73.1	35.5	37.9	23.4
爱尔兰	80.0	40.8	58.0	35.0

续表 8-1

国家	失业人员	全职人员	兼职人员	自雇人员
希腊	67.0	31.9	57.8	39.5
西班牙	65.6	30.1	50.6	29.3
法国	59.4	29.5	38.2	21.5
克罗地亚	77.4	55.7	64.0	49.7
意大利	67.0	33.0	43.5	31.2
塞浦路斯	73.0	44.8	59.1	58.6
拉脱维亚	85.7	62.7	76.2	47.3
立陶宛	82.3	44.6	61.6	42.5
卢森堡	59.4	22.4	27.9	16.9
匈牙利	91.5	72.6	79.9	56.9
马耳他	49.6	17.3	27.1	15.6
荷兰	46.6	17.0	19.9	14.8
奥地利	62.3	19.1	17.2	10.4
波兰	71.9	43.5	59.1	35.4
葡萄牙	61.5	37.1	55.6	32.5
罗马尼亚	75.7	38.0	76.7	60.2
斯洛文尼亚	69.1	40.4	50.2	29.7
斯洛伐克	61.9	33.5	44.8	24.3
芬兰	54.3	23.7	30.9	14.6
瑞典	48.8	11.3	21.4	6.0
英国	71.9	32.4	41.8	29.7
冰岛	56.8	28.8	37.8	18.7
挪威	45.9	7.4	13.3	9.7
瑞士	47.4	17.8	20.5	13.9
塞尔维亚	68.3	37.6	46.4	42.5

资料来源:欧盟统计局。

　　如图 8-14a、图 8-14b 所示,在低收入和高收入组中无法面对不可预见支出的人口中有一个明显的关系。它导致了国家内部的不平等。在低收入组和高收入组中都有很高的人口比例,尤其在最东部的欧盟成员国(匈牙利、拉脱维亚、克罗地亚、保加利亚、立陶宛和罗马尼亚)。另一方面,在北欧欧盟成员国的奥地利、比利时、卢森堡、马耳他(以及在挪威和瑞士)两个收入组无法面对不可预见支出的比例都很低。到目前为止,人们可能会得出这样的结论:无法面对不可预见支出这一问题,适用于所有的社会群体。

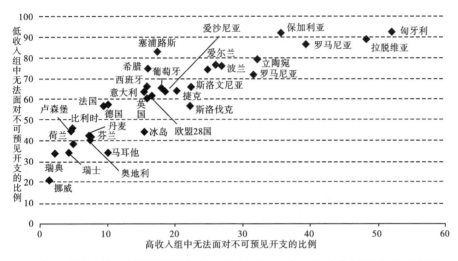

(y轴:低收入组中无法面对不可预见支出的人口比例;x轴:高收入组中无法面对不可预见支出的人口比例)

图8-14a　2013年最低和最高收入组中无法面对不可预见支出的人口比例

资料来源:欧盟统计局。

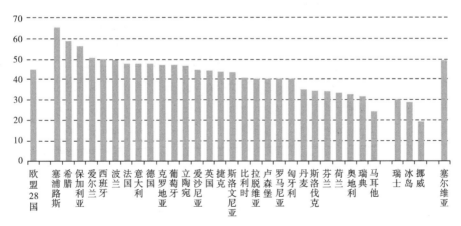

图8-14b　2013年国家之间最低和最高收入组无法面对不可预见支出的差异(百分比)

资料来源:欧盟统计局。

三、经济状况满意度和经济不安全感

本节是通过比较总人口面临经济风险的能力,如面临不可预见开支和拖欠的人的比例来探讨评估欧洲居民的家庭经济状况的(因为财务原因,他们不能支付抵押贷款或租金、水电费或租购分期付款)。

1. 无法面对不可预见开支与经济状况满意度较低有关

2013 年,39.7%的认为无法面对不可预见开支。经济状况满意度较低的家庭占比是 37.6%,这一比例和前者基本一致。不太常见的问题是欠款——只有 14.5%的公民是这种情况。北欧成员国奥地利、比利时、卢森堡和荷兰通常也是较低比例的人口经济状况有较低满意度。东部高比例的比较多,有保加利亚、拉脱维亚、克罗地亚,还有希腊和葡萄牙。

如图 8-15 所示,经济状况满意度较低的比例和无法面对不可预见开支的比例有着很紧密的联系。第一组是奥地利、比利时、卢森堡、瑞士、荷兰和北欧的欧盟成员国。一些国家人们无法面对不可预见开支的比例相对较低(从丹麦的 18.2%到瑞典的 27.6%),而且经济状况满意度也较低(从荷兰的 10.9%到奥地利 10.9%)。

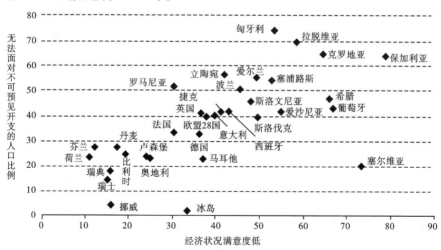

(y 轴:无法面对不可预见支出的人口比例;x 轴:经济状况满意度低的人口比例)

图 8-15 2013 年不同国家经济状况满意度与无法面对不可预见支出的人口比例的关系

资料来源:欧盟统计局。

第二组国家是英国、西班牙、意大利、德国、捷克、波兰、斯洛文尼亚、斯洛伐克和爱沙尼亚,在35%~55%。

最后,这些国家无法面对不可预见开支的比例较高,但是经济状况满意度却较低,如拉脱维亚、克罗地亚和保加利亚。当然也有一些异常值。希腊和葡萄牙无法面对不可预见开支的比例是47.1%和43.2%,但经济状况满意度较低的比例却很高(65.9%和67.0%)。另一方面,罗马尼亚有相对较低的经济状况满意度(30.2%),但无法面对不可预见开支的比例明显高于欧盟平均水平(分别是52.1%和39.7%)。马耳他则相反,较低的经济状况满意度接近欧盟平均水平(36.9%),人们无法面对不可预见开支的比例为22.8%。

2. 拖欠和经济状况满意度之间的关系

图8-16表明两个变量之间有很紧密的联系,即人们拖欠和经济状况满意度较低的人口比例。比较极端的情况是:一方面荷兰的拖欠比例很低,经济状况满意度低的比例也很低;另一方面是保加利亚和希腊,这两个国家的拖欠比例和满意度低的比例都比较高。

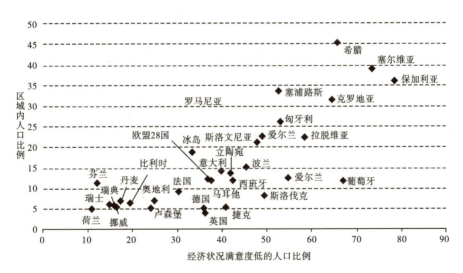

(y轴:拖欠的人口比例;x轴:低经济状况满意度)

图8-16　2013年不同国家经济状况满意度低和拖欠人口的比例

资料来源:欧盟统计局(在线数据编码:ilc_mdes05)。

英国、罗马尼亚和葡萄牙三个国家与欧盟的趋势相反。特别是英国拖欠的人口比例最低（3.9%），但经济状况满意度低的人口接近欧盟平均水平，英国为36.4%，欧盟28国的是37.6%。罗马尼亚拖欠的人口比例很高（30.5%），但对于经济状况满意度较低的比例则相对温和（30.2%）。葡萄牙67%的居民经济状况满意度很低，而那些拖欠的比例是11.8%，与欧盟平均水平完全一致。

第九章

治理和基本权利

民主制度的质量和消除歧视构成了欧盟居民在公共领域和公民意识中的生活质量的重要方面。欧盟居民远离政治生活和赋予妇女权能仍然是社会的一个挑战。在这种背景下,分析制度之间的变化和性别工资差异(gender pay gap,GPG)与生活质量中的治理状况有着密切的关系。

本章将首先通过测度减小 GPG 而取得的进步来研究性别差异,欧盟居民与他们的政治制度之间的关系将通过过去的几十年里,国家和欧盟议会选举的投票率和对制度的信任状况进行分析。分析各种不同社会人口因素背景下(如年龄、性别、教育程度等)欧盟居民对三大机构(警察、司法机构和政府机构)的信任状况以及对他人的信任状况。专注不同的信任方面与整体生活满意度的关系。

自 20 世纪下半叶,尊重每个人的人权对许多国家的政府来说尤其重要。第二次世界大战的经历促使 1948 年通过了《世界人权宣言》。

在欧盟条约的第二条强调了人权的重要性,即"工会是建立在尊重人类尊严、自由、民主、平等、法治和尊重人权,包括属于少数人的权利的基础上的。这些在成员国的社会多元化、非歧视、宽容、公正、团结和男女之间平等关系上都是常见的"。

《欧盟基本权利宪章》是包括欧盟基本权利在内的六个方面:尊严、自由、平等、团结、公民权利、正义。在 2009 年 12 月成为具有法律约束力的条约,在里斯本宣布生效。

性别平等和民主制度在可持续发展中也是具有挑战性的。在 2012 年"里约+20"峰会上，联合国承认了它们的重要性。欧盟可持续发展议程本身的目的是建立一个包容的社会。

一、生活质量视角下的治理

在过去的十年里，性别歧视减弱了，但在欧洲消除性别歧视还有许多工作要做。2010 年以来全球金融和经济危机期间经济下行和停滞，2013 年性别之间的收入差距为 16.4%。在国民议会和欧洲议会选举中通过投票率来衡量公民社会的参与显示出下降的迹象，反映出他们对于政治生活普遍不感兴趣。2013 年，在整个欧盟国家参加选举投票的选民有 67.9%，比 1990 年低近 10 个百分点，比 2000 年降低 3.4 个百分点，比 2004 年低近 3.6 个百分点。参与欧洲议会选举的比例下降幅度更大，2004 年以来下降了 14 个百分点，而 2014 年不到 50% 的选民参与了投票（42.5%）。

在这种背景下，欧盟居民对三个主要机构（警察、司法机构和政府机构）的信任评价截然不同。相比于司法机构（平均信任值为 4.6 分）和政府机构（平均信任值为 3.5 分），居民更倾向于信任警察（因为居民能接近他们），平均信任值为 6.0 分。信任他人方面，居民有更积极的评价，平均为 5.8 分。

受访者的年龄对于司法机构和政府机构的信任状况有些影响，在年轻和年老的年龄组这一影响稍高。人们对警察的信任随着年龄的增长而增加。男性和女性对机构的信任状况几乎是相同的，只差 0.1 分。对于司法机构的信任差异，大约是 0.6 分，高收入居民的信任状况要高于低收入者。对警察的信任，相差大概是 0.5 分。受教育程度较低的人与大专毕业生相差 1.3 分（对于司法机构和政府机构）。对警察的信任，差异更小一些（0.5 分）。失业者是信任度最低的一个群体，政府机构和司法机构低至 2.4 分和 3.6 分（参加过学习或培训的是 4.2 分和 5.2 分）。退休人员是最信任警察的，平均信任值为 6.2 分。

信任他人与信任机构有着类似的情况。男性和女性对他人有着一样的信任程度，为 5.8 分。收入水平最高的对他人的平均信任程度为 6.1 分，比那些富裕的人高 0.6 个点。教育的影响更大，大多数受过教育的平均水平是 6.3 分，受过较少教育的是 5.6 分。在所有家庭类型中（最信任的家庭，是两个成年人组成的超过 65 岁且没有孩子的家庭,平均值为 6.0 分),经历过经济危机,可能缺乏支持的单亲家庭对于别人的信任程度最低(5.4 分)。就业状况也是一个重要的因素,失业人员和正在接受教育或培训的信任他人的程度也不一样(分别是 5.3 分和 6.3 分)。

治理和基本权利指标:对机构的信任和公共服务满意度;与歧视相关的各个方面和机会均等(歧视和性别工资差距);公民的话语权和问责制。数据主要来自 2013 年 EU-SILC 主观福利的特设模块。一些指标仍然需要开发。

二、性别歧视和平等机会

性别之间的平等是生活质量的一个重要方面,也是欧盟的基本价值观之一,1957 年同工同酬的原则成为罗马条约的一部分。

薪酬性别不平等现象正在减少:促进性别在收入方面的平等是保护女性免受贫困的重要方式之一,在社会上她们与男性相比面临的风险更大[1]。使用 GPG 指标就是来衡量性别平等,但解释时应特别谨慎,因为它可能对女性参与劳动力市场产生负面影响[2]。2013 年,性别时薪的差距为 16.4%,自 2008 年以来下降了 0.9%,在全球金融和经济危机后又下降了,自 2010 年以来停滞不前(图 9-1)。2013 年,参与高等教育的和参与终身学习的女性的比例超过男性[3]。

---

[1]　当工资差距变成"退休金差距"时,女性面临着更高的贫困风险,尤其是单亲父母和老人。资料来源:《2010-2015 年男女平等战略》,第 5 页。因此,女性人口的贫困风险率为 25.4%,而男性为 23.6%,在欧盟,生活陷入贫困的女性比男性多 1200 万。资料来源:欧盟统计局、欧盟劳动力调查(EU-LFS,lfsa_eppga)和 欧盟居民收入和生活条件统计(EU-SILC,ilc_peps01)。"注:lfsa_eppga 和 ilc_peps01 表示这项调查的某一个具体指标的编号或者代码,文中出现类似的代码表同等含义。

[2]　欧盟成员国的 GPG 可能存在很大差异,例如女性所从事的工作种类、因生育而中断职业或兼职工作的后果、放弃工作选择家庭生活的决定等。此外,不同国家的女性工作比例及其特征也存在明显差异。资料来源:欧盟统计局,性别工资差距统计数据。

[3]　欧盟统计局以及欧盟劳动力调查(EU-LFS,edat_lfse_07、trng_lfse_01 和 edat_lfse _14)。见第五章教育部分。

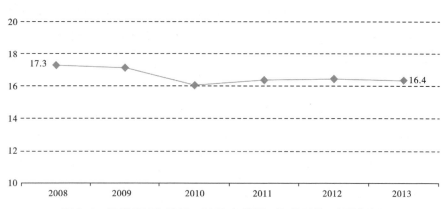

图 9-1 欧盟 27 国 2008—2013 年性别工资差别状况(百分比)

资料来源:欧盟统计局(在线数据代码:earn_gr_gpgr2)。

　　如图 9-2 所示,自 2008 年以来,在大多数欧盟成员国,女性的平均收入一直在追赶男性。尽管如此,在欧盟成员国中近三分之一的差距还是可见的,如葡萄牙、西班牙、意大利、拉脱维亚和爱沙尼亚。2013 年,在斯洛文尼亚女性比男性少 3.2%,在爱沙尼亚少 29.9%。这个指标是受许多因素的影响的,而不应被视为女性本身在劳动力市场上的歧视程度。

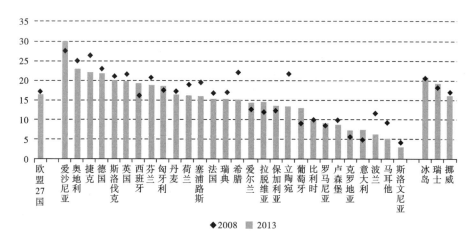

◆2008　■2013

图 9-2　2008—2013 年不考虑性别差异的工资状况(百分比)

注:①2010 年的数据代替 2013 年数据;②2010 年的数据代替 2008 年数据。

资料来源:欧盟统计局(在线数据代码:earn_gr_gpgr2)。

三、欧盟居民对机构的信任度

公众参与是欧盟可持续发展战略中政策引导的重点之一。通过居民参与公民生活和提高欧盟政策的有效性,有助于构建一个更民主的社会。

1. 国家和欧盟议会选举投票率下降

如图 9-3 所示,在全国大选投票率中,2013 年(67.9%)比 1990 年(77.4%)低约 10 个百分点。在过去的 20 年参与率下降了 14 个百分点,只有不到 50% 的选民(42.5%),2000 年降幅最大。此外,在一些新欧盟成员国,投票率非常低(2014 年在斯洛伐克只有 13%)。

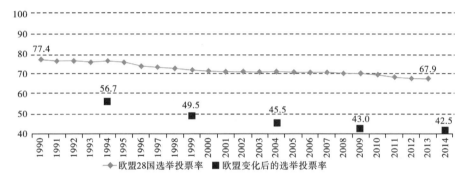

图 9-3　1990—2014 年在国家和欧盟议会选举中选民的投票率(百分比)

注:数据引用欧盟的选举。

资料来源:欧盟统计局(国际民主和选举援助选民投票率数据库)。

图 9-4a 和图 9-4b 表明 20 世纪 90 年代末和 21 世纪初,几乎所有欧盟成员国选民投票率都在下降。在罗马尼亚,不到一半的选民(41.8%)参加了 2010 年的全国议会选举,与 2000 年(65.3%)相比下降了 23.5 个百分点。在波兰,上次选举吸引了大约一半的选民(48.9%),这比 2001 年(46.2%)多出 2.7 个百分点。

马耳他在过去的选举中超过十分之九的选民参加了选举,这一数据似乎随着时间而不断下降(从 1998 年的 95.4% 下降到 2013 年的 93.0%)。卢森堡、比利时、塞浦路斯投票是强制性的,这和马耳他一样。在希腊,这也是作为一项义务而保留,最后投票率相对较低(62.5%),自 2000 年以来下降了 12.5%。

在欧洲最近几十年投票率下降影响着选举，这一迹象表明人们对于政治冷漠，甚至不信任政治制度和政党，转化为对政治制度信心下降（平均信任值为3.5分），见图9-5和图9-6。尽管如此，无论社会经济、政治或制度，这些变量也可能影响投票率。社会经济人口结构的变量包括规模、集中度、稳定性和均匀性。政治变量包括选举的预期结果[①]（以前的选举结果），这也与欧盟成员国的政治分裂（即参加选举的政党数量）、选举活动的质量和成本有关。在某些欧盟成员国一些机构管理选举制度的方法，如将选票转化为席位的方式或强制投票，也会或多或少地影响选民投票率。

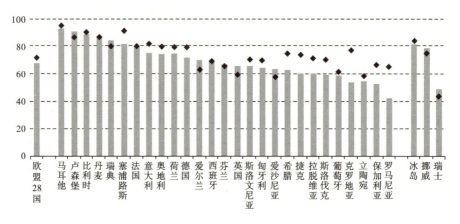

图9-4a 2000年和2013年各国在国民会议中的选民投票率（百分比）

注：2000年的数据可能是1998年、2001年或2002年的数据，2013年数据可能是2010、2011或2012年的数据。

资料来源：欧盟统计局（国际民主和选举协助协会选民投票数据库）。

---

① 参加地方选举的选民认为，他们影响选举结果的机会更大，因此更有可能投票。资料来源：Gary W. Cox，Closeness 和 turnout：《政府》杂志上的方法论，50卷，第3号（1988年8月），第768—775页。

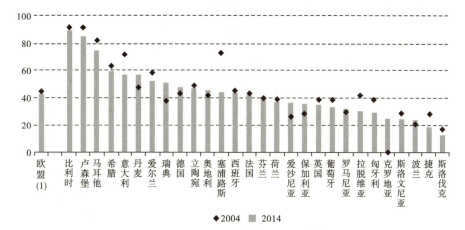

◆2004 ■2014

图9-4b 2004年和2014年各国在国民会议中的选民投票率(百分比)

注:①构成的变化;②2007年的数据代替2014年的数据。

资料来源:欧盟统计局(国际民主和选举协助协会选民投票数据库)。

图9-4b显示,自2004年以来欧洲议会选举投票率下降的幅度是显著的,与全国选举相比投票率也是有限的。在斯洛伐克、斯洛文尼亚和捷克这两种不同类型的选举中可能超过40个百分点。

参与欧洲议会选举的28个国家中,有20个欧盟成员国是下降的。其中包括4个国家的投票是强制性的。欧洲议会选举中参与率降低的是塞浦路斯,为28.5%,这是加入欧盟后第一次参与这样的选举活动。近年来所有加入欧盟的成员国(马耳他和塞浦路斯除外)显示的投票参与度均低于欧盟平均水平。瑞典是例外,因为该国参与率提高了13.2个百分点。

在大多数欧盟成员国中,公民可能会认为这些机构与他们自身的关系不大,以及并没有意识到它们会影响国家政策和日常生活。这也反映在过去几十年大多数欧盟成员国公民对于这些机构的信任是下降的①。

2.对机构和他人的信任状况

信任是个体关系和社会交往的一个核心要素。它解释了个体在进行社

———————

① 公民对于欧洲议会的评价水平分别是2004年的57.0%和2013年的39.0%。对于欧盟委员会2004年的是52.0%和2013年的35.0%;欧洲理事会2004年的是45.0%和2012年的36.0%。(资源来源:欧洲委员会,欧盟居民对于机构信任水平的评价表。)

会交往之前对"他人"信任的程度,影响他们生活的很多方面。

当前对政治生活不感兴趣,图9-5比较了欧盟居民对于三大机构的平均信任水平,代表的分别是警察、司法机构和政府机构,以及对他人的信任水平。

居民对警察的平均信任水平(平均值为6.0分)超过司法机构(平均值为4.6分)和政府机构(平均值为3.5分)。这是一个相当负面的评价,尤其是对政府机构的信任,可能在某种程度上导致投票率下降。机构之间的差异可能反映了对于不同机构的理解差异,对日常生活的影响比较接近,可能是导致警察在国家有着更高的强大影响力的原因[1][2]。2013年,欧盟居民对于他人的平均信任水平为5.8分。

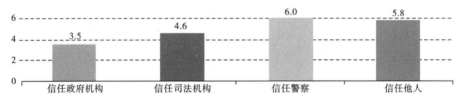

图9-5　2013年欧盟28国对机构和他人的信任程度(平均分数)

资料来源:欧盟统计局(在线数据编码:ilc_pw03)。

对他人的信任,这显示生活在社会上的人的社会凝聚力,与对政府机构和司法机构的信任相比,这一评价还是比较积极的,平均为5.8分。这个数字仍远低于他们对社会关系的平均满意度,其后者的数值为7.8分,这是2013年欧盟调查的所有满意度中最高的。"他人"不是指一个特定群体的人,可能包括人际关系或任何其他的人,无论是否认识。这或许可以解释在某种程度上两个分数之间的差距。

通过对不同国家的分析发现,见图9-6a,保加利亚的居民对警察信任度

---

① 欧盟委员会、欧洲生活质量、主观福利、第三次欧洲生活质量调查(2013),第68页。

② 尽管欧盟区域政策的目标之一是通过投资于公共部门的效率和服务(包括他们的网络可用性)提高人们的生活质量,加强公共当局与公民接触。资源来源:欧盟决策——使得欧洲地区和城市更具竞争力,促进经济增长和创造就业机会(2014),第13页。

最低(3.6分),其次是大多数是位于东部和南部的欧盟成员国,都低于欧盟平均水平(除了爱沙尼亚为6.0分、罗马尼亚为6.3分和马耳他为6.4分),法国也属于该组(5.7分)。芬兰的平均水平最高,为8.2分,其次是丹麦,为7.9分。

对于司法机构的信任有着类似的模式。大多数中部和东部的欧盟成员国有着较低信任度,大多数北部的欧盟成员国家有着较高的信任度。较低的信任度从斯洛文尼亚的最低2.7分(其次是葡萄牙和保加利亚,分别为2.9分和3.0分)到芬兰和丹麦的7.2分和7.5分。

对政府机构的信任的平均水平不超过6.0分(芬兰,其次是丹麦的5.9分)。最低的是葡萄牙(1.7分),其次是斯洛文尼亚、西班牙和希腊(不超过2.0分)。这主要是因为这些欧盟成员国受到严重的全球金融和经济危机的影响。

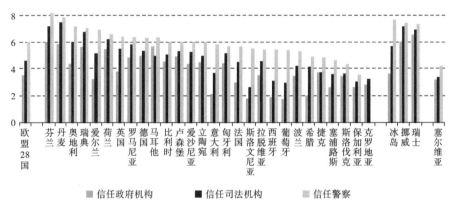

图9-6a 2013年不同国家对机构的信任程度(平均分数)

注:没有对警察信任水平的数据。

资料来源:欧盟统计局(在线数据代码:ilc_pw03)。

如图9-6b所示,保加利亚人们的最低平均信任水平是4.2分,其次塞浦路斯居民的是4.5分。丹麦和芬兰的人往往更容易信任别人,平均的信任水平为8.3分和7.4分。在欧盟成员国平均值上下的人数基本一致。

虽然经济、宪法、文化和其他因素可能是解释欧盟成员国对机构不同信任水平的原因,其人口的构成(特别是其年龄、教育程度、家庭的构成和工作能力)将发挥很大的作用,特别是在信任他人方面。

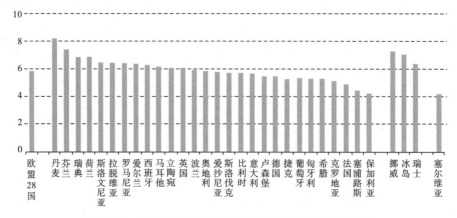

图9-6b   2013年不同国家对他人的信任程度(平均分数)

资料来源：欧盟统计局(在线数据编码：ilc_pw03)。

3. 分析不同社会人口因素背景下对机构和他人的信任程度

(1)社会人口方面的因素与人们对于机构和他人信任状况的关系。下面将分析欧盟居民对机构的信任情况(警察、司法机构和政府机构)，这可能取决于社会人口学不同的特征，如年龄、性别、收入、家庭的构成、劳动力状况和教育水平。类似的变量分析将对他人的信任状况进行分析。一般性的结论是，不同的信任状况的变化要小于满意度的变化。

(2)不同年龄组的信任度。如图9-7a所示，对于政府机构的信任状况与年龄的关系不大，不同的年龄组之间只相差0.6分。16～24岁年龄组和65岁以上年龄组平均值最高(分别为4.0分和3.6分)。中间年龄段的平均值在3.4分和3.5分之间。

对于司法机构的信任状况，在不同的年龄之间相差只有0.4分。年轻的年龄组(16～24岁)的平均值最高为4.9分，其次是25～34岁和75以上的年龄组，都是4.7分。中间两个年龄组的平均值在4.5分到4.6分之间，只相差0.1分。

对于警察的信任程度的变化更广泛，随着年龄的增加而增加。最年轻的两个年龄组有几乎相同的平均信任程度，分别是5.7分和5.8分。接下来的两个年龄组(35～49岁和50～64岁)的平均值相同，为5.9分，而两个最年长的年龄组则为6.2分和6.4分。

这些差异可能有不同的原因，但一般来说年轻人对未来更加有信心，由于在这个生命的早期阶段对于未来有很高的期望值,而从社会的角度来看,老年人(至少是一小部分人)可能有更少的期望和满足感,他们也可能对于不同的机构有一个更好的理解。

对于他人(图9-7b)的信任程度与年龄的关系并不紧密。信任程度最高的是16~24岁年龄组,为6.0分,其次是65~74岁和75岁以上的年龄组,为5.9分,中间年龄组为5.8分。

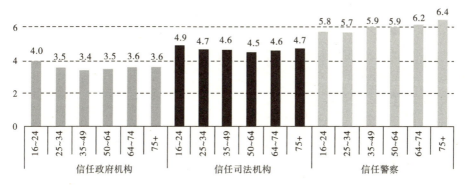

图9-7a　2013年不同年龄组对于机构的信任程度(平均分数)

资料来源:欧盟统计局(在线数据编码:ilc_pw03)。

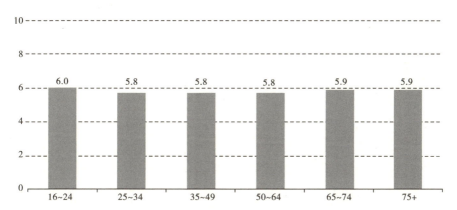

图9-7b　2013年不同年龄组对于他人的信任程度(平均分数)

资料来源:欧盟统计局(在线数据编码:ilc_pw03)。

年轻的和老年组对于他们的人际关系最满意。这在一定程度上是因为他们在可用的时间上可以有更多的机会发展人际关系，有较少的家庭或职业责任[①]。

（3）性别的信任水平。图9-8 显示了欧盟男性平均信任水平几乎和女性是一样的，对于政府机构的信任水平分别为 3.6 分和 3.5 分，对司法机构的信任水平分别是 4.7 分和 4.6 分，对警察的信任水平分别是 5.9 分和 6.0 分。女性对警察的信任状况略高于男性，而对其他机构的信任状况则略低。不考虑性别，信任与期望可能有关，期望对于不同的人而言会有所不同。这也是个人倾向问题，即由于个人经历和性格特征的不同。

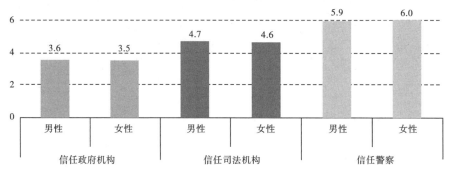

图9-8　2013 年欧盟28 国不同性别对机构的信任程度（平均分数）

资料来源：欧盟统计局（在线数据编码：ilc_pw03）。

（4）信任与收入的关系。如图 9-9a 和图 9-9b 表明与收入水平相比，信任的平均水平也在不断增加。在这三个机构之间，低收入和高收入组之间的差距达到了 0.5 和 0.6 个点。

因此，收入水平最低的群体对于政府机构的信任水平为 3.3 分，收入水平居中和最高的分别是 3.5 分和 3.9 分。对司法机构的不同评价分别是 4.4 分、4.6 分和 5.0 分。像往常一样，对于警察的信任水平较高，最低的是 5.7 分，其次是 6.0 分，收入水平最高的是 6.2 分。

[①]　资料来源：欧盟统计局，EU-SILC（ilc_pw01）。见第七章《闲暇和社交娱乐》。

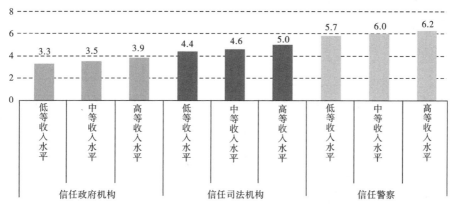

图9-9a 2013年欧盟28国不同收入水平对于机构的信任程度（平均分数）

资料来源：欧盟统计局（在线数据代码：ilc_pw04）。

如图9-9b所示，对他人的信任程度也高于对机构的信任程度，并且随着收入水平的增加信任程度也在增加。收入水平最低的人表达的对别人的信任水平与收入水平中等（5.9分）和收入最高者（6.1分）相比较低（5.5分）。这可能是由于富裕的人有更强的能力通过多渠道参与社会，从而开发和维护更多样化的社会关系。因此，他们有较高可能性去实现预期，这也就解释了收入最高和收入中等的人信任度高的原因。

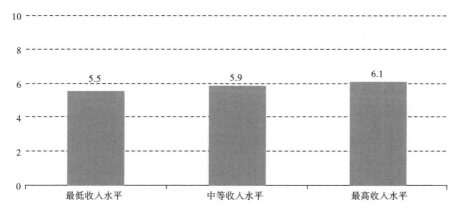

图9-9b 2013年欧盟28国不同收入水平对他人的信任程度（平均分数）

资料来源：欧盟统计局（在线数据代码：ilc_pw04）。

（5）教育与信任的关系。受教育程度与信任机构之间有明显的关系，见图9-10a。教育的影响力比收入更大，特别是对政府机构和司法机构的信任程度，大多数受过教育的人要比没有受过教育的高1.3个百分点。因此，在没有完成中等教育的人口中对于政府机构的信任为2.9分，在那些完成中等教育中是3.7分，在完成高等教育的人中是4.2分。对于司法机构的信任程度分别为4.0分、4.0分和4.7分。受到较高教育的人口的评价为5.8分受到较高教育水平的评价为6.3分（这和收入水平的相关分析非常接近）。至于收入这可能是基于同样的理由，这些模式背后的解释是教育与收入水平之间的差距。此外，教育也被视为另一种力量，它使人们可以做出自己的选择和实现他们的期望，这可能会产生更高水平的信任。2013年，高等教育人口中，对警察的信任水平达到6.3分。

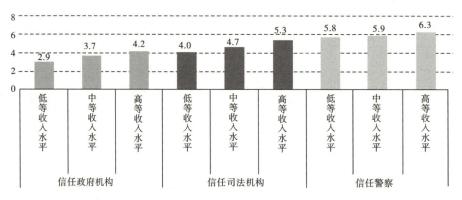

图9-10a　2013年欧盟28国不同教育程度的人员对于机构的信任程度（平均分数）

资料来源：欧盟统计局（在线数据编码：ilc_pw03）。

如图9-10b所示，受过教育的人平均信任他人的是5.6分。评分只是略有上升，高中教育的是5.7分，高等教育的是6.3分。

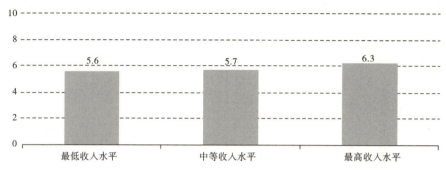

图 9-10b　2013 年欧盟 28 国不同教育程度的人对他人的信任程度

资料来源:欧盟统计局(在线数据编码:ilc_pw03)。

　　(6)年轻单身家庭对他人的信任水平。图 9-11 显示了信任水平最低的是年轻单身家庭,不管有没有孩子。至少有一名受抚养子女的单身人士的平均信任值为 5.4 分,而独居的年轻男性和女性分别为 5.5 分和 5.6 分。

　　2013 年,在不同的家庭类型中,单身有孩子的家庭最有可能有贫困风险的几率是 31.8%,比独自生活的 65 岁成人的概率还高(27.5%)。

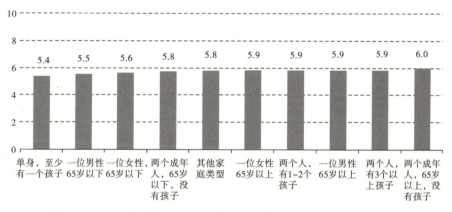

图 9-11　2013 年欧盟 28 不同家庭类型对他人的信任程度(平均分数)

注:其他家庭类型是指有或没有孩子的 3 个或以上的成年家庭。

资料来源:欧盟统计局(在线数据代码:ilc_pw04)。

　　(7)工作状况与信任水平。图 9-12a 揭示了劳动状况和信任之间的关系。对于他人最不信任的失业者比那些很信任的人相比要低 1 个百分点。

　　尤其是对政府机构的信任状况:失业者的平均信任得分是 2.4 分,相应的接受过教育或培训的人几乎是前者的两倍(4.2分)。平均水平略高的个体的信任程度是3.3分,与失业者相比,退休人员和雇员的平均信任程度分别为3.7分和4.0分。

对司法机构的信任有着非常相似的模式,虽然平均值更高。但是失业者的信任度是最低的。对警察最不信任的人是失业者,平均信任值为5.1分,而最信任警察的人是退休人员,平均值为6.2分,两者之间相差1.1分,差异比较有限。自由职业者为5.8分,与其非常接近的其他类别(在教育或培训员工)在6.0~6.1分。相反,那些失业者可能对于未来没有什么信心,他们对于社会的预期(找工作)得不到满足。

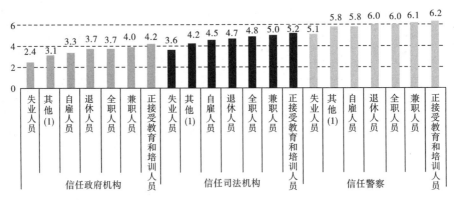

图9-12a 2013年欧盟28不同经济地位的人对机构的信任程度(平均分数)

注:"其他"包括永久性残疾、不适合工作,在国内工作,在强制性军事社区或服务的人员

资料来源:欧盟统计局。

2013年,欧盟28国接受教育或培训的人对于政府机构和司法机构的平均信任程度较高,分别是5.2分和4.2分。信任他人与信任机构有着类似的模式,见图9-12b。接受教育或培训的人有着更高的信任程度,为6.3分,而对于那些工作的,无论他们是在特定的地位还是退休人员,平均值是5.9分。失业者毫无疑问是最低的5.3分。

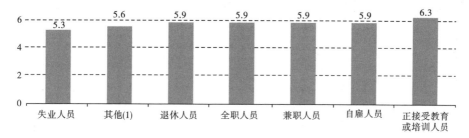

图 9–12b 2013 年欧盟 28 不同经济条件下的人员对他人的信任程度（平均分数）

注："其他"包括永久性残疾、不适合工作、在国内工作、在强制性军事社区或服务的人员

资料来源：欧盟统计局。

4. 对机构和他人信任程度与整体生活满意度的关系

本小节将研究整体生活满意度中的主观指标与对机构和对他人的信任之间的关系。表 9–1 列出了 2013 年欧盟各国整体生活满意度状况（7.1 分）和其他三个机构的信任水平——政府机构（3.5 分），司法机构（4.6 分）和警察（6.0 分）以及他人的信任水平（5.8 分）。

表 9–1　2013 年欧盟 28 国主观福利和信任状况（平均分数）

国家/地区	整体平均生活满意水平	对政府机构的平均信任水平	对司法机构的平均信任水平	对警察的平均信任水平	对他人的平均信任水平
欧盟 28 国	7.1	3.5	4.6	6.0	5.8
比利时	7.6	4.6	5.0	6.1	5.7
保加利亚	4.8	2.6	3.0	3.6	4.2
捷克	6.9	3.7	3.8	4.9	5.3
丹麦	8.0	5.9	7.5	7.9	8.3
德国	7.3	4.9	5.3	6.4	5.5
爱沙尼亚	6.5	4.4	5.2	6.0	5.8
爱尔兰	7.4	3.2	5.1	6.9	6.4
希腊	6.2	2.0	4.1	5.0	5.3
西班牙	6.9	1.9	3.1	5.4	6.3
法国	7.0	3.0	4.5	5.7	5.0

续表 9-1

国家/地区	整体平均生活满意水平	对政府机构的平均信任水平	对司法机构的平均信任水平	对警察的平均信任水平	对他人的平均信任水平
克罗地亚	6.3	2.8	3.3	:	5.1
意大利	6.7	2.1	3.6	5.8	5.7
塞浦路斯	6.2	2.6	3.6	4.7	4.5
拉脱维亚	6.5	3.6	4.5	5.4	6.5
立陶宛	6.7	4.5	4.9	6.0	6.1
卢森堡	7.5	5.0	5.3	6.1	5.5
匈牙利	6.2	4.5	5.1	5.7	5.3
马耳他	7.1	5.7	4.9	6.3	6.2
荷兰	7.8	5.5	6.2	6.6	6.9
奥地利	7.8	4.4	6.0	7.2	5.9
波兰	7.3	3.5	4.2	5.2	6.0
葡萄牙	6.2	1.7	2.9	5.4	5.3
罗马尼亚	7.2	4.8	5.8	6.4	6.4
斯洛文尼亚	7.0	1.8	2.7	5.5	6.5
斯洛伐克	7.0	3.5	3.6	4.4	5.8
芬兰	8.0	6.0	7.2	8.2	7.4
瑞典	8.0	5.6	6.7	7.1	6.9
英国	7.3	3.8	5.5	6.4	6.1
冰岛	7.9	3.7	5.7	7.7	7.0
挪威	7.9	5.9	7.2	7.5	7.3
瑞士	8.0	6.6	7.0	7.4	6.4
塞尔维亚	4.9	3.2	3.4	4.3	4.2

注：克罗地亚没有关于对警察的信任数据。

资料来源：欧盟统计局。

（1）生活满意度与对机构信任的程度。如图 9-13，总体生活满意度越低，对于机构的平均信任水平越低。这在所有的欧盟成员国中都适用，无一例外。保加利亚记录生活满意度最低（4.8 分）对机构的信任为 3.1 分。相反,芬兰和丹麦生活满意度较高(8.0分),对机构的信任为7.1分。这两个欧盟成员国对于每个机构的评价也非常相似(警察是最被信任的人)。波罗的海国家的居民(立陶宛、拉脱维亚和爱沙尼亚)和匈牙利例外:其对政府机构有着相对较高的信任程度,从拉脱维亚的4.5分到爱沙尼亚的5.3分,他们对于生活满意度的评估的影响却是有限的(从匈牙利6.2分到拉脱维亚的6.7分)。斯洛文尼亚和斯洛伐克居民对机构的信任水平较低(分别是3.3分和3.8分),但是却有较高的生活满意度(7.0分)(同样适用于西班牙,平均信任程度为3.5分,平均总的整体生活满意度是6.9分)。

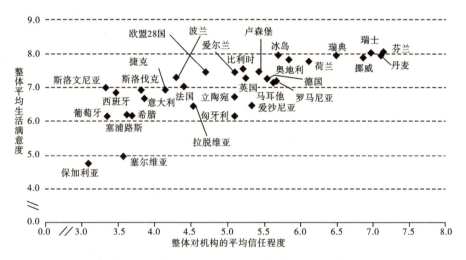

图9-13　2013年欧盟28国对机构的平均信任程度与整体生活满意度的关系(平均分数)

资料来源:欧盟统计局。

(2)生活满意度与信任他人的关系。同样对于机构、信任他人程度低的,总体生活满意度也比较低。这是几乎对于所有的欧盟成员国都是适用的,如图9-14所示。北部地区与大多数欧盟成员国相比有所不同,虽然东部和南部欧盟成员国仍倾向于很低的满意度水平。因此,保加利亚对他人的平均信任程度为4.2分,这非常接近其平均的生活满意度(为4.8分,也是最低的)。相反,丹麦是在欧盟成员国中对他人信任程度最高的(8.3分,其次是芬兰的7.4分),平均生活满意度为8.0分(瑞典和芬兰是一样的)。对他人有相同平均信任度的欧盟成员国(例如在6.5分左右),其平均生活满意度可能有很大的不同。

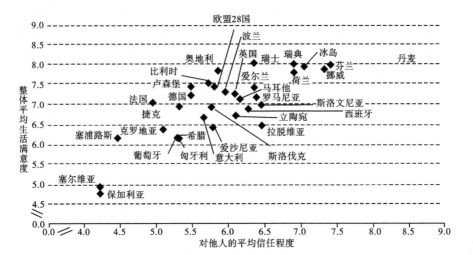

图 9-14　2013 年欧盟 28 国对他人信任程度和总体生活满意度（平均分数）

资料来源：欧盟统计局。

第十章

自然和生活环境

欧盟居民对于保护环境的重要性有一种强烈的共识,最令他们担忧的问题是空气污染和水污染[1]。决策者通过民意调查、社会媒体和公共利益来确定这一问题。生活环境影响人们生活的不同方面,影响人们的健康和福祉。事实上,污染已经对自然资源产生了直接的负面影响,比如对洁净水的影响,并间接对生态系统和生物多样性产生了影响,有时可能会导致自然灾害。

大多数居民认为环境问题对日常生活和经济发展有着直接影响[2],联系经济因素(如收入)和环境偏好可能决定他们的选择,例如在选择自己的居所时。虽然环境指标相对丰富,但通常它们太具体或者只是从生活质量的角度来关注自然环境,尤其当结合自我评价环境质量的问题时。因此,下面分析侧重于环境空气质量等指标和接触噪声和污染的研究,以及欧盟居民对他们的生活环境的满意状况。

首先分析人们接触到的任何形式的污染、污垢和环境问题,辅以关注城市地区空气污染颗粒物(PM)状况,以及国家之间的客观指标。个人的居住环境满意状况从很多方面进行研究(包括人口年龄、性别、收入百分位数、劳动力状况、受教育水平和城市化的程度等)。最后,分析比较低水平的满意状况的人口比例和与他们的生活环境之间的关系,以及欧盟成员国噪声污

---

①② 欧洲委员会,欧洲居民对环境的态度考察表 416(2014),第 11—12、54 页。

染下的人口比例。

自然和生活环境这一维度包括生活质量框架中与环境相关的各个方面。环境条件直接或间接影响人类健康和福祉,而居民很珍惜他们对环境资源的使用权利。此外,环境因素间接影响其他生活质量方面,包括经济繁荣和不均衡,例如通过直接影响房地产价格和住房条件。为了强调这一维度的重要性,第六次环境行动计划(EAP)中环境问题(空气污染这个议题)是四个主要目标领域之一,并且需要做更多的工作。减少噪声污染也是欧盟政策中一个很客观的政策。《环境噪声指令》(2002/49/EC)是用来确定噪音污染水平并促使成员国和欧盟采取必要行动的主要工具之一。

一、生活质量视角下的环境

从欧盟数据可以看出,在过去十年关于环境污染以及其他环境问题有所下降。2013 年大约有七分之一的人仍然受到污染,有五分之一的人受到噪声污染。此外,在大多数欧盟国家中面临贫困风险的人比没有面临此风险的人更容易受到污染和噪声的影响。欧盟的政策和立法的实施后,城市居民自 2005 年以来接触的风险已经下降,但在成员国之间依然存在相当大的差异。在这种背景下,平均约 30% 的欧盟居民对自己的居住环境表示满意,对于绿地面积的范围与自己的居所比较接近,20% 是满意度较低,50%是中等满意度。对居住环境的整体满意度平均为 7.3 分、绿地面积的满意度是 7.1 分。

受到污染或噪声影响的人们对于居住环境的满意度较低。这不同程度地取决于社会人群个体所处的环境。对生活环境的满意度与性别的关系比较密切,与年龄的关系不是很大,虽然较大年龄组有更高的满意度。对工作状况的影响很明显:兼职工作者,其次是退休人员,对他们的生活环境和绿地面积状况最满意,尽管出于不同的原因。受过高等教育和那些高收入的人们可能有一个更高满意度,这可能由于他们可以承担起更好的生活条件,包括更好的周边环境。生活在人烟稀少地区的人们环境满意度略高,因为这些地区受到污染的影响较小。

2013 年,19.2% 的欧盟居民环境满意度是低的,在国家层面上,满意度与污染和噪声的联系并不紧密。一般来说,欧盟北部和西部成员国对环境满意度低的人所占比例往往比欧盟东部和南部国家低,暴露于污染和噪音的水平也比较低。

自然和生活环境指标有可以观测到的污染指标(包括自述指标和客观指标)和对欧盟统计收入和生活条件有影响的环境指标。它还包括与生活环境的满意度有关的指标,这些指标已在 2013 年 SILC 关于主观福利的特设模块中制定出来。城市人口接触空气污染的颗粒物(PM)也是一个可持续发展指标。用于评估欧盟的目标和可持续发展战略目标的进程,也是一个资源效率指标,因为它作为对资源效率评估的领先指标,同时也是欧洲 2020 年旗舰项目的目标和资源效率的目标。

二、欧盟的污染状况

与前几年相比欧盟人口接触的污染有所减少。空气污染、尘垢和噪声是影响欧盟最常见的污染形式。这些形式的污染可能会损害人体健康,影响生活质量。空气污染物,如颗粒物可能对健康有危害,尤其是对心脏和肺部有疾病的人来说。小的颗粒可以被携带进入肺部并导致炎症。噪声污染会严重地直接或间接影响健康,如导致高血压,睡眠障碍,甚至在极端的情况下会损害听力。压力和高血压已成为影响整体健康问题的主要原因,其他形式的污染,如尘垢和其他当地环境问题(如烟雾、灰尘、气味难闻或污染水)也可能影响人体健康和周围环境的质量,从而影响主观福利。如图 10-1 所示,2013 年,仍然约有七分之一的居民(14.4%)遭受污染、尘垢或其他环境问题①,与 2005 年的 17.6% 相比,有所下降。同时,五分之一的居民(19.0%)认为受到邻居和街上的噪声的影响,与 2005 年的 24.0% 相比,有所下降。

邻居噪声包括来自邻近公寓、楼梯或水管的噪声。"街上的噪声"包括与交通有关的噪声(街道或公路、飞机、铁路),与商业、工厂、农业活动、俱乐部和院子有关的噪声。

---

① 区域关于污染、尘垢或其他环境问题,如烟雾、灰尘、不良气味或受污染的水。当地是指距离居住地比较近的位置。可能的例子包括:道路灰尘、汽车废气;来自工厂的烟雾、灰尘或难闻的气味;难闻气体或污水,从水管中被污染的水以及被污染的河。具体的问题可能是由于交通或其他行业引起的环境问题。

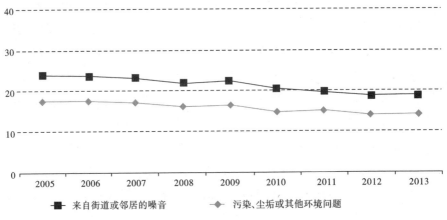

图 10-1　2005-2013 年欧盟 28 国的环境问题(百分比)

注:2005 年到 2009 年是欧盟 27 国而不是 28 国。

资料来源:欧盟统计局(在线数据代码:ilc_mddw02 和 ilc_mddw01)。

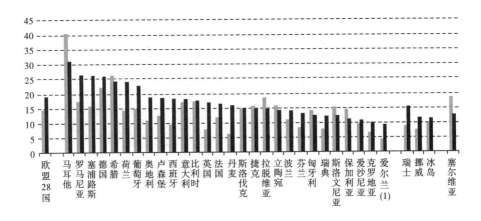

图 10-2　2013 年 欧盟 28 国受到环境污染的人口数量(百分比)

注:2012 年的数据。

资料来源:欧盟统计局(在线数据代码:ilc_mddw02 和 ilc_mddw01)。

　　2013 年欧盟人口遭受污染(14% 相比 18%)以及噪声(19% 相比 24%)影响的比例比 2005 年有所下降。

　　图 10-1 中的值是平均值。各个欧盟成员国受到的污染状况大约从

1~10 个因素不等,见图 10-2。马耳他是一个极端的例子:有 40.3% 的人受到污染的影响,而 31.2% 的人受到噪声的影响。另一方面,爱尔兰 4.8% 的受到污染的影响是噪声影响的 2 倍。图 10-3 显示的是那些面临贫困风险的人口,他们的平均收入不到正常收入的 60%——整体上更容易受到污染、污垢、其他环境问题和噪声的影响。这些数据反映了这样一个事实:在大多数欧盟成员国中往往是人口稠密的城市面临着贫困的风险,还会面临着更多的环境问题。有几个欧盟成员国虽然面临贫困的风险但是其面临污染的影响并不大。这些主要是因为他们生活在农村,环境问题比较少[1]。

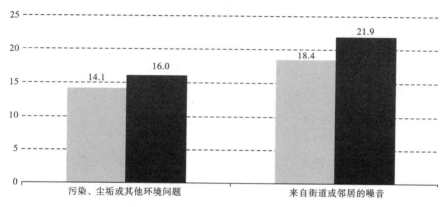

图 10-3   2013 年欧盟 28 国不同收入状况下面临的污染(百分比)

注:人们面临贫困的风险有一个可支配收入贫困线以下,这是设定在全国平均可支配收入的 60%(扣除社会转移之后)。

资料来源:欧盟统计局(在线数据代码:ilc_mddw02 和 ilc_mddw01)。

近年来污染颗粒物略有下降,但没有达到 2010 年的目标。城市空气污染通常是通过分析测量 PM 和臭氧等指标[2]。PM 由自然和人为排放到大气中很多小的固体或液体物质组成。颗粒污染主要是人为燃烧造成的,在城市地区主要源于柴油发动机和工业、公共、商业和住宅的供暖。细颗粒物

① 欧盟统计局按城市化程度解释收入和生活条件的统计数据(2013)。
② 臭氧是一种物质,可以造成健康问题和生态系统、农作物和材料的损失。资料来源:欧盟统计局(tsdph380)。见欧盟统计局,欧盟 2013 年可持续发展监测报告的欧盟可持续发展战略(2013),卢森堡,第 172 页。

（PM10），即这一颗粒的直径小于 10 微米，可以到肺部深处，可以引起炎症，对于有心脏病和肺癌的人影响极其严重。

图 10-4 说明了自 2005 年以来受到污染的城市人口。2005 年是每立方米 28.1 微克（μg/m³），随着时间的变化浓度也在起起落落，峰值为 2006 年的 30.1 μg/m³，2007 年开始下降，2012 年之前达到 24.9 μg/m³。

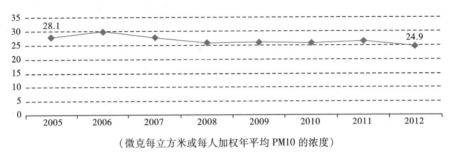

（微克每立方米或每人加权年平均 PM10 的浓度）

图 10-4 2005—2012 年欧盟 28 国城市人口受到空气污染颗粒物的状况

资料来源：欧洲环境总署，欧盟统计局（在线数据代码：tsdph370）。

欧盟平均水平掩盖了欧盟成员国之间的显著差异，见图 10-5，其中 2012 年在芬兰的污染浓度是 11 μg/m³，在保加利亚的为 46 μg/m³（基本是 4 倍）。一般来说在欧盟成员国中最低的污染浓度记录是 20 μg/m³，主要是位于北部和中部地区的欧盟，但爱沙尼亚是一个例外。然而，自 2005 年以来所有欧盟成员国（数据）——除了法国和芬兰都成功地将污染浓度减少了，最引人注目的是在匈牙利（减少了 10.2 个百分点）和罗马尼亚（减少了 16.4 个百分点）。

欧盟成员国通过减少在城市居民柴油机发动机公路车辆的比例设法降低污染浓度，一般情况下通过降低汽车的平均寿命，以及多元化能源（特别是取暖），并制定国家层面的政策来降低风险。芬兰的可再生能源消耗 34.3%，是非常高的，是其他成员国的 2 倍以上，保加利亚为 16.3%，欧盟成员国整体为 14.1%[1]。

---

① 资料来源：欧盟统计局（nrg_ind_335a）。

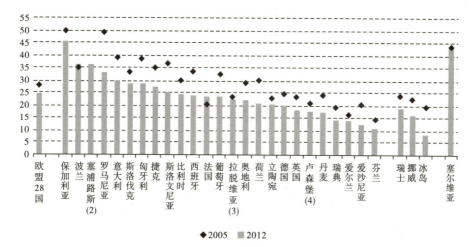

◆2005 ■2012

图10-5 2005年和2012年空气颗粒物污染的城市人口比较(每立方米微克)

注:①希腊、克罗地亚和马耳他没有数据;②2005年没有数据;③2008年的数据代替2005年的;④2006年的数据代替2005年的。

资料来源:欧洲环境总署、欧盟统计局(在线数据代码:tsdph370和ilc_mddw02)。

污染浓度也依赖于天气和自然条件。干燥和炎热的天气容易导致高浓度的空气污染物,异常寒冷的冬天也会导致更多的燃料燃烧排放空气污染物。自然资源包括灰尘和沙子(例如从北非刮来的颗粒到地中海沿岸,进而影响欧盟成员国)以及森林火灾的烟雾①。例如,2006年在夏季期间其进入峰值导致了严重的热浪现象,那一年"厄尔尼诺"现象②导致了更高的污染浓度③。此外,监测站的代表性有限,使得在欧盟成员国之间进行比较具有挑战性,因此该指标难以解释。尽管如此,这一趋势相当强劲,使得欧盟成员国之间的差异似乎可信。

1. 近三分之一的欧盟居民对环境状况非常满意

与前几年相比,虽然欧盟居民接触的污染有所减少(包括当地空气污

---

① 资料来源:欧盟统计局(tsdph370)——主要指标。

② 厄尔尼诺现象最初是在南美洲的太平洋西海岸发生在东风减弱导致海洋表面温度上升,继而使温暖的水域保存在西太平洋并东移向美洲。这种现象将导致更高的温度继而导致更高的污染浓度。

③ 欧盟统计局,《欧盟2013年可持续发展监测报告》,卢森堡,第172页。

染、污垢或其他环境问题、来自邻居和街道的噪声污染等),大约一半的居民对他们所在地区的生活环境和娱乐或绿地面积满意度是中等的。大约三分之一的居民是高度满意的,一半的居民对直接环境满意度是低的。对环境整体满意度和绿地面积整体满意度分别为 7.3 分和 7.1 分。

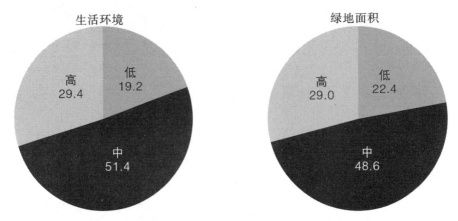

图 10-6　2013 年欧盟 28 国对于居住环境和绿地面积的满意度(百分比)

资料来源:欧盟统计局(在线数据编码:ilc_pw05)。

　　2013 年欧盟成员国对于生活环境的满意状况(见图 10-7a)。对于环境的评价,保加利亚为 5.2 分(其次是意大利和塞浦路斯的 6.0 分),奥地利为 8.4 分(其次是丹麦的 8.2 分、爱尔兰和荷兰的 8.0 分)。保加利亚居民满意状况较低(5.9 分),而荷兰最低(4.0 分)。虽然一些欧盟成员国的平均值一样,满意度分布却不一样。例如,比利时居民较低满意度的比例是 7.5% 和高满意度的比例是 22.2%,是德国居民满意度百分比的一半,而斯洛文尼亚和波兰的差异只有 0.1 分,分别是 7.6 分和 7.7 分。

　　绿地面积的满意状况(图 10-7b)显示的结果和在大多数欧盟成员国关于生活环境的研究类似。保加利亚居民平均满意度最低水平为 5.2 分,其次是克罗地亚、塞浦路斯和希腊的居民(低于 6.0 分)。另一方面,瑞典居民的最高(8.4 分),其次是丹麦、奥地利、芬兰和荷兰(8.0 分)。

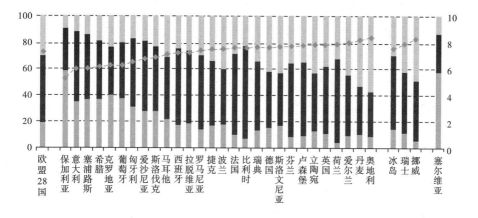

■ 低 ■ 中 ■ 高 ─◆─ 平均值

（左轴：人口满意度百分比；右轴：平均分数）

图 10-7a　2013 年欧盟 28 对于生活环境的满意度

资料来源：欧盟统计局（在线数据代码：ilc_pw01 和 ilc_pw05）。

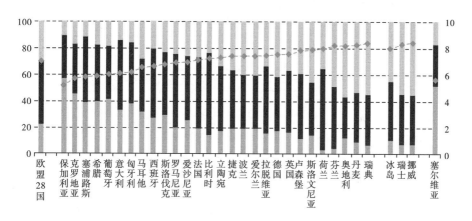

■ 低 ■ 中 ■ 高 ─◆─ 平均值

（左轴：人口满意度百分比；右轴：平均分数）

图 10-7b　2013 年欧盟 28 对于绿地面积的满意度

资料来源：欧盟统计局（在线数据代码：ilc_pw01 和 ilc_pw05）。

　　污染和噪声将降低人们的福利。强有力的证据表明，环境问题和主观福利有关。图 10-8 突出强调了存在的环境问题，如污染和噪声，对于欧盟28 国环境产生了直接的影响。不受污染和噪声影响的欧盟居民对于他们的生活环境和绿地面积的满意状况是高的，且这一群体的平均满意度往往高出 1 分左右。在分析低水平的满意度人的比例时,差异更引人注目。受到环境污染的人中低满意度的人的比例要比没有受污染的人的低的满意度的人口比例高近乎 2 倍。

污染对于居民的影响要稍微比噪声的负面影响大一些。然而,值得一提的是,2013 年欧盟更多的人口受到后者的影响大(噪声的影响是 19.0%,污染的影响 14.4%)。

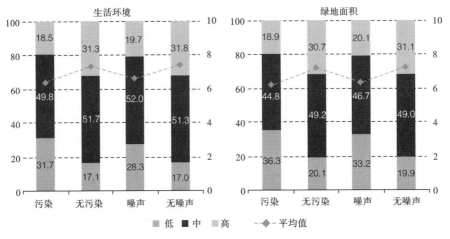

(左轴:人口满意度百分比;右轴:平均分数)

图 10-8　2013 年欧盟 28 国对于居住环境和绿地面积的满意度

资料来源:欧盟统计局。

2. 不同社会群体对居住环境和附近的绿地的满意度

本小节将分析社会人口方面的因素(例如年龄、性别、收入水平、劳动力状况、教育程度、人口区域类型)与个人对于他们环境的满意状况。

(1)中间年龄组对居住环境的满意度最低。不同年龄组之间对于环境和绿地面积满意度的差异并不明显,见图 10-9。特别是,25～34 岁和 35～49 岁这两个年龄组的环境满意度都是 7.2 分,65～74 岁年龄组的环境满意度为 7.4 分。绿地满意度从 25～34 岁年龄组的 6.9 分到 65～74 岁年龄组的 7.3 分。刚参加工作的群体有一个较低的平均满意度水平,退休的群体有较高的满意度水平。这些差异可能是不同的经济资源导致的。到一定年龄(75 岁以上年龄组)满意度再次下降,与后面观察到的整体生活满意度的趋势相同。

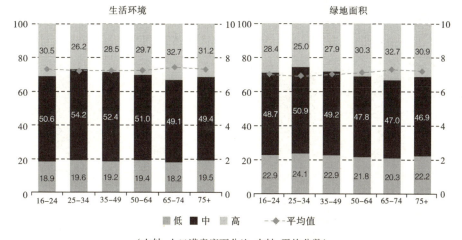

图 10-9 2013 年欧盟 28 国不同年龄组的居住环境和绿地面积的满意度

资料来源:欧盟统计局(在线数据代码:ilc_pw01 和 ilc_pw05)。

(2)性别与生活环境和附近绿地的满意状况。观察男性和女性居住环境和绿地面积的平均满意状况,见图 10-10,二者几乎具有相同的满意状况[①]。尽管如此,女性往往有更高的满意度。

收入水平与居住环境和附近的绿地面积的满意度有关。从图 10-11 可以看出,社会经济因素,如收入对满意度水平的影响较大。事实上,从最高收入到最低收入的居民的生活环境满意度从 7.0 分到 7.5 分,从最高收入到最低收入的绿地面积满意度是从 6.8 分到 7.4 分。

拥有较高的可支配收入,在收入水平的基础上可以选择拥有更好的居住环境时,反过来又可能导致他们的周围环境会更好以及优越的住房条件,这也可以解释他们为什么会对环境和绿地面积有更高的满意度。

---

① 生活环境和绿地面积的男女平均满意度差值均为 0.05 分,不过由于四舍五入,这种差异只出现在生活环境满意度方面。

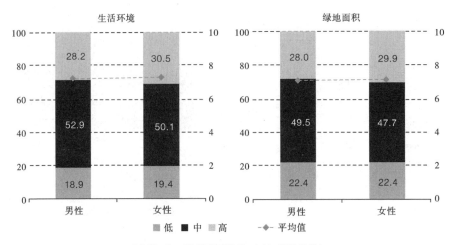

（左轴:人口满意度百分比;右轴:平均分数）

图 10-10 2013 年欧盟 28 国不同性别居住环境和绿地面积满意度

资料来源:欧盟统计局(在线数据代码:ilc_pw01 和 ilc_pw05)。

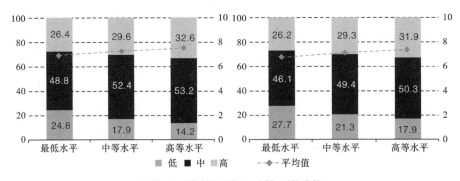

（左轴:人口满意度百分比;右轴:平均分数）

图 10-11 2013 年欧盟 28 国收入水平的居住环境和绿地面积满意度

资料来源:欧盟统计局。

（3）兼职和退休的群体对居住环境和绿地面积的满意度最高。劳动力状况对于环境和绿地面积满意度的影响作用是不可否认的,如图 10-12 所示。失业者的环境和绿地面积的满意度较低,这可能是他们没有承担更好的居住社区的能力或者是缺乏相应的资源。另外是兼职者,其次是退休人员,对居住环境和绿地面积最为满意。

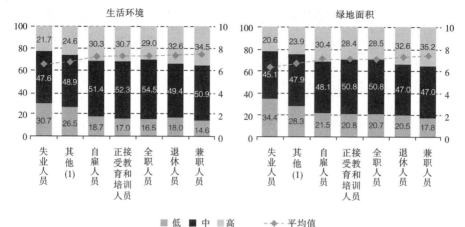

（左轴：人口满意度百分比；右轴：平均分数）

图10-12 2013年欧盟28国不同工作类型对居住环境和绿地面积的满意度

资料来源：欧盟统计局。

（4）教育和生活环境的满意度密切相关。从教育的角度来看满意度，见图10-13，高等教育毕业生对生活环境的满意度最高，平均值为7.6分，而对绿地面积的满意度则略低，为7.4分。相反，受教育程度较低的对环境和绿地面积最不满意，分别为6.9分和6.7分。那些受过高等教育的也更加有可能获得更高的报酬，有能力选择一个更好的生活环境和住房条件。

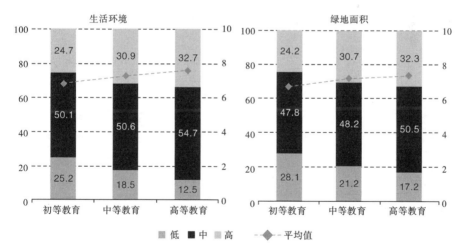

（左轴：满意度水平人口百分比；右轴：平均分数）

图10-13 2013年欧盟28国教育水平对于居住环境和绿地面积的满意度

资料来源：欧盟统计局（在线数据代码：ilc_pw01 和 ilc_pw05）。

（5）农村居民有更高的满意度。生活在农村地区、郊区和城镇的欧盟居民，对于环境和绿地面积有着更高的满意度，比起生活在稠密的城市人口而言，见图 10-14。人口密集地区的绿地面积通常要少于农村地区（虽然仅相差 0.2 分）[①]。

人口密度高的地方会产生更多的污染，这可能引起一系列环境问题，如过度使用水和能源，生产大量废水等。

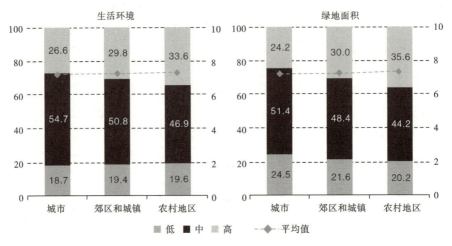

（左轴：满意度水平人口百分比；右轴：平均分数）

图 10-14　2013 年欧盟 28 国不同地区的居住环境和绿地面积满意度

资料来源：欧盟统计局（在线数据代码：ilc_pw02）。

3. 在国家层面上，生活环境与严重的环境问题的关系

表 10-1 比较了 2013 年城市欧盟居民对于居住环境和绿地面积有着较低满意度的人口比例和受到污染和噪声影响的人口比例。受到污染影响（14.4%）或噪声（19.0%）影响的人，对自己的生活环境和绿地面积的整体满意度为 7.3 分。其次，欧盟城市人口受到空气污染的浓度为 24.9 μg/m³。下面分析评估欧盟居民的居住环境，通过比较拥有较低满意水平的受到污染或噪声影响的人口比例，在国家层面上受可吸入颗粒物的影响可以得出表 10-1 所示的结果。

[①]　欧盟统计局，《欧盟统计局年鉴》（2014），第 27 页。

表 10-1 2013 年欧盟 28 自然环境和生活条件的客观指标与环境和绿地面积低满意度

国家/地区	环境的低满意度	绿地面积的低满意度	污染、破坏和其他环境问题	邻居和街道噪声的影响
欧盟 28	19.2	22.4	14.4	19.0
比利时	7.5	14.7	17.5	17.5
保加利亚	59.0	58.0	14.5	11.1
捷克	17.8	19.5	15.8	14.9
丹麦	10.8	9.0	6.2	16.5
德国	15.9	17.9	22.4	26.1
爱沙尼亚	28.5	25.7	9.7	10.8
爱尔兰	10.1	19.6	4.6	9.4
希腊	36.5	40.2	26.5	24.2
西班牙	17.4	27.4	9.8	18.3
法国	10.7	19.4	12.0	16.7
克罗地亚	39.7	46.2	6.8	10.0
意大利	35.6	33.5	17.1	18.2
塞浦路斯	37.3	39.1	15.7	26.2
拉脱维亚	19.1	15.6	18.5	14.8
立陶宛	13.0	17.8	15.6	14.1
卢森堡	9.2	11.6	12.6	18.5
匈牙利	31.7	37.9	14.1	12.5
马耳他	22.8	32.0	40.3	31.2
荷兰	4.0	3.2	14.6	24.1
奥地利	9.5	12.9	11.0	18.9
波兰	18.2	19.5	11.0	14.0
葡萄牙	37.8	41.9	14.8	22.7
罗马尼亚	14.6	19.9	17.5	26.5
斯洛文尼亚	17.6	14.7	15.3	12.3
斯洛伐克	28.3	29.8	14.7	15.1
芬兰	9.0	4.4	8.4	13.4
瑞典	13.8	7.1	8.0	12.4
英国	11.3	16.5	8.3	17.0
冰岛	14.2	10.5	9.9	11.6
挪威	6.1	7.2	7.6	11.7
瑞士	12.0	7.7	9.0	15.7
塞尔维亚	58.4	52.5	18.7	12.7

注:2012 年的数据代替 2013 年的数据;被调查者均为 16 岁以上。

资料来源:欧盟统计局。

（1）污染与环境满意度之间的关系。图 10-15 显示了 2013 年受到污染影响、污垢和其他环境问题的人口比例和他们对于环境的低满意度的关系。这些数据显示出了一个异常的现象,北部和西部的欧盟成员国普遍比南部和东部的欧盟成员国对于它们的环境显示更积极的态度。爱尔兰、芬兰和丹麦的结果反映出了北部和西部欧盟成员国更积极地评价其环境状况,这些国家的居民对环境满意度和接触污染的评价都非常低,接近或低于 10%。相反,欧盟成员国南部和东部对于他们的环境条件则是消极的,最明显的是希腊居民对于低的生活环境的比例比较高(36.5%)和受到污染的比例也比较高(26.5%)。马耳他是一个例外,他们的居民受到污染的人口比例比较高(40.3%),但对于生活满意较低的人口比例则比较低(22.8%)。

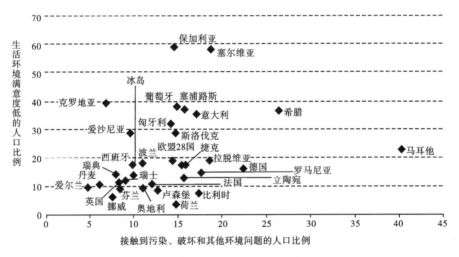

图 10-15　2013 年居住环境满意度和受到污染的人口比例

注:2012 年爱尔兰的数据。

资料来源:欧盟统计局(在线数据代码:ilc_pw05 和 ilc_mddw02)。

对于环境满意度的比例与污染状况的比例并没有直接的联系,反之亦然。因此,荷兰生活环境满意状况的比例较低(略低于 4%),而受到污染的人口比例已接近欧盟平均水平(14.6%)。

保加利亚居民环境低满意度占 60%,只有不到 10% 的爱沙尼亚和克罗地亚的居民认为受到污染,约 30% ~40% 的人对于环境的满意度较低。

（2）噪声与环境满意度。2013 年欧盟 28 国人口的 19.0%(图 10-16)

受到了街道和邻居的影响,可能是来自交通、企业、工厂或其他的污染,这比受到污染的人口高约 4.5 个百分点(14.4%),略高于较低满意度的人口比例(19.2%,见表 10-1)。爱尔兰是噪声(4.8%)和污染(9.0%)影响最低的国家之一,生活环境满意度较低的人口比例也是最低的(10.13%)。

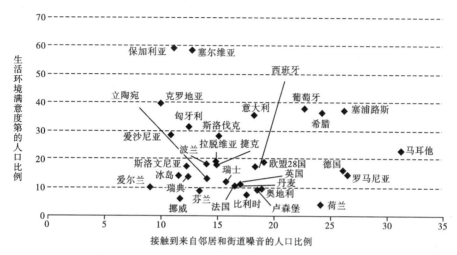

图 10-16　2013 年居住环境满意度和受到噪声影响的人口百分比

注:爱尔兰是 2012 年的数据。

资料来源:欧盟统计局(在线数据代码:ilc_pw05 和 ilc_mddw01)。

在某种程度上,图 10-16 与图 10-15 有相似的结果。有更多的北部和西部欧盟成员国位于图的底部,反映了只有少部分人对环境持低的满意度并且会受到噪声的影响(主要是不超过欧盟平均水平)。相反,有更多南部和东部的欧盟成员国位于顶部,这反映他们有更高的比例有着较低的满意度,以及受到污染的高风险。爱尔兰是唯一的受到噪声影响并保持低满意度的国家(比例都接近 10%)。与南部地区相反的是塞浦路斯、希腊和葡萄牙,它们受到噪声污染和对于他们的生活环境有着较低的满意度水平的比例都高于平均水平。马耳他再次成为一个例外,满意度比较低的人口比例是 22.8%,噪声影响的比例则是 31.2%。这种结果在德国、罗马尼亚和荷兰也存在。保加利亚也是个例外,生活环境低满意度的比例是噪声污染的近6 倍(59.0% 比 11.1%)。克罗地亚和塞尔维亚也是类似的情况。

国家之间也存在着差异。例如,欧盟成员国位于(或接近)地中海(如意大利、葡萄牙、塞浦路斯)受高噪声污染且环境满意度较低。然而其他欧盟成员国,如德国、罗马尼亚和马耳他对于噪声和满意度之间的相关性并没有明显的联系。这可能意味着噪声并不是一个真正的或主要的干扰因素。此外,噪声的高低取决于特定的地点和时间。虽然文化差异可能也起到了一定作用,也可能表明环境满意度依赖于一组更全面的深入居民日常生活的影响因素。

图 10-17 试图建立生活在(人口密集的)城市地区的欧盟居民对环境的满意度(7.2 分)与他们受到空气污染水平之间的联系。(从 2005 年的 28.1 $\mu g/m^3$ 下降到 2013 年的 24.9 $\mu g/m^3$,见图 10-4),并强调两个变量之间的关系。

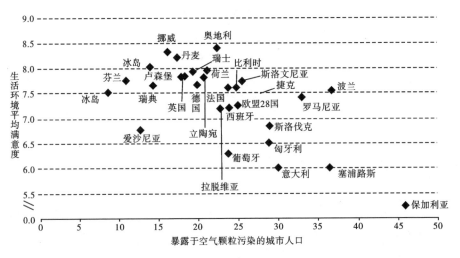

(满意度:平均分数;城市污染单位:$\mu g/m^3$)

图 10-17　2013 年受到污染的国家对于环境的满意度

注:①没有希腊、克罗地亚和马耳他的数据;②2012 年的数据代替 2013 年的数据。

资料来源:欧盟统计局(在线数据代码:ilc_pw01 和 tsdph370)。

在大多数欧盟成员国,通常城市人口对居住环境有比较高的满意度的话则意味着它的空气污染水平(可吸入颗粒物)低于欧盟的平均水平,反之亦然。这种情况在丹麦和芬兰的城市居民(平均满意度在 8.6 分和 8 分,平均污染颗粒为 17.4$\mu g/m^3$ 和 11.0 $\mu g/m^3$),瑞典和爱尔兰的城市居民中更为明显。最明显的例子是保加利亚,它的环境平均满意度最低(5.3 分),而且在城市地区它拥有最高的污染程度($45.9\ \mu g/m^3$)。塞浦路斯和意大利显然也遵循这种模式。爱沙尼亚居民受到空气污染略高于芬兰($12.7\ \mu g/m^3$)，它的环境满意度为6.8分。波兰和爱沙尼亚例外，在波兰有着较高比例的平均满意度(7.9分)的，受污染状况也比较高($36.6\ \mu g/m^3$)，在爱沙尼亚前者是6.7分，后者是$12.7\ \mu g/m^3$。

居住环境取决于城市化程度的变化，见图10-17，从这些结果可以推测郊区、城镇和农村地区的人口将遵循与城市地区相同的模式。

虽然居住环境的满意状况和污染或噪声之间的关系不是很明确，一般满意的居住环境和城市之间的联系更明显。由于可吸入颗粒物的数据并不完全可靠，因此对这一发现应谨慎解释。不可否认的是人们越来越关注城市环境的质量，特别是空气质量。媒体关注的问题主要侧重于污染对肺部的影响，尤其是对儿童健康的影响。

第十一章

整体生活满意度

一、主观福利

本章着重介绍欧盟居民的福利状况。主观福利是个体的经验、选择、优先权和价值观的多样性集合。不同领域的主观评价和看法的数据首次通过欧盟统计网站,收集 2013 年与福利有关的收入和生活质量的数据。主观福利包含三个不同但互补的子维度:生活满意度、正面情感或负面情感、幸福感。正如经合组织建议的《主观福利测度指南》,在欧盟统计局生活质量测度框架中,包括主观福利的三个方面。

1. 生活满意度

生活满意度表示受访者把自己生活作为一个整体进行的评价。它的目的是涵盖广泛对自己生活进行反思性的评价。“生活”这个词在这里包含了作为人的存在的所有方面。变量指的是受访者的生活满意度。它关注的是“这段时间”的感觉如何,而不是指更长或更短的时间。目的不是获得受访者当前情感状态,而是获得反映他们不同水平的满意度状况。生活满意度是对他或她的生活的整体质量所做的一个评价。

尽管一些指标,如工作满意度,家庭的经济状况的满意度或特定的生活领域的满意度以及住房条件的满意度,整体生活满意度是指个人的主观评价的相关领域,因此是作为主观福利的整体测度。

2. 生活的意义——一个终极的测度

生活的意义是以不同的方式所进行的多方面的构建,生活的价值和目的是一个很广泛的概念,对于一些人来说可能是人生的重要目标,也可能是精神上的意义。受访者思考是什么使他或她的生活重要和有意义的,然后回答这个问题。这不是相关的任何特定的生活领域,但更关注生活,指的是受访者的个人观点。

2013 年 EU-SILC 特设模块项目"生活的意义"涵盖了主观福利的维度。"终极"是指人生的目的和意义,因此也涉及主观福利的心理或"功能"方法。生活的意义在于找到一些重要因素,包括生活目的、意义或自我管理这些无法测度的因素。正如下面的分析,生活的意义非常符合生活满意度,尽管对于一些人来说人们倾向于关注他们的"生活的意义"而不是他们的生活满意度。

3. 幸福——福利的情感方面

幸福是指人的日常情感和情绪。对于这种测度,受访者通常会被问道他们在短时间内的感受问题(比如快乐或悲伤)。大样本和高质量调查应该确保在估计时不会因为个人情感问题产生系统性误差等。

在 EU-SILC 中,受访者反映的时期仅限于受访前的 4 周。被观察的正面和负面的情感包括幸福、抑郁、压力等。本章,我们将只关注一个关于幸福的问题。受访者被邀请回答以下问题:"在过去四个星期有多少时间是快乐?"他们可以根据 5 个等级来回答(从"全部时间"到"没有时间")。

4. 欧盟关于主观福利的政策目标

测量福利有一个内在的吸引力:它可以说是所有欧盟政策的最终目标,是它们贯穿的主线。提高人们的福利在欧洲是欧盟的主要目标之一,这也被欧盟条约所规定。

现在在欧盟范围一个被广泛认可的结果是在评估社会和经济政策的目标包括主观生活质量。许多欧盟机构和成员国发布与主观福利报告,超越 GDP 作为社会表现的整体测度。

福利开始以更多的形式出现在欧盟政策议程中,当 2006 年欧盟委员会将现在和未来几代人的福祉作为欧洲可持续发展战略中心目标时。不久,越来越多的人意识到 GDP 作为衡量福利的局限性,在 2007 年欧洲议会上提出"超越 GDP"的倡议。2009 年欧盟委员会发表了"GDP 和超越 GDP——测度不断变化的世界"，欧盟的政策最终判断的问题是他们是否成功传递了社会、经济和环境目标。同年，经济表现和社会进步测度委员会（斯蒂格利茨-森-菲图西委员会）发布了报告（简称 SSF 报告），即《对我们生活的误测：为什么 GDP 增长不等于社会进步》（*Mismeasuring Our Lives：Why GDP Doesn't Add Up*）。

二、主要统计结果

80% 的欧洲居民认为 2013 年的整体生活满意度超过 6 分，平均满意度为 7.1 分。从保加利亚的 4.8 分（其次是葡萄牙、匈牙利、希腊和塞浦路斯的 6.2 分）到芬兰、丹麦和瑞典的 8.0 分。年轻人满意度几乎相同，且满意度较高。失业者最不满意（5.8 分），全职工作（7.4 分）和参加教育或培训（7.8 分）的人生活满意度最高。

物质生活条件、社会关系和健康状况显然与生活满意度有关。生活满意度与处于贫困或严重物质剥夺的风险在这里是特别相关的。健康状况不佳对生活满意度的负面影响最大。

当研究生活的意义时，福利各方面几乎相同，尽管所有年龄组的生活目标平均高于整体生活满意度。

一般来说，有幸福经历的人往往在过去四周也有较高的生命意义和较高的生活满意度，尽管有 7.1% 的人"在所有时间都快乐"的生活满意度很低。

（一）生活满意度

为了更好地理解和解释，也为了便于分析，将满意度的答案分为低、中、高三等。这种分类是基于 20：60：20 的水平，0~5 分为"低满意度"，6~8 分"中等满意度"，9~10 分为"高满意度"。

1. 跨国视角下的生活满意度

图 11-1 显示 2013 年 21.7% 的人对他们的生活十分满意（9 分或 10 分），57.4% 的人的生活满意度在 6~8 分，21.0% 的人的生活满意度较低（0~5 分）。为了进行国家比较，需要有人口分组和不同的满意度项目的数据。

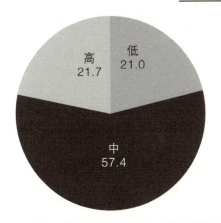

图 11-1　欧盟 28 国生活满意度(人口满意度的百分比)

注:由于舍入差异导致合计为 100.1%。

资料来源:欧盟统计局(在线数据代码:ilc_pw05)。

图 11-2 显示了国家之间的平均生活满意度存在着显著差异,从保加利亚的 4.8 分到瑞典、丹麦和芬兰的 8.0 分。不同国家在关于较低的满意度的人口比例方面的差异更明显。从荷兰的 5.6% 到保加利亚的 64.2%。较高的生活满意度的人口比例是从保加利亚的 5.9%(其次是匈牙利的 11.6% 和拉脱维亚的 12.6%)到丹麦的 42.1%。法国和斯洛伐克是 7.0 分,但斯洛伐克有更高比例的低的和高的生活满意度。

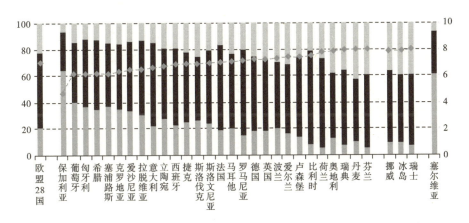

(左轴:人口百分比;右轴:平均分数)

图 11-2　2013 年欧盟 28 国生活满意度

资料来源:欧盟统计局(在线数据代码:ilc_pw01 和 ilc_pw05)。

2.社会人口、经济背景与生活满意度的关系

研究表明,整体生活满意度的主观福利在很大程度上受到社会人口因素如年龄、收入、教育以及不同的期望和偏好的影响。下面分析这些因素与欧盟居民生活满意度之间的联系。

(1)性别对主观福利的影响。如图 11-3 所示,女性认为整体生活满意度略低于男性(分别是 7.0 分和 7.1 分)。有趣的是,女性生活满意度高的比例(22.0%)略高于男性(21.3%)。另一方面,女性生活满意度低的比例比男性高(分别是 21.6% 和 20.2%)。当控制其他变量(如收入、婚姻状况、劳动力市场状况等)进行回归分析时,女性与男性相比对自己的生活更加满意,二者之间的差别很小。

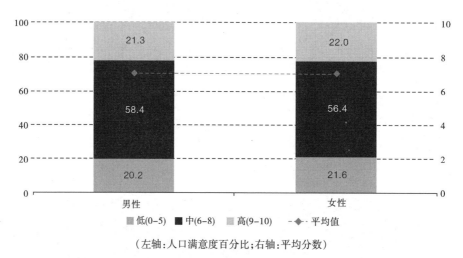

(左轴:人口满意度百分比;右轴:平均分数)

图 11-3　2013 年欧盟 28 国按性别分组的生活满意度

资料来源:欧盟统计局(在线数据代码:ilc_pw01 和 ilc_pw05)。

(2)年轻人的生活满意度较高。从图 11-4 中可以看到,2013 年生活满意度最高的是年轻的年龄组。并且随着年龄的增加而降低,65~74 岁年龄组和 50~64 岁年龄组分别是 7.0 分和 6.9 分。如表 11-1 所示,除了以下 8 个国家(主要是中部和南部欧盟成员国):保加利亚、希腊、法国、克罗地亚、意大利、拉脱维亚、波兰和罗马尼亚,这些国家 65~74 岁年龄组的生活满意

度并不高于那些年龄在 50～64 岁年龄组的生活满意度①。然而，大多数欧盟成员国，年轻的年龄组生活满意度最高，但是丹麦、荷兰、瑞典、英国、瑞士和挪威这些国家 65 岁以上年龄组的满意度比年轻人要高。

年龄对生活满意度的影响很小，但是也具有统计意义（控制了其他变量）。某一个国家属于相同年龄组的人们，在一特定的时期他们生活在一个积极的环境和经历了战争环境。因此，事实上 65～74 岁年龄组更满意他们的生活，并不意味着在 58 岁时有很高的满意度，在 68 岁时生活满意度更高。

表 11-1　2013 年按年龄和国家分组的生活满意度

国家/地区	年龄分组						合计
	16～24	25～34	35～49	50～64	65～74	75+	
欧盟 28 国	7.6	7.3	7.1	6.9	7.0	6.8	7.1
比利时	7.8	7.6	7.6	7.5	7.5	7.4	7.6
保加利亚	5.8	5.4	4.9	4.6	4.3	3.9	4.8
捷克	7.7	7.3	7.0	6.6	6.6	6.5	6.9
丹麦	8.1	7.8	7.8	7.9	8.6	8.4	8.0
德国	7.6	7.3	7.2	7.0	7.4	7.5	7.3
爱沙尼亚	7.2	7.1	6.5	5.9	6.1	6.0	6.5
爱尔兰	7.7	7.4	7.2	7.3	8.0	7.8	7.4
希腊	7.0	6.4	6.3	6.0	5.9	5.5	6.2
西班牙	7.4	7.1	6.9	6.7	6.9	6.4	6.9
法国	7.6	7.3	7.0	7.0	7.0	6.7	7.0
克罗地亚	7.5	7.2	6.4	6.1	6.0	6.0	6.3
意大利	7.0	6.8	6.8	6.6	6.4	6.3	6.7
塞浦路斯	6.9	6.4	6.1	5.7	6.1	6.0	6.2
拉脱维亚	7.3	7.0	6.4	6.2	6.1	6.0	6.5
立陶宛	7.8	7.3	6.7	6.3	6.5	6.1	6.7
卢森堡	7.8	7.7	7.4	7.3	7.4	7.3	7.5

---

①　在大多数欧盟成员国目前法定退休年龄是 60 岁（法国）和 65 岁（例如比荷卢经济联盟国家、德国、爱尔兰、西班牙）。在一些欧盟成员国（如奥地利、波兰、意大利、希腊和英国），女性要比男性提前 5 年退休。

续表 11-1

国家/地区	年龄分组						合计
	16~24	25~34	35~49	50~64	65~74	75+	
匈牙利	7.1	6.7	6.2	5.8	5.9	5.6	6.2
马耳他	7.6	7.5	7.1	6.9	7.1	7.0	7.1
荷兰	7.9	8.0	7.6	7.7	7.9	7.9	7.8
奥地利	8.4	8.1	7.7	7.7	7.7	7.6	7.8
波兰	8.1	7.8	7.4	7.0	6.9	6.9	7.3
葡萄牙	7.5	6.8	6.3	5.7	5.9	5.6	6.2
罗马尼亚	8.0	7.5	7.4	6.9	6.7	6.2	7.2
斯洛文尼亚	7.8	7.4	7.1	6.6	6.6	7.2	7.0
斯洛伐克	7.6	7.4	6.9	6.6	6.7	7.0	7.0
芬兰	8.2	8.3	8.1	8.0	8.0	7.0	8.0
瑞典	7.9	7.8	7.9	7.9	8.3	8.0	8.0
英国	7.5	7.3	7.1	7.1	7.7	8.0	7.3
冰岛	8.2	8.0	7.9	7.8	7.9	8.1	7.9
挪威	8.0	7.8	7.8	7.9	8.1	7.9	7.9
瑞士	8.1	7.9	7.9	8.0	8.4	8.4	8.0
塞尔维亚	6.1	5.5	4.9	4.6	4.8	4.9	4.9

资料来源:欧盟统计局。

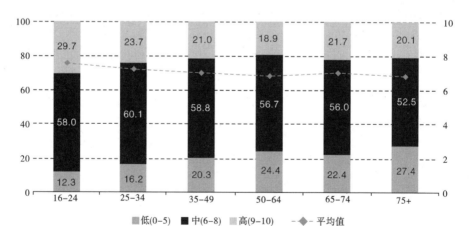

(左轴:满意度百分比;右轴:平均分数)

图 11-4　2013 年欧盟 28 国不同年龄组的生活满意度

资料来源:欧盟统计局(在线数据代码:ilc_pw01 和 ilc_pw05)。

(3)有孩子的夫妇生活满意度较高。图 11-5 显示了独居的生活满意度低于有和没有孩子的夫妇的平均水平。和孩子一起居住的两个成年人的生活满意度是最高的(7.4 分)。另一方面,平均值最低的生活满意度是 65 岁以下的独居和单亲家庭(6.6 分)。

65 岁以上的单身女性中生活满意度低的比例是(29.4%),其次是单亲家庭(29.2%)。另一方面,有三个或更多子女的夫妻,有 28.0%的家庭持高的生活满意度,只有 15.3%的家庭有低生活满意度。

(4)失业率与生活满意度有关。图 11-6 强调劳动状况和生活满意度之间的明确关系。积极参与劳动或者准备这样做的人们,比如参加教育或培训的人们比起失业者、退休或其他群体有较高的满意度。

整体生活满意度最低的是失业者,为 5.8 分,这比参加教育和培训的低两个点(7.8 分)。在有工作的组中,拥有兼职的人的生活满意度(7.3 分)比全职的人的生活满意度高(7.4 分)。在许多国家,大量的兼职人员的工作不是自愿选择的,这两组之间的差别也不应被夸大。2013 年几乎所有的欧盟成员国中正在参加教育或培训的人们生活满意度最高,与这一结果不一样的国家有丹麦、芬兰和爱尔兰,在这些国家,全职的人有更高的生活满意度。

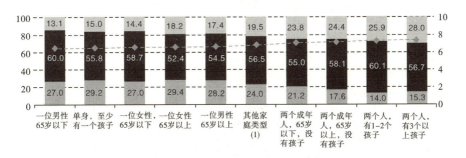

（左轴:满意度百分比;右轴:平均分数）

图 11-5 2013 年欧盟 28 不同家庭类型的生活满意度

注:其他家庭类型指的是其他有或没有孩子的家庭。

资料来源:欧盟统计局。

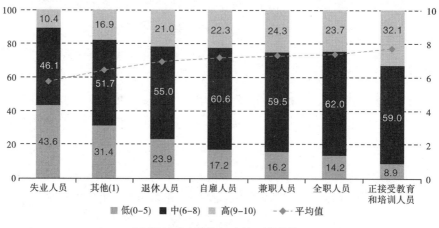

（左轴：满意度百分比；右轴：平均分数）

图11-6 2013年欧盟28国各种工作类型的生活满意度

资料来源：欧盟统计局。

对于社会因素的变量而言，失业率都会对生活满意度产生负面影响。这在几乎所有的欧盟成员国中都是存在的。失业的人中43.6%的人有低生活满意度，全职工作的人中只有14.2%的人有低生活满意度，前者相当于后者的3倍。

（5）生活满意度与收入有关。在生活满意度的传统研究中，关于收入和生活满意度之间的关系的实证研究有着相当悠久的历史，这一研究的第一篇论文可以追溯到1970年，第一个关于收入和生活满意度之间实证研究，涉及个人和国家层面的是伊斯特林（1974）①。他指出富裕国家比贫困国家幸福，富裕国家的主观福利要高于贫困国家，该结论已经被许多研究所证实。同时，伊斯特林研究表明，尽管经济增长，但是主观福利的分数是保持不变的。这可能导致这样的结论：增加收入通常伴随着生活满意度的提高，但只是在一定程度上起作用。

高收入与更高的生活满意度是有关系的（见图11-7），收入水平最低的

---

① Easterlin, R. A. (1974), "Does economic growth improve the human lot? Some empirical evidence", in David, P. A. and M. W. Reder (eds.), Nations and Households in Economic Growth: Essays in Honor of Moses Abramovitz, Academic Press, New York.

生活满意度平均得分为 6.5 分,与其他收入群体相比也是低的(中间的是 7.1 分,最高的是 7.5 分)。

收入水平最低的人们只有 16.7% 的人对自己的生活状况非常满意,高收入中 27.2% 的人对生活状况满意。收入水平最低的 30.3% 的人口对自己的生活状况不满意,高收入中则是 12.2%。

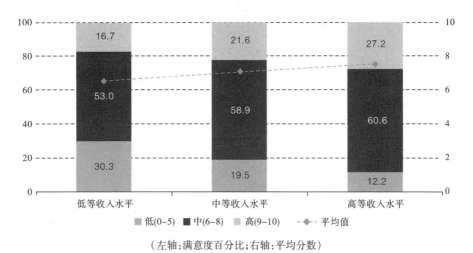

(左轴:满意度百分比;右轴:平均分数)

图 11-7　2013 年欧盟 28 国不同收入水平的生活满意度

资料来源:欧盟统计局。

(6)教育与生活满意度的关系。教育不仅仅是人们获得满足和更高工作报酬的经济资源,很多人认为教育本身也是有价值的。那么高等教育水平是与主观幸福感呈正相关也就不足为奇了,使用 EU-SILC 数据,更高的教育程度似乎产生更高水平的生活满意度(差异表现为:中等教育对生活满意度的平均值是 6.6 分,高等教育的生活满意度的平均值是 7.6 分),见图 11-8。获得高等教育会找到更好的工作和获得更高的收入,进而获得更高的生活满意度。

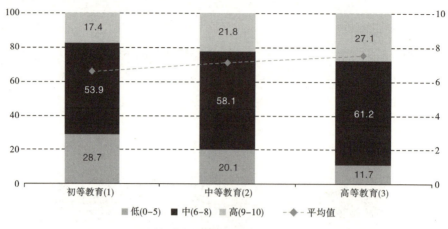

（左轴：满意度百分比；右轴：平均分数）

图 11-8　2013 年欧盟 28 国不同教育程度的生活满意度

注：①初等教育：学前、小学和中等教育前期（isc 级别 0-2）；②中等教育：中等教育后期和高中教育（isc 级别 3-4）；③最高教育：高等教育的第一和第二级（isc 级别 5-6）。

资料来源：欧盟统计局（在线数据代码：ilc_pw01 和 ilc_pw05）。

　　这些模式在欧盟成员国之间的差别特别显著。例如，2013 年瑞典接受过高等教育和初中教育的人的平均生活满意度没有差异，丹麦的差异只有 0.1 分，而保加利亚的差异达到 2.0 分，匈牙利和克罗地亚的差异为 1.6 分。

　　大部分国家都是较低的生活满意度，还有的特点是低水平的收入（例如用 PPS 调整人均 GDP）。欧盟人口中，受过高等教育的人有更高水平的生活满意度。

　　3. 影响生活满意度的其他重要因素

　　在遭受全球金融和经济危机或在一个疲软的经济形势下，最高的满意度是在北部欧盟成员国，非常低的满意度是在东部和南部欧盟成员国，问题是平均生活满意度与一个国家的总体经济形势是否有关。如图 11-9 所示，对大多数国家来说 GDP 和整体生活满意度之间是积极的联系。卢森堡、挪威和瑞士的整体生活满意度并没有与 GDP 之间存在高度的线性关系。其他因素可能在起作用,尤其是在卢森堡[①]。与 GDP 相比,保加利亚拥有比预期更低的生活满意度。罗马尼亚的 GDP 与其满意度状况一致,与保加利亚相比,其居民的平均生活满意度要高。

文献研究表明,生活满意度不仅与社会、经济因素有关,也与生活条件,特别是和健康有关。

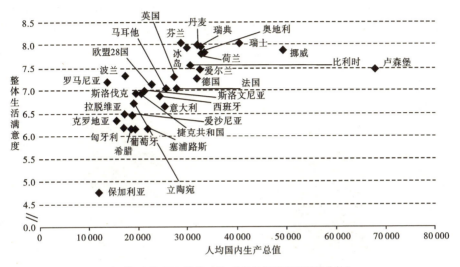

（x 轴:人均 GDP 消费;y 轴:整体生活满意度平均分数）

图 11-9　2013 年欧盟 28 国人均 GDP 和整体生活满意度

资料来源:欧盟统计局(在线数据代:ilc_pw01 和 nama_10_pc)。

（1）物质严重匮乏的欧盟公民中一半以上的生活满意度较低。物质严重匮乏的人们是指以下 9 项中有至少 4 项不能承受:支付租金或水电费;充分保持家里温暖;面对不可预见开支;隔一天能吃上肉类、鱼或蛋白质;一个星期离家度假;一辆车;一台洗衣机;彩色电视;一部电话。贫困率的风险、低劳动强度的指标和物质严重匮乏一起构成了欧洲 2020 年的生活贫困和排斥的风险指标[②]。在欧盟层面上,9.6% 的人口的物质是严重匮乏的,2013 年

---

① 卢森堡高人均 GDP 是虚假的,高比例的人工作生活在卢森堡邻近的国家,所以他们贡献了 GDP,但计算人均时被扣除。

② 欧洲委员会(2015):《更智能、更环保、更包容？ 欧洲 2020 战略指标》(2015 版),第 145 页。

有 16.6% 的贫困人口和 10.8% 在 0～59 岁年龄组工作强度非常低的人口。总体而言,24.4% 的人至少会有一个这样的问题,因此有贫困和社会排斥的风险。

图 11-10a 表明,物质被严重剥夺和整体生活满意度之间有一个明确的关系,没有被物质匮乏困扰的人们的生活满意度比被物质匮乏困扰的生活满意度要高 1.9 分(分别是 7.2 分和 5.3 分)。主要是由于在物质严重匮乏的人中非常满意的比例低(7.5%),低生活满意度的比例非常高(53.2%)。货币风险的贫困,如图 11-10b 所示,也会导致生活满意降低,但影响程度不大。

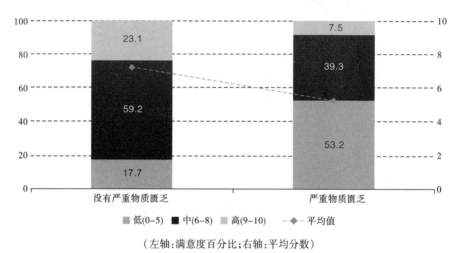

(左轴:满意度百分比;右轴:平均分数)

图 11-10a 2013 年欧盟 28 国物质充足(不足)生活满意度

资料来源:欧盟统计局。

(2)社会关系与生活满意度。充足的个人关系在生活满意度中也起着重要的作用。2013 年 SILC 模块中包括两项:与别人讨论个人问题;在需要的时候得到别人的帮助。两项显示的结果非常相似,如图 11-11 所示,这是因为社会支持与生活满意度高度相关。2013 年在需要帮助时不能指望朋友或家人的人的低生活满意度的比例是能得到家人帮助的比例的 2 倍多(分别是 44.8% 和 19.0%)。在高生活满意度组中前者只有 9.4%,与之相比能得到帮助的人的比例是 22.7%。幸运的是,那些没有人依靠或没有与人讨论个人问题的比例相当低(在欧盟层面上,前者是 6.7%,后者是 7.1%)。

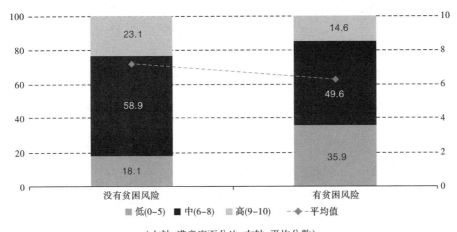

（左轴:满意度百分比;右轴:平均分数）

图 11-10b　2013 年欧盟 28 国是否面临贫困风险的生活满意度

资料来源:欧盟统计局。

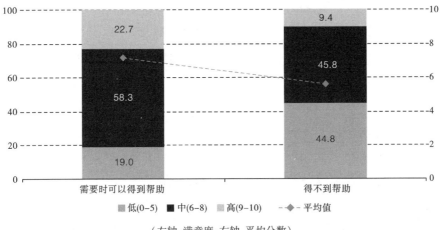

（左轴:满意度;右轴:平均分数）

图 11-11　2013 年欧盟 28 国社会关系与生活满意度

资料来源:欧盟统计局。

（3）健康与生活满意度。2013 年欧盟中 67.7% 的人的身体是健康或非常好的,而 9.5% 的人认为他们的健康状况不好或非常不好。如图 11-12 所示,主观评价的健康是总体生活满意度的一个很好的指标,随着生活满意度较低的人口比例的上升,自我评价健康的人口比例在下降。相反好的健康状况的生活满意度较高。健康人当中 36.9% 的生活满意度较高。健康状况非常不好的人中生活满意度较低的人口比例为 65.9% ，健康状况对于整体生活满意度是一个最显著的指标。然而，即使失业或物质匮乏的时候，与健康状况不好对生活满意度的影响是一样的，平均分数变化从非常健康人口的 7.9 分到那些健康状况非常不好人口的 4.5 分。

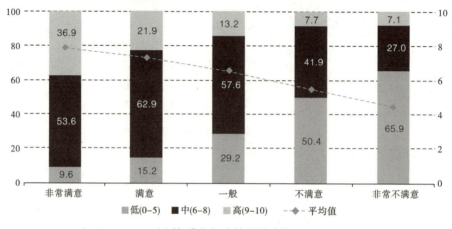

（左轴：满意度；右轴：平均分数）

图 11-12　2013 年欧盟 28 国健康状况评价的生活满意度

资料来源：欧盟统计局。

（二）生活的意义与幸福

如前所述，主观福利包含三个不同但互补的方面：生活满意度，是基于对整体认知的评价；正面情感和负面情感因素以及人们生活的态度会影响一个人的生命意义和目的。另外两个方面是选择的社会经济变量，先分开分析，然后分析三个方面是如何相互关联的。此外，专门测度这三个不同的变量，以及与主观福利的整体关系。

1. 生活的意义

2013 年 EU-SILC 的数据显示，生活的意义与生活满意度几乎是一样的，也存在差异。当观察社会人口变量时，可以更加客观地将生活满意度与生活的意义进行比较，不过有些主观因素如物质匮乏或贫困的风险对这一比较也会产生影响。

主观福利的评价部分结合其他特定的满足感，而人生的目的或意义回答更多的——即使不是全部——只是抽象意义上的问题。

与生活满意度相比,人们通常对于生活的意义有着更积极的态度。图11-13 显示,欧盟 28 国中有 28.2% 的人对于生活的意义的评价较高(9 分和10 分),有 56.9% 的人评价是 6 ~ 8 分,有 14.9% 的人评价是 0 ~ 5 分。

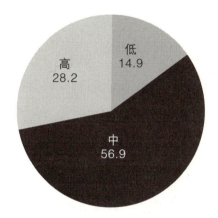

(不同生活意义的人口百分比)

图 11-13　2013 年欧盟 28 国生活的意义

资料来源:欧盟统计局(在线数据编码:ilc_pw05)。

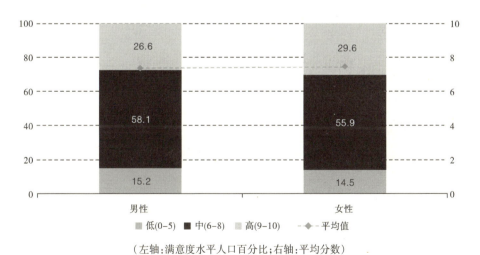

(左轴:满意度水平人口百分比;右轴:平均分数)

图 11-14　2013 年欧盟 28 国按性别分组的生活的意义

资料来源:欧盟统计局(在线数据代码:ilc_pw01 和 ilc_pw05)。

（1）社会人口变量与生活意义的关系。女性生活意义的满意度比男性要高（反过来可以和生活满意度相比较）。男性和女性的平均值分别是7.4 分和7.5 分。女性比男性有更高比例的高生活意义（分别是29.6% 和26.6%）。

与生活满意度相比,2013 年平均生活的意义在各个年龄组的比例相对比较稳定,从7.4 分(65～74 岁年龄组)到7.6 分(16～24 岁年龄组)。例外的是75 岁以上年龄组的平均分数为7.1 分,表明低水平的生活意义。

生活意义的满意度低的比例随着年龄的增加而增加,但是迄今为止,75 岁以上年龄组的这一比例是21.3%。在25～74 岁年龄组之间的比例相当稳定。

（2）生活的意义和整体生活满意度的关系。芬兰生活满意度和生活的意义都是8.0 分,奥地利分别是7.8 分和7.9 分、荷兰分别是7.8 分和7.7 分、瑞典分别是8.0 分和7.8 分,丹麦分别是8.0 分和8.2 分(见图11-16)。在其他大多数欧盟成员国,人们认为生活的意义明显高于生活满意度。二者之间存在较大差异的是欧盟成员国中生活满意度很低的国家,最大的差别是在保加利亚(1.4 分)、葡萄牙(1.3 分)和塞浦路斯(1.1 分)。

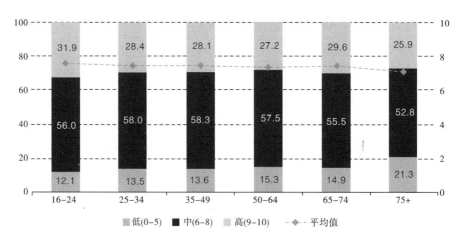

（左轴:满意度百分比;右轴:平均分数）

图11-15　2013 年欧盟28 国不同年龄组的生活意义

资料来源:欧盟统计局(在线数据代码:ilc_pw01 和 ilc_pw05)。

总而言之,与生活满意度相比,幸福的终极方面集中在平均值上下。在大多数国家,生活的意义高于整体生活满意度。图 11-17 显示,生活满意度平均水平较低的国家(如保加利亚和希腊),有类似的较低价值的生活意义,相反,更高的整体生活满意度与更高价值的生活意义也是有关联的。尽管图 11-17 没有说明它们之间完全的相关关系,但是关联性也相当强。在这些国家中生活满意度水平是最低的(6.2 分),生活的实际意义(7.4 分)高于欧盟 28 国的平均水平(7.5 分)。法国居民认为他们的生活满意度和生活的意义在同一水平(7.1 分),前者相当于欧盟平均水平,后者则是欧盟的最低水平。

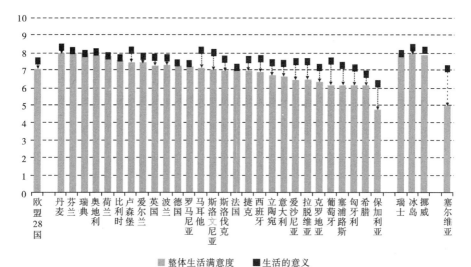

图 11-16 2013 年欧盟 28 国生活满意度和生活的意义的关系

资料来源:欧盟统计局(在线数据代码:ilc_pw01 和 ilc_pw05)。

欧盟居民生活的意义要高于他们的生活满意度。此外,生活的意义似乎并没有生活满意度那样受到社会各方面因素的影响。

2. 幸福

在 EU-SILC 关于幸福的问题:"在过去 4 个星期有多少时间你是开心的?"2013 年 EU-SILC 从 5 个方面测度,可以不直接与生活满意度相比,我们对不同组之间的差别进行了类似观察。

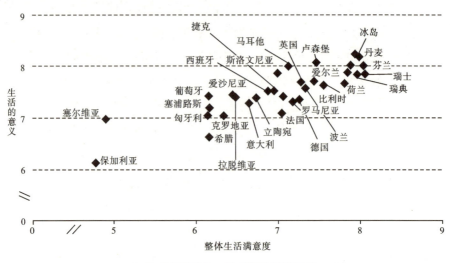

（x 轴:生活的意义;y 轴:整体生活满意度）

图 11-17   2013 年欧盟 28 国整体生活满意度和生活的意义

资料来源:欧盟统计局(在线数据代码:ilc_pw01)。

　　欧盟居民里 10 个人中有近 6 个认为在过去的 4 周里"所有或大部分时间"是快乐的,三分之一的欧盟居民很开心,13% 的只有很少时间是快乐的,或没有时间是快乐的(见图 11-18)。

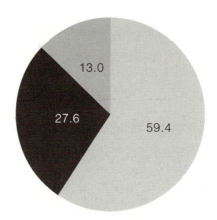

■ 有一点或没有时间　■ 有部分时间　■ 大部分或所有时间

图 11-18   2013 年欧盟 28 国幸福状况(过去 4 周快乐人口的频率)

资料来源:欧盟统计局(在线数据代码:ilc_pw08)。

从图 11-19 中可以看到,幸福(生活满意度和生活的意义)比例最高的是 16~24 岁年龄组,其中 71.5% 的认为自己在过去的 4 个星期全部时间或大部分时间是快乐的。之后是 50~64 岁、65~74 岁,最低是 75 岁以上的年龄组,该组认为自己不快乐的比例是最高的(17.9%)。

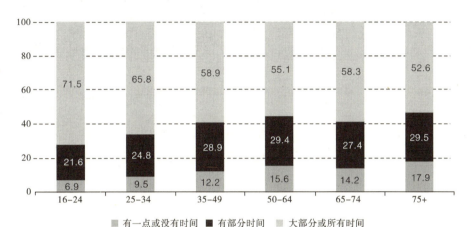

图 11-19　2013 年欧盟 28 国过去 4 周按年龄分组的幸福状况(人口百分比)

资料来源:欧盟统计局(在线数据代码:ilc_pw08)。

图 11-20 显示了两个成年人组成的家庭(在许多情况下是夫妻)比独自生活的家庭要快乐,有孩子的家庭最幸福(单身父母的幸福水平较低)。生活在有两个成年人和三个孩子的家庭中有 66.8% 的人,以及生活在有两个成年人和一个或两个孩子的家庭中有 65.8% 的人,在所有或大部分时间里都很快乐。65 岁或以上的独居女性最不快乐,有 20.9% 的人说他们很少或根本不快乐,其次是 65 岁以上的男性占 19.0%,以及 65 岁以下的独居女性单占 18.8%。

在过去 4 周参加教育和培训的有十分之七全部或大部分时间是快乐的,其后是兼职员工的比例(66.5%)和全职员工的比例(64.4%)。全职员工的幸福感略低于兼职员工,而他们的平均生活满意度略高于兼职员工。另一方面,失业率不仅对生活满意度和生活的意义产生负面影响,而且严重影响幸福。22.6% 的失业者认为他们很少或没时间是快乐的。

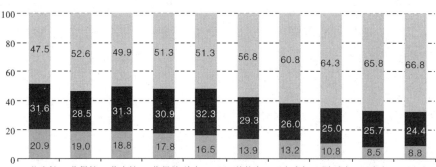

有一点或没有时间　有部分时间　大部分或所有时间

图 11-20　欧盟 28 国过去 4 周按家庭类型分类的快乐频率

注："其他家庭类型"是指 3 或更多的成人和儿童的家庭。

资料来源：欧盟统计局。

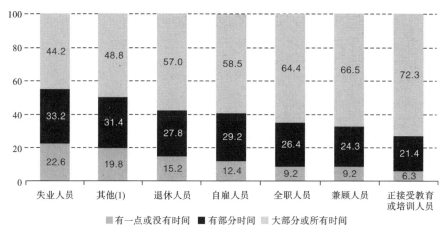

有一点或没有时间　有部分时间　大部分或所有时间

图 11-21　2013 年欧盟 28 在过去的 4 周快乐的频率

注："其他"包括人永久性残疾、不适合工作、充实国内任务在强制性军事社区或服务的

人员。

资料来源：欧盟统计局。

如图 11-22 所示,低生活满意度和低幸福感(没有或很少时间是幸福的)之间是线性关系,例外的是罗马尼亚、拉脱维亚和希腊,这些国家中很少时间快乐或几乎没时间快乐的国家的人口比例高于预期。三个主要组已经确定:组别 1 是二者的水平都比较低,组别 2 是中等水平(包括欧盟 28 国的平均值),组别 3 是相对高比例的低满意度和低幸福感(包括爱沙尼亚和葡萄牙)。

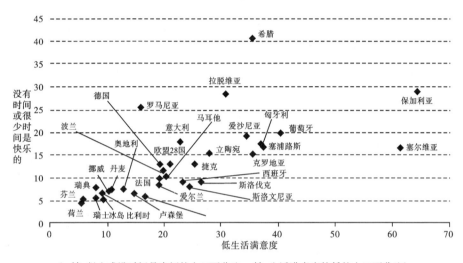

(y 轴:很少或没时间是幸福的人口百分比;x 轴:生活满意度较低的人口百分比)

图 11-22 2013 年欧盟 28 国整体生活满意度和幸福感

资料来源:欧盟统计局(在线数据代码:ilc_pw05 和 ilc_pw08)。

如图 11-23 所示,"没有或很少的时间快乐"和"低生活的意义"之间的关系。例如,例外的是罗马尼亚、拉脱维亚和希腊。一些欧盟成员国,包括那些没有或很少的时间快乐的人口比例中,从荷兰的 4.6% 到英国的 8.4%,低生命的意义中从芬兰 4.0% 到英国的 12.9%。另一个低幸福比例的国家是从法国的 10.0% 到葡萄牙 19.7% 和,低生活意义是从在克罗地亚的 14.7% 到波兰的 23.8%。

在国家层面上可以得出幸福和满意度之间的关系,那么个人呢?在过去 4 周大部分时间或所有的时间,快乐对他们的生活满意有影响吗?见表 11-2,一般结论是:一个人在过去 4 周经常幸福则有较高的生活满意度。76.3% 的人认为大多数或某些时候很高兴,生活满意度也高。

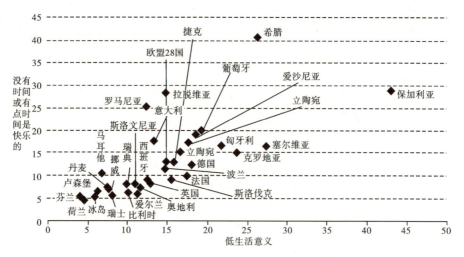

（y 轴:很少或没有时间是幸福的人口百分比;x 轴:较低生活意义的人口百分比）

图 11-23 2013 年欧盟 28 幸福感、生活意义的状况

资料来源:欧盟统计局(在线数据代码:ilc_pw05 和 ilc_pw08)。

表 11-2 2013 年欧盟 28 生活的意义和生活满意度、幸福感

幸福	生活的意义			整体生活满意度		
	低	中	高	低	中	高
全部时间	5.3	42.0	52.7	7.3	44.2	48.5
大部分时间	7.1	59.7	33.2	9.4	62.8	27.8
一部分时间	19.1	63.5	17.4	28.4	63.1	8.6
一点时间	38.8	50.3	11.0	54.9	41.2	3.9
没有时间	52.7	33.8	13.5	66.8	27.1	6.1

资料来源:欧盟统计局。

有一个群体的生活满意度与幸福无关。7.3% 一直幸福的人对于整体生活满意度评分在 0～5 分。此外,从来不快乐的人口中 6.1% 生活满意度高,该组中 13.5% 生活的意义较高。因此可以得出结论,生活满意度和幸福不恒等,但它们是相关的。

下篇　国外的实践

第十二章

法国生活质量的测度方法与实践

基于 2006 到 2009 年欧盟收入和生活条件的调查,法国统计局提出了生活质量测度的客观指标——生活条件、经济压力、健康状况、社会关系、社会参与、工作条件和教育。就这些指标而言,即使指标的构建没有遵从 SSF 报告的具体建议,这些指标的构建也是为生活质量的客观测度提供了一种综合方法。

法国统计局提出测度生活质量的客观指标的同时,也考虑了不同维度条件可能带来的影响,就大多数维度条件而言,欧盟收入和生活条件调查可以提供一套统一数据。此外,欧盟在设计收入和生活条件调查的问卷时使用了法国 2008 年社会指标问卷作为补充。①

困难的人可能会面临一些限制性的维度条件,如经济压力、健康状况、社会关系、社会参与、工作条件和教育等。测度生活质量的客观方法原理与

---

① 3 个模块每 3 年轮流一次。第一个模块侧重于社会参与、社区生活和健康;第二个模块关于运动、闲暇和文化;第三个模块是社会流动性和与家人和朋友的关系。已经添加了关于工作条件的年度调查问卷。

指标定位法的原理一样①：就困难的各个组成因素而言,这些因素都是可以被确定和测度的。每个维度条件都对应一个临界值,该临界值是任意设定的,确定了临界值之后,如果个人在某一方面的困难程度大于或等于临界值,那么就认为他在这个方面是匮乏的。对每个维度而言,都可以计算出匮乏的人所占的比例。

在测度生活质量的基础上,法国统计局进一步测度了生活满意度,结果是法国人给自己打了 7.3 分。

一、生活质量的测度

在相同的资源条件下,个体和社会以及代与代之间的生活质量可以不同。除了家庭类型、教育和年龄这三个维度之外,对每个维度我们还提出了"目标人群"。"目标人群"对应的是有贫困风险(低于平均收益调整值的 60%)或有实质性匮乏(9 个匮乏项中至少满足 4 项)或者生活在低劳动强度的家庭中(实际工作时间占可工作时间的比重低于 25%)的人。2008 年法国目标人群中有 68.6% 对应于"贫困风险",18.2% 对应于"物质匮乏",13.2% 对应于"低劳动强度家庭"。

1. 生活条件

将生活条件维度分解为两个子维度,并通过住房条件和消费约束来反映。

住房条件:2007 年欧盟收入和生活条件调查中关于舒适度和设施项目有 18 个,2009 年调查中有 22 个。这 22 个项目中有一些是关于物质匮乏的专用模块。

---

① 脱除指标法是彼得·汤森(Peter Townsend)在 20 世纪 60 年代关于英国贫困问题的著作中提出来的,这种方法的理念基础是需求的满足和不足是相对应的。这种被排除在日常生活方式之外的相对需求是可以客观地确定和度量的。因此他制定了与收入高度相关的生活标准基本指标的清单,然后进行问卷调查,让人们回答"是"与"不是",清单上的指标的缺失就是基本需求得不到满足的证据。以上述指标给不同的家庭的需求不足评分,并概括为各种收入类型的家庭的典型评价,然后与这些家庭的收入相比较,来求出贫困线。但是,批评者则指出,这种方法实际上是以行为主义为基础的,是以对家庭的消费调查中揭示的行为模式为依据建立起来的,它所指定的生活必需品仍然根据专家的判断而定。

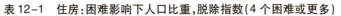

表 12-1　住房:困难影响下人口比重,脱除指数(4 个困难或更多)

条件要求	全部	目标	单身	单亲	2 个成人无子女	2 个成人有子女	低学历	16～29 岁	60 岁及以上	等级1	等级3
噪声	19.3	24.9	21.2	25.3	18.1	18.3	20.3	22.6	17.4	24.1	14.8
拥挤	10.0	20.5	15.3	20.0	1.8	9.8	11.2	17.3	3.7	19.8	3.6
家里充分保持适当温度	21.7	31.0	24.8	27.2	20.1	19.9	25.8	22.6	24.1	29.3	14.4
足够的电气装置	11.2	16.6	12.5	12.4	10.7	10.5	12.7	13.0	10.4	15.5	9.1
潮湿的墙壁/楼层/地板,或破旧的窗壁或地板	13.4	21.0	13.5	19.6	11.7	13.0	15.1	16.7	11.0	19.8	7.6
室内有浴缸或淋浴	0.9	1.8	2.1	0.9	0.6	0.4	2.1	00.5	1.8	1.9	0.3
中央暖气系统	5.8	9.9	7.3	6.5	4.7	5.5	9.4	4.3	7.2	10.3	2.3
热水	0.7	1.4	1.2	0.9	0.6	0.4	1.6	0.4	1.4	1.3	0.4
室内冲水式厕所	1.0	1.9	2.1	1.6	0.8	0.5	1.8	0.8	1.4	1.9	0.2
空间不足	13.4	19.7	13.1	21.3	6.4	16.6	12.2	18.8	5.1	19.1	8.8
足够的水管或水装置	14.3	18.7	13.2	20.3	12.4	15.4	13.6	18.1	11.0	18.5	11.9
阴暗的住所	8.3	12.0	10.4	9.4	7.3	8.1	9.0	9.5	7.6	10.8	5.1
银行服务的便利性	8.9	8.8	7.2	9.7	7.7	10.2	7.6	10.9	6.1	9.5	8.2
义务教育的便利性	2.5	3.1	0.0	4.3	0.0	4.9	2.5	3.4	0.1	3.0	1.7
杂货店服务的便利性	3.0	4.0	2.9	3.5	2.5	3.1	3.7	2.7	3.4	3.9	2.5
邮局服务的便利性	17.9	15.0	13.7	17.8	15.7	21.3	13.5	20.6	12.8	15.1	20.3
基本医疗卫生服务的便利性	5.5	5.2	4.4	5.5	4.5	6.7	5.7	5.3	4.6	5.7	5.0

续表 12-1

条件要求	全部	目标	单身	单亲	2 个成人无子女	2 个成人有子女	低学历	16～29 岁	60 岁及以上	等级1	等级3
公共交通服务的便利性	4.4	6.3	4.1	5.9	2.8	5.3	3.7	5.3	3.0	5.4	4.4
居住条件：脱除指数（4 个困难及以上）	12.6	22.3	14.3	20.5	7.7	13.5	14.4	17.1	8.3	21.5	6.5

资料来源：2007 年欧盟收入和生活条件调查，加权，16 岁及以上，法国。

对于住房而言，有 5 个指标与屋内设施有关，其中有 2 个指标与潮湿和噪声危害有关，还有 2 个指标与家庭人口密度（和过度拥挤）有关。调查数据显示：只有不到 1% 的人家中无浴室、25% 的人家中无取暖设施、8% 的人住房条件的 9 个项目中有 3 个是匮乏的。临界值对应的是生活贫困的人的住房条件。

住房条件的状况见表 12-1。准确地说，计算每个 16 岁及以上的个体及家庭匮乏的总指数。总指标所包含的项目包括住房的质量、空间的不足、各种设施和服务的便利性。家庭匮乏的临界值设为 4，缺失值设为 18。

人口中关于卫生间、浴室、淋浴和热水的指标值接近于零，而目标人群的数值接近 1.5%。在没有限制的情况下，目标人群和匮乏人群之间的联系不明显。对目标人群和总人口来说，关于银行服务（9%）、义务教育学校（大约 3%）、食品（3%～4%）的数值是一致的。对于邮政服务，目标人群比总人口所面临的问题要小（15% 对 18%）；相反，目标人群关于公共交通的问题比总人口的要多（6% 对 4%）。当 12.6% 的个人处于脱除状态时，目标人群的脱除率会提高到 22.3%。

表 12-2 消费和耐用品：困难影响下人口比重,脱除指数(5 个困难或更多)

条件要求	全部	目标	单身	单亲	2 个成人无子女	2 个成人有子女	低学历	16～29 岁	60 岁及以上	等级1	等级3
每月至少一次与家人/朋友在一起吃饭/喝酒	9.3	27.4	14.3	21.2	6.1	6.9	16.5	8.3	11.3	19.4	1.2
每周为自己花一定的钱	11.7	32.7	17.0	24.1	5.5	9.9	16.8	12.9	9.8	23.6	1.8
两双合脚的鞋	3.2	11.7	4.2	9.0	1.7	2.7	5.6	3.0	3.0	7.3	0.2
每年至少为家人/朋友送个礼物	9.6	31.9	13.0	19.1	6.0	7.4	17.2	9.3	10.7	21.5	0.9
过去的两周中至少有一天每月吃顿像样的正餐	2.4	8.7	4.1	7.1	1.2	1.7	3.6	2.8	1.6	5.1	0.7
每年至少有一次离家的假期	30.1	69.1	38.1	49.8	21.1	27.1	44.2	33.4	30.9	54.1	5.5
每两天至少有一餐饭中有肉、鸡、鱼（或等量的素食）	6.8	24.2	10.8	13.6	4.3	4.9	10.0	7.5	6.2	14.5	1.2
更换用旧的家具	31.8	69.5	37.6	52.8	23.3	28.6	43.4	36.7	30.3	53.4	7.5
面对不可预见话费的能力（800 欧元）	31.3	65.9	38.3	53.6	20.6	29.4	42.0	40.3	24.8	51.7	6.8
通过置办新的替换穿旧的衣服(非二手货)	6.4	24.3	10.8	15.1	3.5	4.5	11.0	5.3	6.8	15.0	0.5
收费电视	10.4	26.4	13.2	22.7	6.3	9.0	16.3	10.9	10.7	19.8	1.7
冷藏室	1.7	6.4	3.1	3.3	0.7	1.1	2.3	2.9	0.7	3.6	0.4
DVD 播放器	1.6	6.4	3.3	3.3	1.0	0.6	3.4	1.5	2.4	4.0	0.2

续表12-2

条件要求	全部	目标	单身	单亲	2个成人无子女	2个成人有子女	低学历	16~29岁	60岁及以上	等级1	等级3
冰箱	0.0	0.0	0.0	0.0	0.0	0.0	0.0	0.0	0.0	0.0	0.0
网络连接	5.3	16.3	8.0	12.9	3.3	3.6	9.2	5.7	4.9	10.8	0.4
洗衣机	0.8	3.5	2.9	0.4	0.4	0.2	1.1	1.2	0.5	1.9	0.0
微波炉	1.0	3.4	2.4	1.8	0.6	0.5	2.0	0.7	1.8	202	0.3
个人电脑	4.8	14.2	7.9	10.3	3.4	3.0	8.7	4.5	5.2	9.7	0.5
电话(固定或移动)	0.9	4.2	1.6	2.3	1.4	0.7	1.5	1.1	0.4	2.1	0.0
彩色电视	0.1	0.6	0.4	0.1	0.0	0.0	0.2	0.1	0.1	0.3	0.0
洗碗机	6.1	18.7	6.1	13.9	2.9	6.0	9.4	8.7	3.6	12.3	1.0
汽车	3.8	15.4	7.2	11.1	1.4	1.9	6.1	4.8	3.6	8.8	0.7
耐用品和消费:脱除指数(5个困难及以上)	14.6	49.8	22.5	33.1	7.2	11.0	24.4	16.0	13.8	32.4	1.2
生活条件指数	13.6	36.1	18.4	26.8	7.5	12.2	19.31	16.6	11.1	26.9	3.8

资料来源:2009年欧盟收入和生活条件调查,加权,16岁及以上,法国。

在调查中共有13类消费品(食品、节假日、家具、服装、家用电脑等),调查结果显示总人口中有15%的人,他们的消费品中至少有4类面临匮乏。表12-2给出了合并消费或耐用品项目中,"脱除"人口所占的比重。该维度主要关注的是生活中某些方面的负担能力(餐饮、住宿、假期、耐用品),数据显示人们受这些问题的影响较大。2009年,69.1%的目标人群负担不起为期一周的假期[1],69.5%的目标人群负担不起购买新家具的费用,65.9%的目标人群没有能力解决非预期费用问题;至于耐用品,目标人群和总人口在彩色电视或冰箱之间的差异都接近于零。越来越多的人用电脑看电视或用手机联系他人,但仍有14.2%的目标人群(总人口中的4.8%)没有计算机。正如预期的那样,可调整收入的分布属于第四等级,这大大减少了脱除的风

---

[1] 对于假期的重要性,没有达成共识(详见欧盟民意调查,2007[4])。

险。2009 年总人口中有 14.6% 的人平均遇到至少 5 个问题,而目标人群有 50% 的人平均遇到至少 5 个问题。

生活条件指标是通过计算两个子维度的平均脱除率而得到的。总人口的平均脱除率为 13.6%,目标人群为 36.1%。

2. 经济压力

该维度关注的是经济约束,如人们可能面临的经济问题(住房成本的负担、过去 12 个月的银行透支等),是 2008 年欧盟收入和生活水平调查中的十个项目之一(表 12-3)。在使用"储蓄来平衡预算"的条件下,目标人群和总人口所面对的各种困难之间几乎没有差别(总人口 34.6%,目标人群为 34.0%)。正如预期的那样,只有 4.2% 的人在调整收入分配后是"负的"(至少有 3 项困难)。总人口中有 15.3% 的人是"负的",而目标人群为 37.2%。

表 12-3　经济压力:困难影响下人口比重

条件要求	全部	目标	单身	单亲	2 个成人无子女	2 个成人有子女	低学历	16~29 岁	60 岁及以上	等级 1	等级 3
过去 12 个月银行透支	10.6	17.0	7.4	17.2	6.0	13.2	8.9	15.6	3.1	15.4	5.8
拖欠抵押贷款偿还	2.0	5.0	1.3	3.2	0.8	2.2	2.7	3.1	0.8	3.9	0.6
拖欠电费	5.3	15.2	4.3	10.8	2.0	6.1	6.4	8.6	1.7	12.4	0.8
经济宽裕,有能力维持收支平衡	15.0	39.7	17.8	30.9	7.9	14.9	20.3	18.2	11.8	33.2	3.3
拖欠支付税款	2.0	4.2	1.5	2.8	1.1	2.5	2.2	3.1	0.8	3.0	0.8
拖欠支付房租	4.2	13.3	4.8	11.6	1.5	4.1	5.0	7.0	1.2	10.2	0.6
住房总成本财务负担	8.7	7.1	4.9	8.0	5.0	13.7	5.5	9.3	2.5	7.9	10.2
没有财政投资	14.7	33.2	17.4	24.6	10.4	13.4	21.6	16.6	12.7	28.6	5.1
预算平衡	18.2	41.8	18.8	34.3	10.1	19.8	22.0	22.2	12.7	35.6	5.9

续表12-3

条件要求	全部	目标	单身	单亲	2个成人无子女	2个成人有子女	低学历	16～29岁	60岁及以上	等级1	等级3
过去的12个月里，用储蓄来平衡预算	34.6	34.0	30.4	34.9	33.6	37.5	32.7	35.9	31.8	34.5	28.6
经济压力：脱除指数(3个困难或更多)	15.3	37.2	15.2	29.5	7.3	17.3	18.0	21.0	7.9	30.8	4.2

资料来源：2008年欧盟收入和生活条件调查，加权，16岁及以上，法国。

3. 健康状况

采用三项2008年欧盟收入和生活水平调查数据。其中一项是关于自我健康评价：要求受访者用五等级量表(即所谓的"欧洲"量表：很好、好、一般、不好、非常不好)来评价健康状况。可以构建一种二进制的方法来评价健康，对于那些选择"不好"和"非常不好"的受访者而言，认为他们对自己的健康状况不满意。调查还包括影响健康的日常活动问题以及有关长期健康状况的问题。

正如所预期的那样，受访者中关心健康问题的人所占的比重随着年龄的增加而提高，而且对健康的关心程度也与他们受教育程度的高低有关(表12-4)。2008年，总人口中11%的人遇到健康方面的问题，目标人群则为17.7%。

表12-4　健康：困难影响下人口比重，脱除指数(2个困难或更多)

条件要求	全部	目标	单身	单亲	2个成人无子女	2个成人有子女	低学历	16～29岁	60岁及以上	等级1
对健康的满意度	8.2	13.9	11.9	8.0	11.3	3.8	17.2	1.1	18.3	12.9
任何长期生病或长期健康问题	35.9	40.5	47.9	29.4	47.5	23.0	50.1	14.1	61.1	40.0

续表 12-4

条件要求	全部	目标	单身	单亲	2 个成人无子女	2 个成人有子女	低学历	16 ~ 29 岁	60 岁及以上	等级 1
人们经常的活动由于健康问题限制	8.4	12.9	11.7	8.0	12.2	3.7	16.7	1.4	19.0	11.4
健康指标:脱除指数(2 个困难或更多)	11.0	17.7	15.4	10.9	15.5	5.1	21.7	1.7	24.0	15.9

资料来源:2008 年欧盟收入和生活条件调查,加权,16 岁及以上,法国。

4. 社会关系

生活质量的好坏还取决于与亲朋好友的关系,人际关系维度包括五项。

第一项是参与娱乐团体或组织活动,它可以是体育团体、协会、闲暇俱乐部,工会则被排除在外(见"社会参与"维度)。假设协会的普通会员和担任职务的会员之间有差异:普通成员有机会扩大他们的社会交往,如在俱乐部打网球或打牌等,而担任职务的成员则可以参与到政治中。

其余四项主要是与他人的联系相关,这些联系可以是与家人的联系,也可以是与朋友的联系,当然不同的联系也会因为联系方式的不同而不同,如面对面的交谈以及通过邮件、电话以及短信进行联系等。当项目的匮失问题能够在耐用品上区分开来时,就不会发生以下这种情况:在没有接触的条件下无法对偏好和约束进行区分,因此家庭冲突就会使人们为了更好的个人幸福而放弃与家庭的接触。

就人际关系而言,很少与他人接触的人被认为是"脱除"了(形式包括"没有家人""没有朋友",也就是说在家人和朋友方面是匮乏的)[1]。

目标人群表现的主要是"孤独"(见表 12-5),与全部人口中不参加娱乐活动或组织活动的人所占的比重相比,目标人群中的比重比总人口中的比

---

[1]　项目之间的皮尔森相关性是正的但弱相关。与亲戚、朋友一起占 7%,与家人一起占 23%,和朋友联系占 5%,协会成员 4%。家人联系,与朋友聚会的 10%,与朋友联系 30%,会员为 4%。朋友们聚会、联系的有 26%,会员 11%。与朋友和会员联系有 9%。

重高出 5 个百分点。孤独现象与年龄有关:14.7% 的老年人与朋友很少联系,而 30 岁以下很少与他人联系的人所占的比重仅有 1.7%;有 11.0% 的人从不和朋友联系,而 30 岁以下从不与他人联系的人所占的比重仅为 1.4%。老年人更加孤独:60 岁以上的人中有 21% 是"脱除"的(面对 2 种或 2 种以上困难),而 30 岁以下的则为 5.7%。在目标人群中,有 21.0% 的人是"脱除"的,而总人口中该比重为 13.2%。

表 12-5 联系:困难影响下人口比重

相关指标	全部	目标	单身	单亲	2 个成人无子女	2 个成人有子女	低学历	16 ~ 29 岁	60 岁及以上	等级 1	等级 3
与朋友联系的频率(从不)	8.0	11.9	10.4	8.0	9.6	5.9	14.4	1.7	14.7	11.8	4.8
与朋友聚会的频率(从不)	5.8	8.9	8.2	6.8	6.8	3.6	10.6	1.4	11.0	8.0	3.1
与亲属联系的频率(从不)	4.4	7.2	3.8	6.1	4.1	4.2	6.7	4.0	5.2	7.3	2.0
与亲属聚会的频率(从不)	2.1	4.4	2.5	3.7	1.3	1.8	3.0	1.4	2.0	3.6	1.2
参与娱乐团体或组织的活动	74.4	79.2	74.9	76.8	75.3	73.1	75.2	67.7	72.9	78.4	69.6
健康指标:脱除指数(2 个困难或更多)	13.2	21.0	16.3	15.3	14.1	10.2	22.6	5.7	21.1	19.3	7.5

资料来源:2006 年欧盟收入和生活条件调查,加权,16 岁及以上,法国。

5.社会参与

此项目所包含的内容是:在任何协会都不担任职务、不是志愿者、不是政党成员、不是工会成员、在上次选举中没有投票。在前四项中,调查显示多数人与它们"无关",见表 12-6。因此该维度的临界值设为 5,总人口的脱除率是 20.1%,目标人群为 24.7%。老年人由于退休而有了更多的时间,因此他们可以有更多的时间参与到社会活动中去,所以这个维度中,只有17.6% 的老年人是"脱除"的(年轻人中的比重为 23.5%)。

表12-6　社会参与度：困难影响下人口比重，脱除指数(5个困难)

相关指标	全部	目标	单身	单亲	2个成人无子女	2个成人有子女	低学历	16～29岁	60岁及以上	等级1	等级3
在协会中担责任(无)	93.5	95.3	94.1	95.0	92.8	93.4	96.5	95.9	93.3	95.7	91.2
志愿者	83.1	84.5	82.9	85.9	81.7	83.5	86.9	87.3	82.1	85.4	81.4
政党	99.4	99.6	99.2	99.8	99.3	99.6	99.8	99.8	99.3	99.8	99.0
工会	97.8	99.2	97.8	98.4	97.8	97.5	99.2	99.1	98.6	99.1	96.1
在上次选举中投票*	24.1	28.8	27.6	26.3	21.9	23.6	25.6	27.9	20.3	27.8	17.7
社会参与度：脱除指数(5项)	20.1	24.7	23.5	22.2	18.1	19.3	22.3	23.5	17.6	23.9	14.2

资料来源：2006年欧盟收入和生活条件调查，加权，16岁及以上，法国。

* 关于欧洲宪法公投：69.4%的选民参与(法国内政部)。

6. 工作条件

生活质量取决于人们的工作条件，该维度只适用于有工作的人。2008年，法国的调查中关于工作条件的模块由12项组成，主要涉及的是：影响精神方面的因素，如与客户的冲突、时间压力或超负荷工作；有关身体健康的因素，如接触危险的物质(粉尘、烟雾、化学物质等)；或夜间工作等。

关于接触有毒物质、夜间工作、与客户发生冲突、家庭生活困难或与同事之间相处不融洽等，目标人群和总人口之间的差异是很小的(见表12-7)。在目标人群和总人口中，认为没有被得到认可的人所占的比例均超过了40%。总人口中的"脱除率"(2种或2种以上的困难)为10.2%，目标人群的为12.3%。

表 12-7 工作条件：困难影响下人口比重

相关指标	全部	目标	单身	单亲	2 个成人无子女	2 个成人有子女	低学历	16～29 岁	60 岁及以上	等级1	等级3
重复性工作	16.6	22.1	16.6	15.7	17.3	16.1	29.6	17.4	12.4	21.7	11.0
与同事之间的和谐氛围	5.0	4.1	4.8	4.4	4.6	5.2	8.0	4.5	2.6	4.7	3.6
发展技能的机会	16.5	22.7	17.4	19.1	18.1	15.0	18.6	19.6	11.4	21.3	12.7
暴露在有毒物品中	15.3	16.6	16.8	14.6	15.1	14.6	22.4	16.4	11.0	16.6	10.3
夜间工作	7.4	8.0	7.4	5.2	6.6	8.1	8.7	7.1	3.4	7.8	6.0
接下来的 12 个月里将离职	12.7	23.3	17.2	12.4	14.7	10.0	11.1	27.2	6.0	19.8	9.1
体能要求	34.4	42.3	32.2	37.3	35.0	33.8	53.5	35.0	32.7	42.3	24.1
繁重的工作，导致时间压力	31.7	27.6	33.5	29.1	30.1	31.6	24.4	28.0	24.9	26.0	41.9
职业发展前景	60.5	79.8	57.6	68.4	61.4	59.3	79.2	53.5	91.0	73.9	52.5
与顾客发生冲突	15.0	12.4	14.1	14.9	14.8	15.3	9.0	14.2	10.2	11.0	18.8
家庭生活困难	10.9	12.0	6.6	13.9	6.3	15.0	9.1	7.8	5.7	12.2	12.0
工作得到认可	44.2	41.2	40.0	46.1	45.6	45.7	40.6	41.2	32.4	40.5	40.1
工作指标：脱除指数（5 个困难及以上）	10.2	12.3	14.3	11.4	10.4	8.6	13.6	9.5	5.0	11.8	7.2

资料来源：2007 年欧盟收入和生活条件调查，加权，16 岁及以上，法国。

7. 教育

教育维度包括两个项目：受教育程度较低以及近期没有接受过培训。就近期没有接受过培训来说，令人意外的是在目标人群中只有少数人是"脱除"的（见表 12-8）。有越来越多的项目用来区分识字和计算能力之间的差异,其中一些项目来自 PIAAC[①] 调查。目标人群的脱除率(1 个困难或 2 个困难)是 42.7% ,这与总人口的 28.3% 相比是非常高的。

表 12-8　教育:困难影响下人口比重,脱除指数(1 个困难或 2 个)

相关指标	全部	目标	单身	单亲	2 个成人无子女	2 个成人有子女	低学历	16 ~ 29 岁	60 岁及以上	等级 1	等级 3
低学历	31.6	45.5	40.0	30.9	38.4	21.3	0.0	15.9	58.9	47.3	15.7
最近接受培训	89.0	86.6	95.6	76.3	98.2	82.0	92.7	55.7	99.7	85.5	90.6
教育指标:脱除指数(1 个困难或 2 个)	28.3	42.7	37.8	25.2	37.1	16.0	92.7	7.4	56.0	43.7	12.8

资料来源:2008 年欧盟收入和生活条件调查,加权,16 岁及以上,法国。

8.综合指数

就总人口而言,生活质量的所有维度当中,目标人群和第一等级的处于调整后收入的人所面临的"脱除"风险更大。老年人和年轻人之间的差异主要表现为从一个维度到另一个维度:对于健康、教育(平均来说接受过更多的教育)和社交(更广泛的社会关系),年轻人和总人口相比,年轻人的"脱除率"要低。而老年人通常面临较小的经济压力,在生活条件维度这一项目中的"脱除率"也较低(他们中的大多数已退休,工作条件维度并不真正适用于他们)。

二、法国2010年生活满意度调查

若以满分 10 分计算,法国人给自己打7.3 分,满意度的上升与生活水平是一致的。然而,收入水平越高,获得的满意度越小,收入以外的其他决定因素对满意度的影响就越大。测度因素中物质生活条件对主观福利影响最大,其次是健康状况、工作和家庭。

---

① 　国际成人能力评估调查(简称PIAAC)是经济合作与发展组织(简称"经合组织"或"OECD")所实施的国际调查之一,该调查在 24 个国家中对 16 ~ 65 岁成年人展开的调查,旨在对成年人在社会生活方面的能力进行评估。

生活满意度的决定因素有很多，如经济状况、健康状况、社会关系等，人们可以使用客观和主观两种不同类型的指标来衡量生活质量。

（一）生活质量的客观和主观测度指标

"客观的"生活质量指标注重具体的、可测度的事实。法国国家统计局每年都进行收入和生活条件的调查并汇编（不包括收入）客观生活质量指标。因此，调查对生活条件提供了一个广阔的视野，例如，受访者被问及他们的住所是否有某些不足之处，是否经历了经济或工作条件困难的问题。我们还搜集了大量受较长时间间隔因素影响的数据，如与朋友联系或参加体育活动的频率。所有这些投入使我们可以尝试构建生活质量仪表盘。对生活的各个方面达成共识并把各方面汇总成为一个综合指标是很难的，虽然大量可用指标的组织对统计工作者的主观性提出了挑战，但是构建它的方法是客观的，因为我们不依赖于受访者的主观判断。[1]

"主观"生活质量指标更注重人的"感觉"，与SSF报告的建议一致，在2010年调查中引入了主观指标。满意度为0～10分，受访者对其总体或某个方面的生活满意度进行打分。因此，当受访者给出价值观和偏好或生活体验，可以测算出主观福利指标。例如，总体生活满意度的主观指标的优点是，让每位受访者成为自己生活中的"专家"，根据个人偏好对生活的各个方面进行选择和排序。统计工作者只能以规范、系统的方式来构建仪表盘，因此，区别客观和主观指标不是基于测度概念，而是测度性质上的不同。客观或主观指标类型的搜集还决定调查过程。[2]

（二）生活质量定量与定性的差异

导致二者之间差异的原因有很多。有人认为主观福利（情感）与客观情况（具体事实）相关，部分的也和受访者的性格特征有关，比如，风险厌恶、当前偏好和乐观的心态（这些反过来可能与客观指标相关，如收入）有相关关系。赞成使用主观方法的人认为该方法在多种可选择的方法中具有综合性

---

[1] 在某些情况下，我们甚至可以完全省掉受访者的答案，例如，在SRCV中搜集的收入数据域行政记录数据相匹配；在未来的住房调查中，通过能源效率诊断方法，来搜集住房质量信息；通过体能测试方法，调查健康、年龄状况。

[2] 例如，主观指标的搜集禁止别人代替，即受访者在调查时没有时间的情况下，获授权人代表受访者回答问题。

的优点。

2010 年,法国在调查中增加了五个问题模块。如一般的问卷调查采取的是面对面形式(即通过面试人员),受访者约为 25 000 人。对以下问题进行提问,可以得到关于生活的五大领域的主观评价,用"0(完全不满意)到 10(非常满意)分为您的满意度打分"提问:

·您的住房

·您的工作(就业者)

·您的闲暇活动

·您的关系圈:家人、朋友和邻居

·目前您的生活状况

它包括对主观福利、对未来的情感问题、对风险的态度方面与其他人的比较,这是短期的方案,主要用于校对受访者的回答。

但一些观点是必要的。第一,从统计汲取灵感的经济科学比文字说明表达的更直观,原则上人们的实际行动揭示了(或者推断)人们的实际偏好,因此解释主观指标的结果时,统计工作者应该更加谨慎。

第二,当利用统计学理论简单的搜集这些主观想法的时候,这不是一个常规的免责声明,当中存在的测量误差会对结果产生极大的影响。主要有四个方面的影响:

·基于一时的烦恼或者刚刚实现了某个愿望,这些相关的情感都会对调查的结果产生影响,从而偏离原有结果。

·天气或调查的时间也会对结果产生影响。在夏天、节假日、天气好的日子、周末刚开始的时候,人们的答案更倾向于满意。

·问卷调查问题的位置,例如,在开头或结尾处,可能影响受访者主观问题的回答。

·满意度得分 7.3 分,并不是所有受访者的满意度分数都是 7.3 分,由于每个受访者的反应不同,每个人在回答同一问题时很可能有不同的答案。

这些测量误差可以用统计方法进行修正,然而,后者的成本更高,因为他们需要附加问题、分组样本的不同方案、使用面板数据。不论选择何种方法,误差修正必须是完全公开的。

(三)调查的主要结论

1.收入与满意度

2010年的平均满意度为7.3分。大多数受访者喜欢打高分:92%以上的受访者的满意度为5或更高。满意度结果非常集中,60%的人的选择在7~9分。

生活满意度与生活水平都呈上升趋势,从收入最低的10%(底部十分位)的平均分6.0分到收入最高的10%(顶部十分位)的平均分7.8分,底部和顶部的十分位数之间的差距很明显但并不惊人(见图12-1)。此外,满意度增加与生活水平不是线性相关的。原因可能是,幸福感和收入之间真正的联系是,人们强烈愿望的改变随着生活水平的提高而减弱,收入的边际效用下降,货币因素可能没有其他因素那么重要。

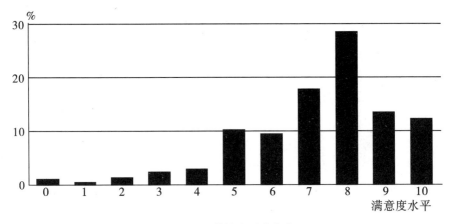

图 12-1 整体生活满意度

范围:法国的大都市,有私人住房且年龄在16岁以上的人。

如何阅读该图:回答问题"0~10分,给你当前的生活满意度打分",18%的受访者给自己打7分。

资料来源:法国统计局,2010SRCV/SILC 调查。

2.物质困难与生活满意度

每年的SRCV调查监测27个基本的生活困难指标,它可以分为四类:预算约束(例如,没有银行透支就无力支付经常性支出)、逾期付款(如无法按时缴纳电费)、消费约束(例如,无力支付各种基本消费)、住房困难(例如,缺乏基础设施或足够的空间）。这些物质方面的困境的增加往往会降低人们生活满意度的得分：受访者中没有列出困难的给生活满意度评分打分7.9分（占总数的21%），列出有 5 个困难的受访者平均打分 7.0 分（占总数的5%），列出 8 个困难的受访者平均打分为 6.0 分（占总数的3%），列出 10 个或更多困难的受访者平均打分为 5.1 分（占总数的7%）。

3.45~49 岁年龄组的人生活满意度最低

2010 年，调查显示45~49 岁年龄组的人生活满意度低于其他年龄组，平均分数为 7.1 分。生命周期的第一部分：年轻时生活满意度很高，在 40 岁左右开始下降，到 70 岁后开始上升（见图 12-2）。因此，我们观察到财产（金融资产）和他们在主观福利方面的结果有差距。例如：人们生活水平高峰值出现在 60 岁以前，孩子离开家后和退休前这一段时间，但生活满意度比生活水平达到峰值要晚。

（四）生活质量的综合指标构建

如果目标人口与剩余人口之间存在分离，那么目标人群的比值要比剩余人群的比值大：就生活条件维度而言，目标人群的"脱除率"是剩余人群的5.9 倍，经济压力为 4.9 倍，健康为 2.0 倍，社会关系为 2.1 倍，社会参与为1.4 倍，工作条件为 1.3 倍，教育为 2.2 倍。单亲家庭生活质量维度面临的问题更多，低收入和低文凭的人们也是如此（见表 12-9）；单亲父母相对青年人，平均年龄只有 38.3 岁，多数有高中以上学历。

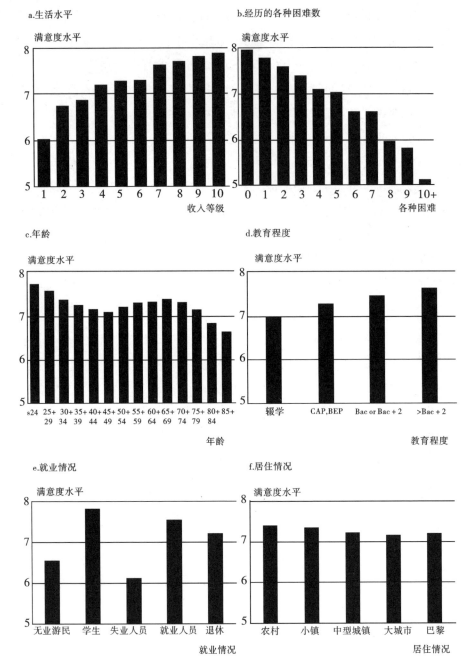

图 12-2　平均生活满意度

范围:法国的大都市,有私人住房的、年龄在 16 岁以上的人。

如何阅读该图:生活水平最低 10% 的受访者给自己打 6 分。

资料来源:法国统计局,2010SRCV/SILC 调查。

表2-9　多维综合指数

相关指标	全部	目标	单身	单亲	2个成人无子女	2个成人有子女	低学历	16～29	60岁及以上	等级1	等级3
生活质量符合指标	15.9	27.4	20.1	20.2	15.7	12.7	30.0	12.2	20.4	24.6	8.1
每个维度，生活质量指标临界值+1	11.4	20.1	14.5	14.2	11.5	8.9	23.5	8.7	15.1	18.0	5.5
每个维度，生活质量指标临界值-1	50.4	59.9	54.5	54.2	50.3	47.6	56.7	45.1	52.2	57.3	43.7
个人样本构成											
女性	52.0	55.4	59.1	63.4	49.8	48.6	53.8	49.8	55.0	54.2	49.6
低学历	31.6	45.5	40.0	30.9	38.4	21.3		15.9	58.9	47.3	15.7
平均年龄	46.6	45.4	54.9	38.3	55.9	37.5	57.4	22.9	70.8	45.7	49.2

资料来源：2006年、2007年、2008年和2009年欧盟收入和生活条件调查，法国。

　　不同的人群对应的生活质量指数也不同。在目标人群中，该指数是15.9%，在总人口中则为27.4%。如果认为生活质量处于贫困风险中，那么目标人群中的风险值要比在其他人群中高约2.4倍。在第一个变量中，如果给每个临界值增加一个维度，那么指数值将会变大2.3倍；在第二个变量中，如果给每个临界值减去一个维度，那么指数值将会变大1.6倍。虽然这个初始的多维度指标缺乏透明性和非均匀性，但它提供了非常有用的衡量方法。就某些维度（社会参与、教育、健康）而言，其包含的项目的数量应该增加，另外，还需要对欧洲地区进行其他的调查，以此来强化指标范围内的维度。

　　对于生活质量的每个维度而言，每个临界值是任意给定的，这里使用的方法与生活条件不足的测度方法是完全相同的，总的来说，临界值是这样选取的：处于贫困生活条件的人的比例与在货币方面贫困的人的比例是相似的。

　　综合指标的局限性是没有考虑到生活质量不同方面之间的相关性，并且把不同方面问题汇总起来比把这些问题分开考虑更有可能降低生活质量。

第十三章

不丹的国民幸福指数[①]

不丹国民幸福指数（Gross National Happiness Index，GNH）的测度采用的是一个多维方法，与之联系的是一整套的政策和方案，因此它具有实际的应用价值。国民幸福指数所使用的数据从定期调查中而来，它代表的是地区、性别、年龄、城乡住房等方面的信息。代表性抽样提供的结果可以按照不同地区的水平来划分，而且分析的结果也能够为不同的组织和公民所检验、使用。国民幸福指数与当今西方文化中关于幸福的某些概念不同——幸福本身是多维的，幸福的测度也不仅是对主观福利的测度，而且幸福也不只是与个人有关。尽管幸福与个人密切相关，但是对幸福的追求也可以是对集体的幸福感的追求。尽管每个人所处的环境各不相同，但是只要他们的世界观宽阔，那么他们都可以获得幸福。

国民幸福指数给人们和各地区指出了通往幸福的道路，改善那些不幸福的人所处的环境。对国民幸福指数进行细分，可以找出是哪些因素导致了人们的忧愁，哪些人是不幸福的。就政策而言，国民幸福指数可以让政府和其他机构通过两种方式来提升国民的幸福感：提高幸福的人占总人数的比重，减少不幸福的人数。按照国民幸福指数的构造方式，政府和其他机构能够减少不幸福的人的总数，这可以通过减缓不幸福的人所面对的诸多不

---

① 本节参考 www.grossnationalhappiness.com。

利因素来实现。不丹农村地区不幸福的人往往是那些缺少教育、生活水平低下、对时间没有均衡利用的人。在这些地区，不幸福的人们所缺乏的非物质因素很多，例如社区的活力、文化以及人们的心理健康。

　　国民幸福指数对 9 个领域（心理健康、时间利用、社区活力、文化多样性、生态环境的应变力、生活水平、健康、教育、良好的治理）进行了概述。国民幸福指数所采用的方法是阿尔凯尔-福斯特方法。该指数由 33 组指标构成。每一组指标都包含一些变量。当对指数进行分解时，这 33 组指标包含有 124 个变量，构成了国民幸福指数的基本模块。每个变量的权重不同，其中主观变量所对应的权重较小。每个变量的权重都有一个阈值或充足状态。对幸福而言，9 个领域是等权，因为对幸福而言它们被认为是同样重要的。

　　国民幸福指数主要采用三个临界点划分幸福程度。对幸福的人而言，不是所有的 124 个变量都需要满足。每个人的生存方式不同，不过他们都可以有幸福的生活。人们有选择的自由，只要他们对各自的生活满意即可，因此并不是所有变量都需要具有普遍的适用性。根据这些理由，可以按人们的幸福程度用 50%、66%、77% 这三个临界点将不丹人分成四组。如果变量的满足程度低于 50%，就认为这部分人是不幸福的，他们占总人口的比重为 10.4%；总人口中 48.7% 的人，与他们对应的变量的满足程度为 50% ~ 65%，认为他们是"勉强幸福的"；总人口中 32.6% 的人是"比较幸福的"，与他们对应的变量的满足程度介于 66% ~ 77%，也就是有 6 ~ 7 组指标可以得到满足；最后的 8.3% 的人口被认为是"很幸福的"，因为与他们对应的变量的满足程度在 77% 以上，也就是说他们有 7 组或更多组的指标可以得到满足。

　　为了得到综合指数，国民幸福指数将临界点设定为 66%，也就是上面三个值的中间值。当有 66% 或以上的变量得到满足时，认定人们是"比较幸福的"或者是"很幸福的"。2010 年的国民幸福指数值为 0.743。不丹的人口中有 40.8% 的人被认为是"比较幸福的"或者"很幸福的"，还有 59% 的人是"勉强幸福的"或者"不幸福的"，平均来说，与这部分人对应的变量的满足程度为 57%（不是指数定义里面所需的 66%）。

　　临界点指出了国民幸福指数的差异。中间值使得国民幸福指数的分数较低，因为对不同的条件和状态而言，这 124 个变量所要求的满足程度较高，也就是说与之对应的人应该是很幸福的。这种测度方式要求的比较严格,因为它不关注贫困的生存状态。国民幸福指数将人们划分为四组——不幸福、勉强幸福、比较幸福和很幸福,这种情况只有在国民幸福指数随时间变化的时候才能体现出来。

一、不丹国民幸福指数概述

2010 年的国民幸福指数调查由 2006 年的先期调查和 2008 年的全国代表性调查发展而来,能够代表农村和城市地区或者宗卡行政区的特征。国民幸福指数的领域和指标包含着一些关于权重、临界点以及结果方面的深层次的信息。就阿尔凯尔-福斯特方法中所采用的关于贫穷和福利的多维测度方式而言,国民幸福指数能够识别和聚合相关方面的信息。这就确保了对国家层面测度是严格的、直观的,可以用多种与政策相关的方法来审核。

任何关于不丹国民幸福指数的讨论都需要知道,这里所讲的幸福与西方文化中所讲的幸福是不相同的,这主要体现在两个方面:首先,国民幸福指数是多维的,不是只关注主观幸福而把其他维度排除在外;其次,它将其他因素都内在化了。关于对生活质量和福利的测度需要采用多维测度的方式的讨论越来越多,与此同时不丹构建了一种创新性多维的测度方式,它与政策相关,而且也与一系列的政策和方案的实施工具相关。当对指数进行分解时,这 33 组指标包含有 124 个变量。

表 13-1 对每个组的情况进行了分析介绍。通过 2010 年国民幸福指数的结果对每个类别的人口所占总人口的比重进行了介绍。最后一列是各个领域内每个人的平均满足程度。

表 13-1　国民幸福指数的类别、总数和满足程度

类别	定义组:满足程度 (%)	占人口的比重 (%)	领域内每人平均满足程度 (%)
很幸福	77 ~ 100	8.3	81.5
比较幸福	66 ~ 76	32.6	70.7
勉强幸福	50 ~ 65	48.7	59.1
不幸福	0 ~ 49	10.4	44.7

分析有两个部分。第一部分强调了健康的人已经被认定为是幸福的了。2010 年的国民幸福指数按地区水平来划分,通过农村和城市、性别、职业、教育和收入水平的形式而展开。一些例子表明很幸福的人受年龄、地区、职业、性别的满足程度的影响而呈现出不同的分布。

第二部分着重分析如何提高幸福感。国民幸福指数主要是用来给政策制定者提供指导,提高国民幸福感,对于那些不幸福的人给予特别的关照,使他们的状况可以得到改善。它还有助于我们去更好地理解不同类别的幸福,因此第二部分详细分析了不幸福的人他们在哪些方面没有得到满足。

1. 国民幸福指数概念的起源

"国民幸福指数"是由不丹第四任国王率先提出的,提出之后就受到了人们广泛的关注。1729 年在不丹的法律规则中宣称"如果政府不能给人们创造幸福,那么政府就没有存在的必要"[①]。1972 年,第四任国王宣布国民幸福指数比 GDP 更为重要,从那个时期起,国家的发展方向主要是制定相应的政策和发展计划以促使国民幸福指数的提高。

尽管没有国民幸福指数统一的官方定义,但是以下的描述是被广泛使用的:国民幸福指数采用全面的方式来衡量一个国家的质量,而且物质和精神方面的发展在相互补充、相互促进时也能够促进人类社会的发展。[②]

2008 年在新宪法下不丹的第一位民选总理通过了以下法案:"我们已经很明确的区分了'幸福'的概念,国民幸福指数中所指的幸福经常与短暂的、愉快的、优越的'情感'联系在一起。"我们知道当还有其他人遭受痛苦时,持久的幸福是不存在的,只有当我们与自然和谐相处,充分发挥我们的聪明才智,让我们的思想充分表现出来时我们才能够获得持久的幸福。[③] 国民幸福指数包括与自然和谐(西方关于幸福的概念缺少这一部分)以及对他人的关心。

国民幸福指数的 9 个领域能充分地阐明国民幸福指数的组成要素,并且形成了国民幸福指数的基础。早期的国民幸福指数的四大支柱支撑了这

---

① 1729 年 Mipham Wangpo(米帕姆·旺波)是不丹的第十任国王。廷布于 2004 年重新印制了该书,见第 253 页。

② 参见 http://www.educatingfornh.com

③ 2009 年 12 月 7 号,于不丹首都廷布:国民幸福中关于教育方面的会议。

9 个领域。从人类发展的角度来看,后三个领域是人们非常熟悉的——生活水平(如收入、资产、住房等)、卫生、教育。① 中间三个都是比较新的——时间利用,良好治理和生态环境的应变力。前三个具有创新性——心理健康(包括总体幸福,各种各样的情绪状态、精神特性),社区活力以及文化的多样性和应变能力。9 个领域的权重是一样的。33 个指标用来确定人们是否已经实现了各个领域的满足程度,它也构成了指数本身。为了表明指标的简单性,采用了 9 个领域的指标。就不同的实际用途而言,国民幸福指数的每一个次级指标都有其各自的用途。(见表 13-2)

表 13-2　每一领域的指标个数

序号	领域	指标
1	心理健康	4
2	健康状况	4
3	时间利用	2
4	教育	4
5	文化多样性和应变能力	4
6	良好的治理	4
7	社区活力	4
8	生态的多样性和应变能力	4
9	生活水平	3
—	总计	33

2.2010 年国民幸福指数的目的

21 世纪中期以来,不丹已经采取了一些措施来构建国民幸福指数,这个指数会尽可能充分反映不丹经过深思熟虑后的整体发展观。在 2007 年的政府圆桌会议,卡玛院长指出国民幸福指数将会被用于以下几个方面:给各个

---

① 在第十个不丹国民幸福指数的计划中,重点关注四个对象:为了将国民幸福指数的多维性概念转化为核心目标,对四个战略领域进行了最初的定义。国民幸福指数的四个支柱是:①可持续发展和社会经济的发展;②环境保护;③保护和促进文化的发展;④良好治理。

机构提供指标以指导国家的发展；根据国民幸福指数的目标及其工具来分配资源；对人们的幸福和健康状况进行测度；随着时间的变化对发展状况进行测度；对全国各地的发展进步情况进行比较；每个方面对国民幸福指数的测度都有特定的影响，下面分别予以介绍。

（1）提供指标以指导国家发展。公共部门在监测社会活动的发展或社会形势的改变时必须要利用一些指标。只要国民幸福指数指标能够对产出进行监测，那么国民幸福指数就能激励各个部门来开展服务，因为在下一次国民幸福指数更新时，目前应取得的成就将明显的有助于国民幸福指数的提升。从方法论上来说，这就需要一个综合指标，它能够按照各个组成因素的不同而分解为不同的指标。

（2）根据国民幸福指数的目标及其工具分配资源。对政策制定来说，对国民幸福指数各个领域的目标以及工具、空间尺度和各组的组成成分的了解有助于政策的设计、后续资源的分配。在目标方面，国民幸福指数可以展现宗卡的行政区缺少哪些指标，而且也能够按年龄、地区、性别的不同来对识别出哪些人是"最不幸福的"。就工具来说，国民幸福指数可以被当作检查清单来使用，它能够传递有助于国民幸福指数提升的各种活动和所取得的成就的信息。

（3）测度人们的幸福和健康状况。相对于传统的社会经济测度而言，对国民幸福指数以及其各个构成部分的测度的主要目的在于获取人类福利方面的全面的、具有重要意义的信息。这个过程需要民众对测度的方法理论有所了解。为了让广大民众能够对指标进行评定，以察看他们的愿望和价值是否得到了体现，我们可以对一些案例进行研究，这样就能提供出人们关于幸福方面的信息。

（4）测度发展状况。国民幸福指数的指标组成部分应当是敏感的，而且应随着时间的变化而改变。一些指标必须要随着相关政策的改变而改变。在这种形势下，我们可以获取关于幸福的构成部分以及整体水平方面的、跨越长达几十年的信息。类似的，各组之间的不平等状况以及需要给予特别关心的人都可以通过国民幸福指数被识别出来。因此国民幸福指数调查必须要经常性的进行，例如每两年进行一次。

（5）比较发展状况。利用国民幸福指数可以对地区各个行政区的气候、文化、服务以及生计方面的情况进行比较。国民幸福指数调查必须能够代表出地区的特性。所使用测度方法也必须具有一致性和可分解性。

综合这五个方面的信息可以看出国民幸福指数的指标及其组成部分。国民幸福指数必须对政策具有敏感性，随着政策的改变而改变。不管现在我们是否能够获得人们在社会、文化、环境方面所取得的成就的信息，未来的国民幸福指数都能够将其反映出来。在一些特定的领域，指标必须能够反映出政策的优先性。国民幸福指数指标必须能够反映出当前以及未来社会方面的信息，以便能够对社会进步进行测度。因此国民幸福指数必须可以按照地区和群体的不同而分解为不同形式。

3. 2010 年国民幸福指数调查

2010 年的国民幸福指数调查共有 7 142 人参与，这些人来自不丹的 20 个地区，分别代表的不丹的农村和城市地区。调查由不丹研究中心（CBS）展开，而且基于先前的国民幸福指数调查。调查共包含了 9 个领域，而且在调查中还使用了其他国家在调查时没有使用的方法。在进行 GNH 调查时，不丹研究中心就注意到数据的质量非常好，这是因为经常在偏远农村地区工作的调查员花费了很多时间向参与者解释该指数的目的，告诉参与者理解自己的见解和观点的重要性，从而使受访者能够充分、完整和反思地回答调查中的问题。本次调查基于 2006 年和 2008 年的国民幸福指数的调查，但是这两次调查都只能反映国家整体方面的信息，对各个地区的状况不能很好地反映。这两次调查所获取的经验在本次调查中得到了应用，其分析方法在本次调查中也得到了改进。

为了测度国民幸福指数的 9 个领域，根据 5 个不同的标准，共选择了 33 个指标。首先这些指标必须能够反映出国民幸福方面的信息，而这些信息在官方文件，如国家发展计划以及国王、总理和各个部长的批示中都有体现。就这些指标而言，第一，这些指标能够反映出不丹的文化、传统方面的规范化的价值信息；第二，指标能够反映出其统计特性：每一个指标都具有稳健性；第三，对指标的选择随着时间的变化而变化，这些指标能够准确地反映出不同地区、不同群体的发展状况；第四，尽管政策活动不是提高国民幸福的唯一方式，但是指标要与政策活动相关，国民幸福指数的多个领域可以应用到政府的政策中去，它们能够在多个领域激励商业、非政府组织以及广大民众对国民幸福指数的发展;第五,就广大民众而言,国民幸福指数的各指标应该是比较容易理解的,这些指标能够反映居民生活方面的信息,因此国民幸福指数不仅仅是政策工具,在人们想象到的福利方面的多个形式中也可以得到应用。

二、领域和指标

该部分对 2010 年国民幸福指数的 9 个领域和 33 个指标进行解释,同时还介绍了这些指标的构造方式和设定的临界值一样也对国民幸福指数的结构也进行介绍。国民幸福指数指标使用了两种临界值:满足临界值、幸福临界值。满足临界值给我们呈现的是当 33 个指标都得到了满足时所需的条件是什么。总体幸福临界值回答了"当一个人处于幸福时他需要有几个领域或者是有多少个指标需要得到满足"的问题。

1. 心理健康

心理健康是具有内在价值和对健康状况具有期望的状态。1997 年,埃德·迪纳等人根据反射元素和情感元素对心理健康的指标进行了分类,此外,SSF 报告中[①]也强调了使用多样化的心理健康指标的重要性,强调了指标的不同方面(评价个人的生活、幸福、满意度等)应该被分开测度,其目的是能够使得人们的生活质量得到全面提升。此外为了能够反映出生活质量和享乐体验,在指标领域中还包括精神方面的因素。

(1)生活满意度。这个指标包含了人们对健康状况、职业、家庭、生活水平和工作与生活的平衡这几个方面的主观评价[②]。受访者被要求回答这五个方面的信息,其回答按照从 1 到 5 等级来划分(1 表示很不满意,5 表示很满意)。

[①]　SSF 报告将主观福利的组成部分分为两个方面:第一,就各个领域,将个人的生活作为一个总体来分析。第二,对真实的感觉进行测度。这两个组成部分都反映了国民幸福指数中的心理健康领域方面的信息,因此需要分开计算。报告指出:这些指标提供了关于每个人生活质量决定因素的信息。这些因素包括人们生活的环境、个人的生活条件,而且还取决于所考虑的类型方面。此外,这些主观测度指标提供的信息超出了收入所提供的信息。

[②]　之所以采用了五个部分,这是因为生活当中的不满通常是对生活当中的多个方面有所不满,如果只用一个部分来表示的话不是很恰当。这五个部分当中的任何一个都可以用来反映一定水平的满意度。

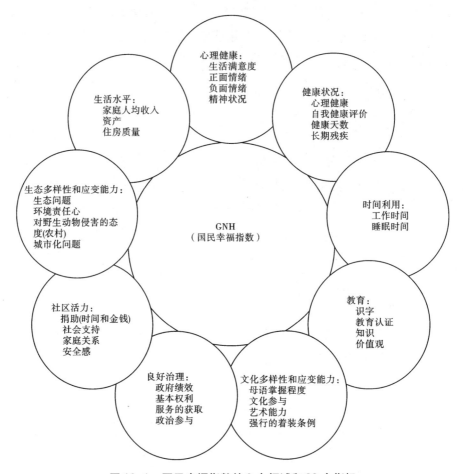

图 13-1　国民幸福指数的 9 个领域和 33 个指标

生活满意度指标对这五个方面的回答进行了汇总。其分数分布在 5 到 25 之间。生活满意度的临界值被设定为 19 分,有 83% 的人对他们的生活是满意的。

(2)情感平衡。情感分为正面情感、负面情感,受访者就过去几周的经历进行回答①。可将选项分为四类:"1"代表从来没有,"2"很少,"3"代表有时有,"4"代表经常有。

负面和正面情感分数的分布从5到20(情感的最低分数为5,最高分数为20)。就正面情感来说,满足的临界值被设定为15,有58.8%的人的情感是正面的。负面情感所对应的指标由两个次级指标组成。其中一个次级指标包括自私、嫉妒,另一个次级指标包括愤怒、恐惧和担心。这两个次级指标的临界值分别为5(含有两个类型,分数最大为8)和7(含有三个类型,分数最大为12)。在负面情感所对应的条件下,有64.6%的人认为他们是处于令人不安或负面状态。

(3)精神状况。与精神对应的指标基于4个问题,它们包括人们精神层面的自我评价、考虑因果报应的次数②、参与祷告和冥想的次数。精神层面自述是一个人对精神层面的判断。因果报应所对应的问题则是关于人们就现在所做的事,将来会有什么样的结果的看法。对社会活动的测度包含社区活力和时间利用两个领域。在这里,尽管这两个活动并不是相互排斥的,但是指标所对应的神圣的活动仅限于祷告和冥想这两个独立的活动。4个指标的选项从"经常有"到"一点都没有",而精神水平的选项则从"精神水平很高"到"一点也没有"。

该指标对这4个问题的分数进行了汇总。分数从4到16,16分表明精神水平最高。这一指标的满足阈值被设定为12分,意味着四个指标中至少有三个必须为"经常"或"偶尔",个人才能被认定为是幸福的。指标表明有53%的人的精神水平是处于满足水平之上的。

2.健康状况

在不丹,人们经常用土著的方法进行治疗,这种方法也是不丹官方医疗

---

① 在研究中使用了不同的时间框架,使用"几周"作为参考时期并不理想的。理想的情况下,我们会对过去一年的情绪信息的平均值进行考虑。但是这样做的话,受访者很难对过去的情绪状况进行准确的回忆。国民幸福指数并不能准确地反映出个体整个年度的情绪状态,这是因为就所有的受访者而言,"过去几周的状况"并不具有很好的代表性。但是从数据的可用性这个角度来说,这样做是最好的。

② 杰佛瑞·霍普金斯将因果报应描述为:泛指行为的起因和结果,通常也称之为因缘冲击。详见 http://archive.thebuddhadharma.com/issues/2002/fall/karma_panel_fall02.htm。

系统的一个组成部分。健康状况通常与生理健康和心理健康联系在一起，健康状况指的是心灵和身体之间、个人和环境之间的关系平衡。通常，当身体没有疾病，心灵没有悲伤时，个人才被认为是健康的。良好的健康状况所对应的社会和物质条件是清新的空气、洁净的水源、和谐的家庭关系以及社区关系的培养，这几个方面都包含在其他的领域中。情感和精神方面的平衡也包含在心理健康中。

（1）健康状况的自我评价。如何准确地对客观的健康和营养状态以及它们在多大的程度上受"适应性偏好"的影响进行测量，这是人们所关心的。这里所使用的自我健康评价这个指标是一种替代指标，它是对其他健康指标（健康的天数、是否长期残疾）的一种补充，因此它的权重仅占整个健康指标权重的十分之一。健康状况的自我评价共分为5个等级，从"良好"到"很不好"。

一个人的健康状况很好，那么他的状态一定是"良好的"。在自我健康评价中，有很大一部分人（73.8%）健康状况是良好的。

（2）健康的天数。该指标指的是上个月中"健康"的天数。就不丹来说，平均的健康天数是26天，中位数是30天。为了能够将正常的疾病和老年疾病进行区分，这里将临界值设定为26天，有76.2%的人认为他们健康的天数是处于满足状态的。

（3）长期残疾。该指标描述的是个人在功能性活动和日常生活中不受任何限制的程度。参与者被问及他们是否有已经持续了6个月以上的长期疾病。如果答案是"是的"，那么他们就被要求采用5分制来描述他们受此限制而影响生活的程度，从"从来没有"到"一直有"变化。

临界值被设定为就残疾的人来说，尽管他们是残疾的，但在日常生活中他们的生活"很少"或"从不"受残疾的影响。在这个临界值下，有89.5%的人处于幸福水平。

（4）心理健康。该指标使用由戈德堡所开发的问卷调查。它由12个问题组成，提供关于抑郁和焦虑、信心和专注水平的一种可能的预示。使用李克特量表进行计算和解释，最低评分为0，最高分为36。每项都有一个4分量表，但是只有两个选项。

因为问卷调查能够满足类似的信度和效度测试，因此该方法在不丹和其他地方都有使用。临界值设定为正常健康(分数为15)的状态,有85.8%的人是幸福的。

3. 教育

国民幸福指数强调了整体教育的重要性,它确保不丹公民能够获得深层次的传统知识、共同的价值观和技能。除了学习阅读、写作、数学、科学和技术外,不丹也鼓励学生从事创造性的学习和表现活动。整体教育的扩展超过了传统的正规教育框架的范围,这从侧面反映出了创造良好的人类文化的重要性。就不丹来说,教育指标中包含对价值观念的培养和传播,这两个方面都很重要。

(1)识字。就个人来说,只要能用任何一种语言可以读或者写时,他就被认为是识字的,英语或宗卡或尼泊尔语均可。就识字来说,不丹48.6%的人识字。自1970年以来,不丹的教育一直处于扩张中。老一代的人不识字是因为他们没有上过学,没有接受过学校的教育。

(2)教育认证。不丹的教育体系主要有两个组成部分:正规教育和非世俗的机构教育(如修道院的学校)、非正规教育。

教育临界值被设定为个人是否接受了来自任何机构的6年教育,包括来自政府、非正规或修道院的学校的教育。在这个临界值下,不丹只有37.3%的人接受了6年以上的学校教育。

(3)知识。该指标描述的是人们从正式机构内外获取知识的能力。共选取了5个变量:从当地的传说和民间故事获取的知识,地方性节日(宗教节日)的知识、传统歌曲的知识、了解艾滋病传播的知识以及宪法的知识。前三种知识涵盖了某些形式的当地传统知识,尤其是口语和行为方面的。每个问题采取5分制,25分表明各个方面的知识都是最好的,而5分则表明知识是很贫乏的。

临界值设为19,这意味着不丹人从这5个变量中获取知识的"平均水平"。按此临界值,只有7.5%的人的知识水平是满足的。在5个指标中,只有3%的人知识水平是"高的"或"很高的"。这表明在提高识字率和知识水平的下降之间存在着分歧。

(4)价值观。该指标提问受访者以下5个破坏性行为是否合理:杀人、偷窃、撒谎、制造不和谐的关系和性行为。在拥有良好价值观的社会,如佛教中所指的那样,个人应当努力地使他们远离上述的五个破坏性行为。道德结果一般通过谈话、身体和心灵来展现,在虚设的情况下,则主要通过谈话来展现。该变量采取三分制。在特定的方式下,可将价值观形成一个综合性的指标。例如就杀人来说,如果一个人认为制造不和谐的行为和撒谎是"不合理的",那么偷盗和不正当的性行为这两个行为的分数对应于1,如果回答是"不合理的"或"有时候合理的",那么在这两种情况下,这些行为对应的分数都是1。综合指标的分数在0到5之间变化。临界值设为4,这意味着就个人来说,至少有一种价值观是合理的,有97.1%的人的价值观是满足的。

4. 文化

不丹的特色文化维护了不丹的主权,同时也保证了不丹人民的身份地位。因此就不丹政府和人民来说,对文化的促进和保护是最重要的。文化不仅是一种资源,也可以有利于不丹缓解一些发展过程中带来的负面影响,因此文化有助于丰富不丹的国家精神。

文化的多样性表现为多种多样的语言、传统的工艺品、节日、重大事件、仪式、戏剧、音乐、服装、礼仪以及更重要的精神层面上的价值共享。为了对文化的力量进行评价,采用了4个指标:语言、技工的技能、文化参与和着装规范(和谐之道)。

(1)语言。语言指标通过自我评价中母语的流利程度来衡量。不丹一共有12种以上的母语。只有在西部地区才对母语进行了定义,并将这种母语称为宗卡。语言的评分从"很好"到"一点也不好"。

因为几乎每个人似乎都能说一口流利的母语,出于这个原因的考虑,将临界值设定为"非常好"。在这个临界值条件下,95.2%的人是处于满足水平之上的。

(2)技能。该指标评估的是人们的兴趣和认知,通过13种艺术和手工艺的形式展开,这13种形式也是不丹国家绘画艺术学院所采用的,该报告指出了受访者所拥有的技能数。这些技能和职业或多或少地反映出了不丹历史物质文化的基础。这13种艺术和工艺品包括:编织(Thagzo)、刺绣(Tshemzo)、绘画(Lhazo)、木工(Shingzo)、雕刻(Parzo)、雕塑(Jinzo)、铸造(Lugzo)、锻造(Garzo)、竹制品(Tszharzo)、打金、银首饰(Serzo 和 Nguelzo)、砍石(Dozo)、皮革作品(Kozo)和造纸(Dezo)。对于该指标,调查中询问受访者是否会上述 13 种艺术和手工艺技能中的任何一种。调查取得的结果的均值为 1.01,标准差为 1.15。

临界值被设定为"1",也就是说一个人至少会这 13 种艺术或手工技能中的一种,那么他的技能才是满足的。大约 62% 的受访者的技能是满足的。现在不丹人民的主要技能是砍石、木工、竹制品和编织。

(3)社会文化的参与。为了评估人们参与社会文化活动的程度,受访者需要回答过去的 12 个月中参与社会活动的天数。天数采用 5 分制,从"没有参加""1 到 5 天""20 天以上"。调查的中位数是"1 到 5 天"。有 15% 的人在过去的一年中参与社会活动的天数在 13 天以上,有 1% 的人不清楚过去的一年中是否参加过社会活动(这部分受访者的人数在下降)。

设定的临界值为 6 至 12 天[①]。调查表明有 33.2% 的人参与社会活动的天数是在 6 至 12 天以上的。

(4)强行着装条例。强行着装条例用来评估人们的行为,特别是在正式的场合里。它从根本上对人们的公共生活和工作进行了约束。受访者采用 3 分制回答这方面的问题,问题的从"很重要"到"不重要"变化。此外,受访者还需回答在过去的几年中某些特殊形式的礼仪是否出现了变化。

就强行的着装条例来说,有两个方面需要改进:认识强行着装条例的重要性以及在过去几年中强行着装条例在实践和纪念活动中的改变。该问题采用了 3 分制:对重要性的认识,其变化范围为"不重要"到"很重要",认识的变化范围从"变弱"到"变强"。这两种回答都考虑到了"不知道"这个方面,若出现这种回答,那么就认为这种情况是不满足的,因为了解礼仪方面的一些知识被认为是很重要的。

重要性的认识方面的临界值被设定为"重要",认识的改变方面的阈值被设定为"变强"。就强行着装条例来说,这两个方面的指标都应该被认定为是满足的。在这样的临界值条件下,有 59.7% 的人在这两个方面被认为是满足的。

---

① 在将来的调查中,可能会修改回答选项的类别。

5.时间利用

对个人福利来说，有酬工作、无酬工作和闲暇时间之间的平衡是很重要的。同样，具有弹性的工作生活对工作者本人、家庭和社区的福利也是至关重要的。自1970年以来，人们已经开始关注在国民核算中没有统计家庭和社区中的无酬劳动，就这些劳动来说，它们也是构成福利的基本要素。

在国民幸福指数的调查中，有一项是关于时间利用方面的。这一项询问受访者在过去的一天中他们是如何利用时间的。在从起床到睡觉这段时间中他们都做了哪些事情。每一件事情都持续了多长时间。通过调查汇总，最后将这些事情划分为60个不同的类别，如工作、闲暇、睡眠时间、个人照顾等。

时间利用数据可以产生一系列重要的信息，可以了解人们的生活方式和职业，也可以了解GDP和无酬劳动，也可以反映市场和家庭经济部门之间的差距。这些数据有利于统计出国民核算中遗漏的部分，从而得到更加全面的关于货物和服务的产出方面的信息。不丹人一天24个小时的时间利用可以分为多个子类别。这种分类包含以下几个方面：20个地区，7种收入阶层，11个年龄组，60项活动，以及不同性别。国民幸福指数只包含了时间利用的两个广义方面：工作时间和睡眠时间。国民幸福指数中对工作时间的定义①和各地对工作时间的定义不是完全一致的，而且也反映不出不丹人工作时间长的特性。

（1）工作时间。国民幸福指数中定义的工作包括没有报酬的工作（如照顾孩子，对社区无偿贡献劳动）、志愿性工作和非正式援助等。在该指标中，以下类别都被定义为工作：种植业和厨房园艺（农业）、商业、贸易和服务业、

---

① 2010年与国民幸福指数相关的工作数据主要指的是以下这些活动：与农业相关的活动；与保护庄稼免遭野生动物侵害的活动；与饲养牲畜相关的活动；林业和旅行相关的活动；与园艺相关的活动；与食品和饮料加工相关的活动；与建设以及维修相关的活动；基础设施的建设和维修；纺织；服务；运送、传递、运输、旅行；烹饪、住所服务、娱乐、洗碗工、保洁、保养；建筑、生火、挑水、洗衣、购物、修复家庭关系；与政府人员或专家的谈话；与采矿或采石相关的活动；对儿童、老人、病人、残疾人的照顾；慈善服务；义务劳动。由于在这些活动上所花费的时间是分别计算的，因此对工作和非工作的分类就很容易。如果需要的话，例如对儿童、老人、病人以及残疾人的照顾，可以将其分在社会和文化活动的类别下。

看护儿童和生病的家庭成员、建设和维修、与工艺相关的活动、林业和园艺活动、家庭维护、与养殖业相关的活动、对食物和饮食的加工以及采石。

不丹的劳工和人力资源部门规定一天的工作时长是 8 个小时。由于该指标的主要目的是评估那些工作劳累的人,因此,将工作时间超过 8 个小时的人视为被剥夺了时间。在这个临界值下,有 45.4% 的人工作时间没有超过 8 个小时。而工作时间超过 8 个小时的人则主要是妇女,不论居住在城里还是村里的妇女都是如此。与其他地区的人们相比,东部地区的工作时间相对要长一些。

(2)睡眠时间。对个人来说,睡眠是很重要的,而且对日常生活的各个方面都有重要影响。就大部分的成年人来说一天需要 7 到 8 个小时的睡眠时间。但是对睡眠的需求,不同的人需求各不相同。例如修女和僧人更愿意花较多的时间来冥想,或者是修行,而不是去睡觉。事实上,调查显示出这些人的睡眠时间要比其他人短。

对身体机能来说,8 个小时的睡眠时间是必要的。根据调查,受访者睡眠时间的中位数和平均数均在 8 小时左右。在这个临界值下,66.7% 的人的睡眠时间是 8 小时。

6. 良好的治理

衡量有效的和高效的治理通常有四个方面。这些测度包括基本权利、对公共机构的信任、政府机构的绩效和政治参与度。在未来的调查中,可能会对这些指标进行相应的调整。这些治理指标通过创新将政治活动和政府所提供的服务结合在一起。而这些方面可以被理解为是治理或是由政府提供的公共服务的一部分。它还包括进行选举的基本权利、言论自由、加入政党组织、不受歧视等。

(1)政治参与。居民的政治参与度主要参考两个因素:参与下次选举的可能性和参加社区会议的频率。在调查中,受访者被问到是否可以参加下次的投票大选,他们的回答划分为三类:“是的”“不是”“不知道”。

在调查中,个人回答是“是的”,而且一年当中至少参加一次社区会议的,那么就认为他们是能够充分的参与到政治生活中的。大约有 92% 的人可以参加下一次的大选,4.7% 的人不参加,2% 的人不知道他们是否参加。拿投票来说,其临界值一直是变化的,因为真正的民主发展需要居民广泛的参与到政治活动中去。参与社区会议的临界值被设定为 1 次。大约 60.2% 的人至少参加过一次社区会议。如果按着这种分类将临界值固定的话，那么有 43.6% 的人是被剥夺了政治参与的权利。

（2）政治自由。这些指标就人们关于社会的人权方面的观点进行评价，在这个方面不丹有一整套的明文规定（基本权利中的第七条）。关于政治自由的调查有 7 个问题，询问受访者就这些问题的感受如何：言论和观念的自由、投票的权利、根据选择而加入政党的权利、参与到繁荣进步党协会或者是成为繁荣进步党成员的权利、获取公共服务的权利以及参与公共服务的机会、获的有付出就有回报的工作的权利，基于种族、性别等的不受歧视自由。所有这些问题的回答只有 3 种可能："是的""不是"和"不知道"。

所有权利的临界值都被设置为"是的"。所以就个人来说，只有这 7 个条件都得到满足那么其政治自由才是满足的。就受访者而言，61.7% 的人是满足的。

（3）服务的获取。该指标包含四个次级指标：和最近的卫生保健中心距离、废物的处置方法、获得电力资源供应以及有质量保证的水资源的方式。这个指标的目的是对这些基本服务进行评估，在不丹这些服务通常由国家提供。

就卫生服务而言，居民与最近的诊所的距离不超过 1 个小时的路程，那么就认为这些人是可以获取卫生服务的。在城市中，居民可以得到卫生服务，但是在拥挤的地区，就诊时居民需要排队。在家庭报告中，如果垃圾的处理方式是"堆肥""燃烧"或"由市政部门收集"，那么就认为他们获取服务的权利没有被剥夺；如果垃圾的处理方式是丢弃到森林、空旷地或者是河流中的话，那么就认为他们获取服务的权利被剥夺了。在获取电力方面，如果受访者的回答是"是的"，那么他们获取服务的权利就被认为是没有被剥夺。就有质量保证的水资源而言，其情况也是如此。

总的来说，如果个人在这四个方面的条件都能得到满足，那么就认为他获取服务的可能性是得到充分满足的。不丹大约 41% 的人满足这些条件。

（4）政府绩效。该指标主要用于评价人们对政府在各个不同领域的绩效的看法。为了了解农村地区人们对整体服务的看法，受访者需要回答过去的 12 个月中对以下 7 个方面问题的看法：就业、平等、教育、卫生、反腐败、环境和文化。对受访者的回答,采用 5 分制来划分,回答的范围从"很好"到"很不好"的范围内变化。因此,最高分为 35,最低分为 7。

临界值被设定为 28,这意味着在这 7 个问题中,受访者必须要认为其中至少有 5 个方面,政府做的是"很好"或者是"好"的。在这个临界值下,大约 78.8% 的人认为政府的绩效是比较好的。

7. 社区活力

国民幸福指数的概念中包含社会资本这一观念,社会资本主要通过社区之间的关系和社会关系来实现。可以将具有活力的社区描述为以下形式:一群人生活在一起,他们相互帮忙、相互照顾。这个观念反映出了国民幸福指数的价值观以及不丹人的道德信仰。

从国民幸福指数的角度看,一个社区必须拥有强大的社区关系,这种关系不仅存在于社区成员之间,在家庭中也存在,它必须坚持社会的构建价值,而且成员愿意去做志愿者,为社区的发展捐赠时间或金钱,最终使得人们能够远离暴力和犯罪。就社区的发展来说,志愿者给社区的发展捐赠的时间和金钱所起的作用是很重要的。这些有价值的活动在社区的发展中可以起到基础工具的作用。社区活力方面的指标包含可以描述出公民贡献程度的社会支持、社区关系、家庭关系、安全性等四个部分。

(1)社会支持。社会支持评价的是社区对社会的支持水平以及这种支持的发展方向。就不丹而言,传统的社会支持主要是人们给社会发展捐赠的时间和金钱(在旧社会主要是实物)。为了测算捐赠率,要求受访者回答参加志愿活动的天数以及捐赠的数额。捐赠的数额指的是过去的 12 个月中捐赠的资产总价值,捐赠的时间指的是过去的 12 个月中参加志愿活动的天数。

对于捐款,数额占家庭收入的 10% 被认为是满足的;对于志愿活动,每年至少参加 3 天被认为是满足的。总的来说,如果个人的捐赠数额占收入的 20%,即使他不参加志愿活动也认为是支持社会的;如果参加志愿活动的天数在 6 天以上,他的捐赠数额达不到其收入的 10%,也被认为是支持社会的。在这些条件下,不丹有 46% 的人是达到了社会支持的条件。

(2)社区关系。社区关系有两个组成部分,其中一个主要描述的是"归属感",从"非常强"到"非常弱";另一个描述的是"对邻居的信任",从"相信他们中的大多数"到"不相信任何人"。71%的人具有强烈的归属感,46%的人信任他们绝大多数的邻居,85%的人信任他们的邻居。信任度指标可显示出邻里之间的信任关系。

归属感临界值定为"很强","对邻居的信任"的临界值被设定为"信任大多数的邻居"。就个人来说,只有这两个条件都满足,才能认为他处在一个较好的社区环境中,在这两个临界值条件下,不丹62.5%的人所处的社区环境比较好。

(3)家庭关系。调查一共询问6个问题,采用3分制,选项只有"同意""中立"和"不同意"这3种。因此该指标的最高分为18分(和谐的家庭关系),最低分为6分(不太和谐家庭关系)。

临界值定为16,之所以这样是因为考虑到了"中立"的回答。调查显示,不丹92%的人的家庭关系较和谐。

(4)安全性。为了评定社区的安全性,受访者需要回答在过去的12个月中是否受到了犯罪侵害。对犯罪指标采用两分制,调查回答的答案也只有"是"和"不是"两种。

临界值定为"不是"。关于犯罪的统计,其结果显示不丹的犯罪行为较低,只有4%的人受到了犯罪的影响。不过在自我描述中,考虑性犯罪时,犯罪率被低估。在以后的调查中,对安全性指标会做出改进。

8. 生态多样性和应变能力

不丹一直被公认为是在人类社会的发展过程中对环境因素最重视的国家。根据不丹宪法的第5条规定:每个不丹居民都应当保护自然资源,保护物种的多样性,预防包括噪声、风景退化、实物污染等在内的所有生态退化的发生。

环境因素这一领域共包括3个主观指标:环境的挑战、城市问题和责任问题,以及更为主观的问题——野生动物对庄稼的破坏性问题。与其他主观性指标一样,对这些指标的解释也需要考虑权重问题,与环境相关的指标的权重都设定为10%。在将来的国民幸福指数的调查中,会对环境领域的问题进行修改,以便使得该部分能够更好地反映出生态系统的复杂特性。

(1)生态问题。为了评价人们的环境意识,调查中主要询问了受访者对环境的感知强度方面的问题。调查共询问了受访者关于环境方面的7个问题,采用 4 分制,选项从"很关心"到"不关心"。

临界值设定为在这 7 个问题中,受访者关心其中至少 5 个以上的问题。调查询问的是受访者在过去的 12 个月中对环境问题的看法。与其他主观指标一样,在确定调查时间以及各个指标的权重的过程中可能会出现错误。按照上述临界值,不丹人口中有 69% 的人关心环境污染问题。

(2)环境的责任心。该指标试图衡量人们对环境的责任心。就环境问题而言,关键是要加强人们保护环境的观念,采用对环境有利的生产方式,识别出当前对环境不利的生产方式,提高人们的环保意识。调查结果采用 4 分制,选项从"非常有责任心"到"没有责任心"。当阈值设定为"非常有责任心"时,不丹有 84.4% 的人对环境是有责任心的。

(3)对野生动物侵害的态度。这里所说的野生动物指标主要指的是对庄稼有所侵害的野生动物。在不丹,野生动物对庄稼的侵害问题的关注度越来越高了。对农民来说,野生动物的侵害会产生灾难性的经济问题,特别是那些经济基础比较薄弱的家庭;侵害问题会影响到家庭成员的休息,让他们产生焦虑和不安的情绪。评价这些问题时通常利用的是一个简单的自我描述。就野生动物对庄稼的破坏所带来的影响而言,通过两个简单的问题来反映:一个是野生动物的侵害是否带来了破坏;另一个是野生动物的侵害所带来的破坏程度有多大。

第一个问题主要询问受访者是否觉得应该对耕种进行限制。对这个问题的回答采用 4 分制,从"需要很大程度限制"到"不需要限制"。临界值设定为"需要一点限制"。第二个问题主要调查的是破坏程度的问题,询问受访者野生动物的侵害对庄稼的破坏程度有多大的问题。如果庄稼遭到了破坏,那么受访者就需要就破坏的程度做出评估。其选项从"损害很严重"到"没有损害"。就这两个问题而言,对应的时间范围均是在过去 12 个月。

阈值是固定的,如果受访者回答"需要一些管制"或"非常需要管制",并回答农作物"损坏很严重"或"有些损坏",这就意味着他们对这个问题不满意。由于缺乏真实数据,所做的估计可能会出现错误。在这个临界值条件下,57.9% 的受访者认为野生动物的侵害对庄稼是有损害的。

野生动物方面的这一指标主要描述的是农村地区,因为它是针对农民而言的,没有考虑其他职业背景的人们。由于该指标描述的是农村地区,对城市地区的人们没有关系,而城市问题主要考虑的是城市居民,不考虑农村地区的居民,因此城市问题方面的指标的作用和这里提到的野生动物的侵害方面的指标的作用相互抵消了。

(4)城市问题。不丹正在进入一个快速城市化阶段,经济和人口总量均在快速增长。快速发展对人们的福利(如改善能源、医疗保健、基础设施)和负面影响(拥塞、缺少绿色空间、环境污染)都会产生作用,因此国民幸福指数将城市问题考虑在内。受访者主要回答四个方面的问题:交通拥堵、缺少绿色空间、路上缺少步行道、城市扩张。

临界值设为在这四个问题中人们只要担心一个问题或者被认为是城市的主要问题。约有84.4%的人认为城市是存在问题的。该指标可以作为城市可持续发展的一个替代指标,而可持续发展问题也正是政府所重点考虑的问题。

9. 生活水平

生活水平指的是不丹人民的物质福利,它保证了舒适生活的基本物质需求。多年来,由于社会发展,不丹人民的物质生活水平一直在稳步上升。但有23.2%的人仍然生活在收入贫困线以下,他们缺少土地、房屋等资产。

评价生活水平主要利用的是一系列指标。就个人层面来说,货物和服务消费量通常被认为是最准确的。当消费方面的数据难以统计时,主要利用收入和支出方面的数据。利用3个指标来评价人们的生活水平:家庭人均收入、资产和住房质量。资产包括牲畜、土地和电器,而住房条件对应的是一定面积的住房和卫生设施。在自我评价中这些因素都应该包含在内,以便对家庭收入的测度进行补充。

(1)家庭人均收入。家庭人均收入指的是家庭成员不论通过哪种渠道,也不论是在国内还是国外所获取的收入。这里的家庭人均收入已经调整为实物支付的形式。

在其他文献中通常使用两种类型的临界值,临界值要么是固定的,如设为贫困线;要么是相对的,如收入的均值或中位数。在贫困分析报告中①(不

---

① 这里所给出的贫困线是由不丹国家统计局2007年基于对食品和非食品的需求测算而来的。

丹王国政府,2007)指出不丹的贫困线为人均每月收入1 096.94努。根据2007年不丹居民生活水平的调查,不丹家庭人均收入为31 834.30努。如果使用该数值作为临界值的话,那么根据贫困分析报告(不丹王国政府,2007),有23.2%的人的家庭平均收入低于临界值。

就国民幸福指数而言,使用贫困线作为临界值是不合理的,因为临界值应当能够反映居民具有足够收入的水平。国民幸福指数所指的生活水平标准要比贫困线要高。其中一种标准使用的是相对收入,这种方法在欧洲大部分国家广泛使用。通常将贫困线设定为收入中值数的60%,或者是收入均值的50%。

国民幸福指数需要选定一个满足程度的临界值,因为按照国民幸福指数的价值标准,鼓励人们通过取得一定的成就去实现幸福,不鼓励人们仅仅通过收入的提高而实现幸福。在这个方面,国民幸福指数中所使用的调整贫困线是国家贫困线的1.5倍[1]。根据2007年不丹居民生活水平的调查,国民幸福指数中所指的贫困线相当于是人均每年收入14 200努。[2] 如果选择这个标准作为临界值,那么有54%的收入是在这个数值以上的。

(2)资产。研究生活水平时使用资产指标。该指标选用家庭财产方面的数据来反映家庭福利,例如,日常使用的耐用品和半耐用品。这种观念是基于以下说法的:对收入或支出的测度是不完整的,特别是在发达国家,相关方面的数据误差是很大的。研究发现这些资产指标是稳健的,所形成的

---

[1] 国民幸福指数中的贫困线是通过对不丹国民生活水平以及国民幸福调查所取得的数据的中位数进行调整而来的。国民幸福指数中的贫困线等于贫困线(2007年的标准)乘以中位数(由不丹国民生活水平调查而来)再除以中位数(由国民幸福指数的数据而来)。

[2] 国民幸福调查中的收入和支出方面的问题和不丹国民生活水平调查中的收入和支出方面的问题不同,国民幸福调查所取得的数据的中位数和均值不一样,不丹国民生活水平调查中各个地区的排名是按照贫困线和人均收入而来的。因此,将2007年不丹国民生活水平调查中使用的贫困线放大1.5倍就是我们需要的收入这个指标数值,这个数字能够达到大部分幸福的人所需的满足条件。利用相同的比例,我们也能得到过国民幸福调查中的人均收入。假定根据不丹国民生活水平调查所获得的数据,在相同的比例下,这两个调查所获取的结果是一致的,同时把2007年不丹国民生活水平调查中所获得的生活在贫困线以下的人数放大1.5倍就是2010年国民幸福调查中所获的生活在贫困线以下的人的个数;这两个假定成立的可能性很大。

内部结果也是一致的。将来与资产相关的数据可靠性更高，而且也易于搜集。① 然而，需要注意的是，该指标所对应的项目是通用的商品清单，该清单并不适合所有家庭，而且没有包含所拥有的商品质量方面的信息。

通常，资产指标的定义为这些电器，例如移动电话、收音机、电视或自行车。但是，由于社会文化背景的差异，牲畜和土地所有权也被认为是资产的一种形式，牲畜是不丹农业和农村经济不可分割的一部分，不丹大多数的农业仍然是自给农业，复杂的地形使得它很难应用现代化的设备，因此，农业劳动必须由牲畜或人本身完成。此外，牲畜也可以给家庭提供交通运输、化肥、食物，也可以被家庭转借出去，因此，就贫困的家庭而言，牲畜是重要的资产。同样的，对于农村的农业经济而言，拥有土地的所有权也是极其重要的。在一些人的观念当中，农村地区能过上体面的生活，指的就是家庭要拥有牲畜和土地的所有权。

资产指标主要包含三个主要的组成部分：设备（手机、固定电话、个人电脑、冰箱、彩电、洗衣机）、拥有牲畜和土地所有权。

所使用的临界值分为两个层次：最初使用的临界值是根据三个指标来划分的，之后所使用的临界值是按照整体的形式划分的。

为了对家用电器进行衡量，选取了一系列的家居用品。选择哪些电器时使用了主成分分析。第一个因素解释了80%的方差，它包含6种电器：移动电话、固定电话、个人电脑、冰箱、洗衣机、彩电。移动电话这一项可以从清单中抹掉，因为从一般意义上讲，移动电话的应用是边际的，只有个别人才拥有它。对于其他电器，它们的使用范围更为广泛，在调查中可以很容易得到。在农村，如果一个家庭拥有一部移动电话的话，意味着每一个家庭成员都可以使用这部电话。此外，在城市地区，固定电话也正在被移动电话所取代；当前只有21%的城市家庭拥有固定电话。所以，评价资产指标时将这6种电器作为第一考虑因素。临界值设定为3，在这个水平下，31%的家庭至少拥有这6种电器中的3种。

众所周知，在农村地区或游牧地区，牲畜构成了收入的主要来源。通过

---

① 参与国民幸福指数调查的调查员指出资产指标是比较准确的，因为相对于收集收入方面的信息来说，搜集所有权方面的信息更为容易一点。此外，调查员也可以确定家庭成员所拥有的商品。因此，就报告本身来说，资产指标所含的偏差是比较低的。

出售动物产品或动物本身的方式,可以为家庭提供现金收入或实物收入,而这些收入可以看作是应对未来问题的一种储蓄。尽管牲畜可以被当作是一种重要的资产,但是如何设定临界值是比较困难的,因为不同种类的牲畜,其价值和饲养成本是不一样的,一般来说,体型较大的反刍动物的价值也较高。体型大的反刍动物需要更多的饲料,而体型较小的动物,如鸡所需要的饲料量较少。所以,临界值是基于国内的平均购买力来定义的。根据观测,40只鸡的价值与国内平均购买力的水平相当。因此鸡的拥有者的权益被重新分配了。在该临界值下,2010年不丹设为3,但是国民幸福指数中的指数应当比3要高。因此牲畜的临界值设为5。不丹有41.3%的居民拥有牲畜的标准是在5以上。

关于土地方面的数据搜集主要为以下几个类别:干地、湿地以及放置不用直到土壤的肥力提高以后才耕种的土地;果园土地、园艺土地以及轮垦土地。虽然《土地法案》禁止土地被轮垦使用,但数据显示有14.4%的受访者的土地依旧是被轮垦使用的。每个家庭平均拥有的土地是2.9公顷。农村地区平均每个家庭拥有的土地是3.39公顷,城市地区则为0.86公顷。

设定土地资源的临界值要考虑的因素很多,如土地的质量、家庭规模、土地面积和耕种的类型以及其他的收入来源。家庭规模也会起作用,规模较小的家庭需要的土地较少,规模较大的家庭需要的土地较多。各地区所处的位置通常也是一个重要因素,因为基于农业为主的经济往往需要更多的土地。最后,还应该考虑农业的类型,例如,土地是否被用来种植农作物、当作果园或是饲养牲畜,另外家庭是否还有其他的收入来源。各种因素都需要给予同样的关注,临界值的设定所面对的一个主要问题是如何才能满足所有这些条件。

家庭用地的临界值是平均每个家庭为5英亩。5英亩的用地对种植庄稼、种植果树以及放养牲畜来说是足够的了。土地资产可以反映出农村地区的资产状况,对土地所有权的理解与临界值的设定有关。在农村地区,只有26%家庭拥有的土地在5英亩以上,44%的家庭拥有的土地在3英亩以上。临界值设定为1英亩,但是国民幸福指数有关的测度不是一个贫困线的测度,因此在这里不能使用最小临界值。农村地区家庭平均规模为4.7英亩,就平均来说,可以将临界值设定为5英亩。有22%的家庭拥有的土地在

5 英亩以上；然而，需要注意的是国民幸福指数也包括城市居民，他们的收入主要来自就业，所以在这个次级指标中他们会被视为被剥夺了这项权利。

最终的临界值根据三种资产来选定，如果家庭拥有足够的家用电器、牲畜和土地，那么整体上来说，这个家庭就拥有充分的资产。这意味着只要家庭满足上述三个条件中的一个即可。临界值的选取具有灵活性，因为它考虑到了不同的人具有不同的职业背景，而且也分布于不同的地区。例如，就从事服务行业的人，拥有一定的牲畜或者是土地对他而言意义不大，但是对偏远地区的人来说意义就很大。在应用上述临界值的条件下，不丹有74.1% 的人有充足的资产。

（3）住房质量。如果不考虑住房质量这个指标，那么对生活水平这个领域的分析就是不完整的。可以从个人和社会两个角度来对住房的好处进行分析。从个人角度来说，拥有自己的私人空间被认为是基本的生理、心理和社会需求，因为在日常生活中，个人的大部分时间都是在私人空间中度过的。[①] 研究显示质量差、拥挤和临时住房可能对一个人身心健康产生重要的影响。[②] 从社会的角度来看，若没有合适的居住空间或体面的住房，那么社会排斥、歧视和增强社会的凝聚力等问题都无法解决。在家庭房间数和成员数一定的条件下，如果住房过于拥挤，那么这种情况有可能导致家庭的解体、社会关系的削弱，而且也会产生很多社会问题。因此不充足的居住条件会给个人的福利带来威胁，从大的方面来说，给社会的发展也会带来威胁。

住房质量由三个指标构成：住房的类型、卫生间的类型和人均房间数。临界值是根据千年发展目标而设定的，屋面要么采用的是波纹状的、镀锌的金属板（CGI），要么是混凝土砖结构，要么就是石制结构；每个卫生间都有处理污水的池子；如果一个房间里居住两个人的话，那么就认为房间是过度拥挤了。临界值设定为这三个条件都要满足。因此，个人居住的充分条件就是屋面有很好的结构（CGI 或混凝土砖结构、石制结构），卫生间有处理污水的池子，房间比较宽敞。事实上，就住房质量来说，一般认为相对于卫生间的条件来说，高质量的屋面结构更为重要。在这个临界值下，不丹46.2%的

---

① 许多研究表明，人类对较好住房的需求是最大的。

② 有一些研究表明住房质量会对福利产生影响。例如，住房、健康和气候变化：制定建筑环境健康保护指南（缓解和适应的对策）。资料来源：世界卫生组织（2010）。

人住房质量是比较好的。

三、权重

国民幸福指数9个领域的权重是相等的。在给定的时间条件下,任何一个领域对个人或机构来说都是十分重要的。33个指标的权重大致相同,见表13-3。但是主观性指标和自我评价指标的权重要稍微小一点,当把主观指标和客观指标放在一起时,客观性或可靠性比较高的指标,它们的实际权重也会稍大一些。在心理健康、时间利用和生活水平中,所有指标的权重都是相等的。

表 13-3　33 个指标的权重

领域	指标	权重(%)	领域	指标	权重(%)
心理健康	生活满意度	33	时间利用	工作时间	50
	正面情绪	17		睡眠时间	50
	负面情绪	17	良好的治理	政治参与	40
	精神状况	33		服务的获取	40
健康	自我健康评价	10		政府绩效	10
	健康的天数	30		基本权利	10
	残疾	30	社区活力	社会支持	30
	心理健康	30		社区关系	30
教育	识字	30		家庭关系	20
	教育认证	30		安全性	20
	知识	20	生态多样性和应变能力	对野生动物的侵害的态度	40
	价值观	20		城市问题	40
文化多样性和应变能力	艺术能力(13种艺术和工艺)	30		环境的责任心	10
	文化参与	30		生态问题	10
	母语掌握程度	20	生活条件	家庭人均收入	33
	强行着装条例(礼节)	20		资产	33
				住房质量	33

在健康状况、良好的治理、生态多样性这三个领域中，主观性指标的权重占各自领域权重的10%，而其他领域中的指标权重是相等的。以下5个指标，它们的权重占各自领域权重的10%，这是因为这些指标是主观的，它们分别是健康领域中的"自我评价的健康状况"，治理领域中的"政府绩效和基本权利"，生态的多样性和应变能力领域中的"对环境问题的责任心以及对生态问题的看法"。最后3个领域——教育、文化和社区，这3个领域中自我评价的指标的权重为20%，其他指标的权重为30%。在教育领域中，自我评价的两个指标分别是知识和价值。在文化的多样性和应变能力这一领域中，自我评价的指标是讲母语和强行着装条例。在社区这一领域中，自我评价的两个指标分别是社区关系和家庭关系。

各指标的权重一方面是要保证准确度，另一方面是防止将来国民幸福指数中参照系的变化或人们愿望的改变会对主观指标或自述指标产生影响。但是，做出这些决定是很困难的。国民幸福指数调查中的许多指标都是基于自述的。事实上，从某种程度上来说，所有的指标都是自我评价指标。然而在这些权重条件下还需要对国民幸福指数的稳健性进行检验，同时调查结果还表明在权重结构中，当由于政治目的而需要对结构调整时，国民幸福指数仍然是稳健的。

四、临界值

国民幸福指数使用了两种类型的临界值：一个是充足的临界值，另一个是幸福的临界值。充足的临界值展现的是就个人而言，在33个指标当中个人到底需要多少条件才能真正满足充足的要求，国民幸福指数调查询问受访者需要多少条件才能变得幸福。33个指标中的每个指标都有一个充足的临界值，就每个指标而言，个人是否能够满足充足的要求是可以明确的。充足的临界值应当如何设定？由谁来设定？

在对临界值进行校准时，有若干不同的方法，有的指标使用相关的国际标准，如工作时长、房屋拥挤程度等；有的指标使用国家标准，如充足的收入相当于不丹收入贫困线的1.5倍；还有一些指标在不丹或国际上并没有文献或先例来设定临界值，就需要依赖规范性判断。这是因为国民幸福指数是创新性指标，就这些指标而言，没有国际一级或国家一级的标准可供参考，如对负面情感的研究。在这种情况下,国民幸福指数的临界值主要是在会议协商和相关的讨论下,通过规范性标准来判断的。以上这些测度所取得的最终和最重要的结果是要参与到相关的会议中去。不丹研究中心与政府机构和领导人进行协商对话,与不同的农村地区的社区居民举行讨论,了解他们的观点,尽管最终的国民幸福指数还未确定,但是通过这种做法可以对国民幸福指数的临界值进行测定。不丹研究中心的观点被证明是非常有用的,而且观点也表明就不丹人民而言,没有一组临界值的设定是准确的。这就是为什么要选用第二个临界值,因为这个临界值表明人与人之间的幸福感存在较大的波动,而每个人的幸福感都是基于自己的性格、愿望,同时也和他所处的物质、社会和环境相关。就临界值来说,在不同的环境条件下,不丹所采用的所有指标其意义或相关程度是不同的。事实上,在不同的环境条件下,指标包含的意义也不需要相同。这是因为第二个临界值允许多样性的存在。

通过 3 个临界值将不丹人口划分为 4 个小组,指标的满足程度分别为50%、66% 和 77%。能够区分出不幸福、勉强幸福、比较幸福、很幸福。我们可以单独地对每一组进行分析。就每个人而言,可以获取他的 33 个指标方面的信息,对 4 个小组的分析提供了丰富的依据,可以看出这些小组在指标或维度的哪个方面存在不足,这些不足是怎样随着性别、地区、年龄和职业而变化的。

为了计算国民幸福指数,选择一个临界值。在选择最低临界值的条件下,发现不丹人民中只有 10% 的人是不幸福的。如果这样做,针对这一小部分人口的政策制定就会受到限制,因为大部分的人不支持这些政策。因此作为替代,选择幸福临界值中值的 66% 参与计算。因此不幸福这一组中包含两类人,一类是不幸福的人,一类是勉强幸福的人,计算发现不丹人口中有 41% 的人不幸福。对"如何增加国民幸福指数"的分析就转向了如何做才能让不幸福这一组人所需的条件得到满足。

临界值的中值通常作为幸福的临界值来使用。它是由 9 个领域和 33 组指标来设定的。问题是:"如果一个人被认为是幸福的,那么与他相关,要有多少个领域或者是有多大程度的指标需要得到满足?"在这里,我们需要知道这种方法只是一种试验。幸福是一种非常深刻的个人体验,任何对幸福的测度都是不完美的。指数所起的作用主要是使不丹人民能够理解并参加与幸福相关的讨论，同时人们知道怎样做出改变才能使不丹人民的国民幸福指数提高。

临界值的设定是基于三个标准的。第一个标准是多样性，并不是所有的指标都具有普适性。为了能达到幸福的要求，并不一定要使所有的指标都得到满足。例如，对老年人来说，为了能够达到幸福的要求，教育这个指标就一定要得到满足。他们可能更需要家庭中的其他成员给他们阅读或解释事情，而这需要让家庭成员接受正式的教育，而老年人自身的智慧和技能也有利于他们的幸福得到满足。有些人（例无神论者）是不会参加祷告或者冥想活动的。

第二个标准是测量误差。就不同文化背景的人而言，测量结果不一定是完全准确的。例如，人们在准确说出他们的信仰时，他们往往是犹豫的。由于这些差异的难度，因此就每一个领域而言，似乎不需要让每一个领域所要求的条件都得到满足（就像对贫困测度中所采取的那样）。

第三个标准是自由选择。有很多人都被认为是幸福的，但同时与他们的幸福相关的指标并不是每个都得到了满足。也许他们的身体是不健康的，但就他们而言，过上一种蓬勃发展、富有成就和丰富的生活是重要的。也许他们是文盲，而且面临着物质需求方面的困难，但是这些困难并不一定影响他们。因此在考虑了自由选择的条件下，将幸福临界值设定为中值的66%。

五、方法论

国民幸福指数的构建采用的是阿尔凯尔-福斯特（2007，2011）方法，该方法对一些多维概念进行测度，如贫困、福利或不平等。在确定各组中哪些人是不幸福的（或是幸福的）时，该方法是稳健的。就不丹来说，该方法可以根据需要或者环境的变化进行改变，因此它也是一种灵活的方法。通过利用该方法可以识别出人口分类的4个小组中，哪些组的人与幸福指标相关的方面还没有得到满足。

用阿尔凯尔-福斯特方法测定其他指标一样，国民幸福指数由两个数据构成。①人数比例：幸福的人的比重；②程度：在9个领域中，不幸福的人满足程度（这与利用阿尔凯尔-福斯特方法对贫困进行测度时的"强度"类似）。

　　构建国民幸福指数主要采用下述 6 个步骤:①选择指标;②采用满足的临界值;③对每个指标确定权重;④采用幸福的临界值;⑤识别出以下两类人:幸福的人(比较幸福和很幸福的人)、不幸福的人(不幸福的人和勉强幸福的人);⑥就不幸福的人而言,他们在哪个领域还没有得到满足,他们的满足程度是多少,见图 13-2。

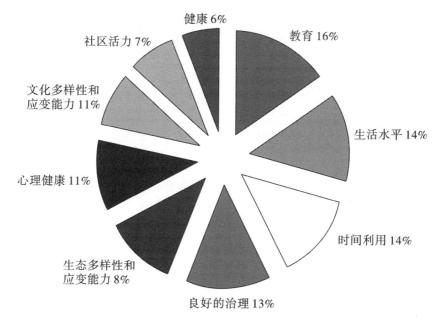

图 13-2　不幸福因素中各部分的比重

　　图 13-3 通过一个例子来说明,该例子利用步骤 5 对 7 个不同的人的 9 个领域进行了分析①。图 13-3 最上面的人,各领域的满足程度最低,最下面的人,各领域的满足程度最高。如何计算图 13-3 中的国民幸福指数? 这里在 7 个人中有 4 个人是不幸福的,即 4/7 = 57% ,有 3 个人是幸福的,即 3/7 = 43% 。知道了这些数据,计算国民幸福指数时还需要知道这些不幸福的人中每个领域的满足程度是多少。

---

　　① 注意,这里进行了简化处理:真正的计算使用的是 33 个指标,基于这些指标对个人的不满足程度进行了计算,所参考的领域的个数也比 9 个要多,虽然计算时是这样做了,但是两种方式所使用的原理是一样的。这种重新排列是非常简单的,具体情况:GNH $= 1 - H_n A_n - H_n + H_n = (1 - H_n) + (H_n - H_n A_n) = (1 - H_n) H_n (1 - A_n) = H_h + (H_n \times A_n)$

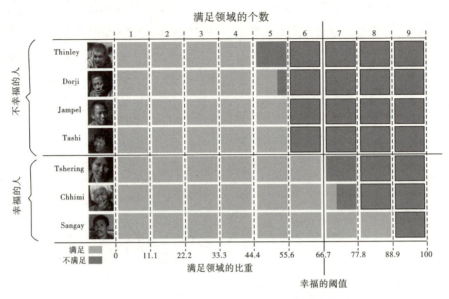

图 13-3　根据国民幸福指数确定谁是不幸福的人

图 13-4 显示了不幸福的人各领域的满足程度是 48.9%,不满足程度是 51.1%。

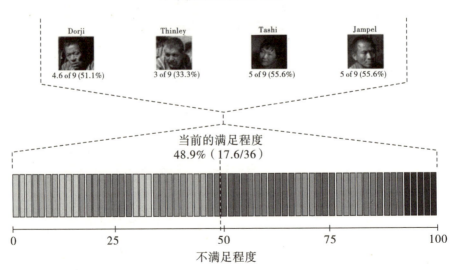

图 13-4　不幸福的人各领域的满足程度(%)

　　为了计算国民幸福指数,人口数据分解为"调整后的人数 M_o ", M_o 由 H_n 和 A_n 相乘而来, H_n 代表在 9 个领域中有 6 个领域都没有得到满足的人的比重,这部分人也是不幸福的人, A_n 表示的是这些不幸福的人中在各个领域不满足程度的平均值。

　　调整后的 M_o 的范围是从 0 到 1,结果越大,表明不满足程度越高,幸福的程度越低。国民幸福指数的值越大,则人们越幸福,调整后的 M_o 等于 1 减去国民幸福指数,因此, $GNH = 1 - H_n A_n$ 。

　　国民幸福指数也可写为: $GNH = H_h + (H_n \times A_n)$,其中 H_h 表示幸福的人的比重, $H_h = 1 - H_n$; A_s 表示不幸福的人;他们各领域的满足程度, $A_s = 1 - A_n$ 。[①] 这种计算国民幸福指数的方法关注的是幸福的人和他们的满足程度;而第一种方法关注的是不幸福的人和他们的不满足程度。这两个公式得到的结果相同,而且对解释国民幸福指数都是有用的。国民幸福指数可以按照人口的分组和指标的分解而进行划分。[②]

　　回到上述例子中,采用以下三个数据:幸福的人的比重 H_h 是 43% ;不幸福的人的比重 H_n 是 57% ; A_s 表示的是不幸福的人各领域的满足程度,即 A_s 等于 48.9% 。将这些数据汇总,最终可得:

$$GNH = (H_h + H_n A_s) = 43\% + (57\% \times 48.9\%) = 0.7309$$

　　为了能够识别出幸福的梯度,我们使用另外两个临界值,50% 和 77% 。这样可以识别出另外两个组。

　　如图 13-5 所示,当我们应用 50% 的临界值,发现只有 Thinley 是不幸福的;如果阈值在 50% ~65% ,那么 Dorji,Jampel 和 Tashi 是勉强幸福的;临界值在 66% ~76% ,则有 shering 和 Chhimi 是幸福的;临界值在 77% 以上,只有 Sangay 是很幸福的。能够分别计算出每个组的满足程度,例如,勉强幸福的这一组,平均满足程度为 $[(4.6/9+5/9+5/9)/3] = 54\%$ 。同样可以得出各个

---

　　① $GNH = 1 - H_n A_n - H_n + H_n = (1-H_n) + (H_n - H_n A_n) = (1-H_n) H_n (1-A_n) = H_h + (H_n \times A_n)$,因为 $(1-H_n) = H_h (1-A_n) = A_s$

　　② 国民幸福指数具有一致性和可分解性,同时也满足维度的单调性。根据阿尔凯尔和福斯特的 M_o 测度方式,国民幸福指数具有对称性、尺度不变性、标准性、重复性、弱单调性,它关注的对象是贫困和不满足程度,在重新编排和维度的单调性以及可分解性方面比较弱。可参考阿尔凯尔和福斯特 2011 年的研究。

小组的组成部分。

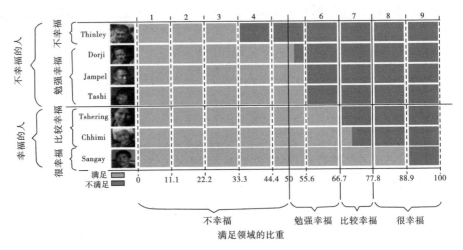

图 13-5　幸福的梯度

六、对幸福的理解

通过国民幸福指数能够看出哪些人是幸福的,哪些人是还不幸福的,此外,能够区分出哪些人是不幸福的,哪些人是勉强幸福的,哪些人是比较幸福的,哪些人是很幸福的。国民幸福指数以不同方式展开,从而对不同的对象进行描述。可以按照地区、年龄、性别、职业的不同而分布。也可以按照每个领域、每个指标来分析。对决策者来说,当考虑提升国民幸福指数时,国民幸福指数的这些性质都可以作为有用的工具来使用。

总的来说,大多数不丹人在以下这几个方面是满足的:价值观、安全感、掌握母语、家庭关系、精神健康、城市问题、环境的责任心、生活满意度、政府绩效、健康的天数和资产。不丹50%～60%的人在以下几个方面是满足的:生态问题、负面情感、社区关系、艺术技巧和强行着装条例。不丹不到一半的人在以下几个方面是满足的:识字、住房质量、社会支持、工作时间、服务的获取、教育认证、文化参与和知识。

就不丹的20个地区而言,可以按照性别、城乡地区、年龄、职业的类别对国民幸福指数的每个指标进行报告。同样我们可以按照各个组的不同得出标准差,经检验,它对权重和临界值来说都是稳健的。

国民幸福指数的值是0.743。它表明即使在国民幸福指数的结构要求

满足一系列条件之后，不丹仍有 40.8% 的人实现了幸福。幸福的人满足了
56.6% 的领域，即在 124 个权重条件下，满足程度为 56.6%。根据国民幸福
指数标准，幸福指的是在 9 个领域中有 6 个以上的领域得到满足，或者在有
权重的指标中，同等比例的指标得到满足。

1. 领域

图 13-6 可以看出每个领域对国民幸福指数都有一定的贡献，没有一个
领域是不重要的。但是，贡献大小因领域的不同而不同。

2010 年不丹人民的国民幸福指数中，贡献最大的依次是健康（14%）、社
区活力（12%）、生态多样性和应变能力（12%）、心理健康（12%）。幸福的
不丹人并不一定要接受高的受教育程度（9%），也并不一定要在良好治理方
面表现得很好（9%）。

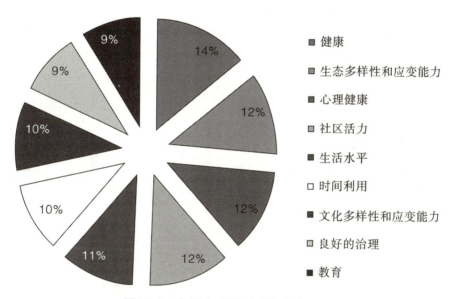

图 13-6　各领域对国民幸福指数的贡献

2. 指标

不丹人民在以下几个方面的满足程度最高：价值观、安全感、掌握母语、
家庭关系、心理健康。不丹人民主要在以下几个方面的满足程度不足：知
识、节日的参与度、社会关系、超过 6 年的学校教育、享受政府提供的服务、政
治参与、对强行着装条例的认可程度。具体见图 13-7。

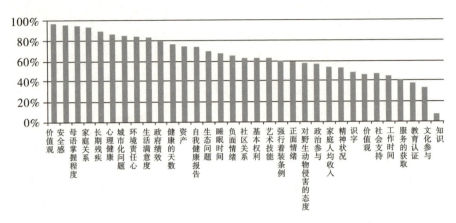

图 13-7　每个指标中满足程度的人的比重

3. 地区

国民幸福指数显示不丹的大部分地区的幸福程度是差不多的,各个地区之间的差距比较小,只有一个地区的人幸福程度可能是最低的——桑祝琼卡地区。

各地区国民幸福指数的排名和按人均收入划分的排名不同,见图 13-8。在按照国民幸福指数的排名中,廷布(首都)的排名不是最高的,但是与其他地区相比,廷布的人均收入最高。达加纳宗和谢姆冈宗这两个地区的国民幸福指数排名都比按收入标准划分的排名要靠前。每个地区关于幸福的组成部分也各不相同。廷布在教育和生活水平这两个方面表现得较好,但是在社区活力这个方面表现最差。廷布地区幸福的人数最多,而楚卡宗地区不幸福的人的数量最多(这两个地区是不丹说宗卡语最多的两个地区)。

4. 农村和城市

一般来说,城市地区的人要比农村地区的人更幸福。按照国民幸福指数的标准,50% 的城市居民是幸福的,而农村地区则为 37% 。构成幸福的因素也各不相同:农村地区,对幸福贡献程度最大的是社区的活力、文化的多样性以及良好的治理。相反,城市地区主要是生活水平、教育和健康。城市地区的不满足程度主要是以下几个方面:治理、时间利用和文化,而农村地区的教育和生活水平这两个方面的满足程度最低,见图 13-9。

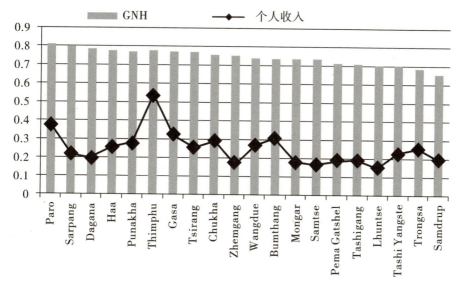

图 13-8 国民幸福指数与人均收入的比较

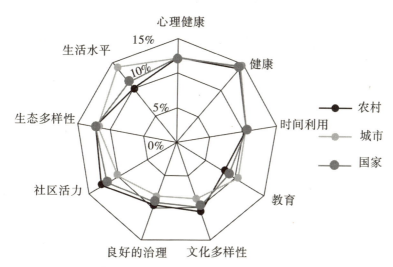

图 13-9 城市和农村 9 个领域对幸福的贡献程度

5. 性别

当按照性别对国民幸福指数进行划分时我们能够看出,男性比女性幸福感要高一些。男性当中有 49% 的人是幸福的,而女性当中的这一比例仅为三分之一,这个结果在统计学上是显著的,见图 13-10。女性在生活水平和生态这两个方面的满足程度要高一些,而男性主要是在教育、社区活力和心理健康这三个方面的满足程度要高一些。在健康、时间利用、治理和文化这几个方面,男性和女性的满足程度基本一致,见图 13-11。

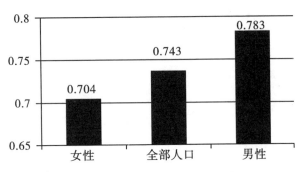

图 13-10　按性别划分的国民幸福指数

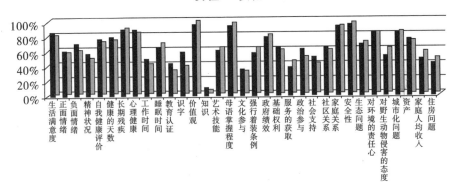

图 13-11　按性别划分的各指标的满足程度

6. 按年龄划分的国民幸福指数

国民幸福指数测度的是幸福,它根据年龄组的不同而不同。虽然年龄和幸福程度之间的关系不是完美的线性关系(见图 13-12),但是相对来说年轻的人要比年长的人幸福一些。就主观幸福感而言,也有类似的趋势(见图 13-13)。主观幸福感主要询问受访者是否觉得自己幸福,询问的结果其分值从 0 到 10,0 分表示是不幸福的人,10 分表示是很幸福的人。88% 的不丹人回答所对应的分数在 5 分以上。然而有趣的是,根据国民幸福指数的标准,回答的分数在 6~10 的人中,有一半的人是幸福的,但是另一半的人是不幸福的,或者是很幸福的,见图13-14。

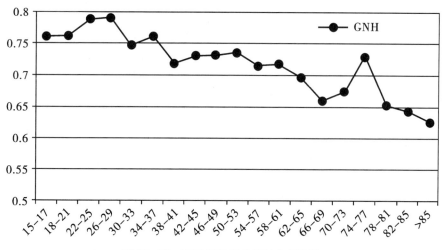

图 13-12 不同年龄组的国民幸福指数

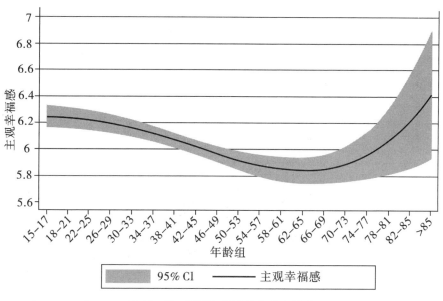

图 13-13 不同年龄组的主观幸福感

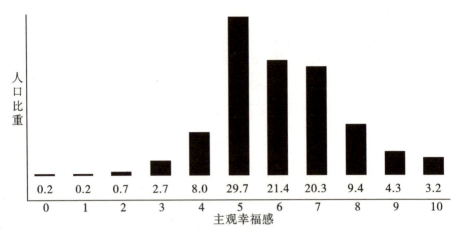

图 13-14　按人口划分的主观幸福感

7. 教育水平

根据国民幸福指数的划分,幸福的人不一定就要接受高水平的教育。那些在学校接受教育的人的幸福感与他人相比也仅仅是高了一点,但是没有受过教育的人的幸福感明显不高。随着教育水平的提升,生活水平和教育对幸福的贡献程度会变大,良好的治理和文化的贡献程度会下降,见图13-15。

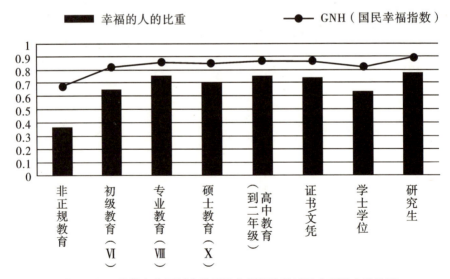

图 13-15　按教育水平划分的国民幸福指数值以及幸福的人的比重

z

w

v
u
t
s
r

8. 职业

调查所获得的只是样本数据,样本不能代表全体有职业的人的信息,因此下面的结论在进行解释说明方面其稳健性不一定高。结论表明在政府部门工作的人,他们明显是不幸福这一组的成员,因为他们通常所获得的工资收入是微薄的,而且从事的多是体力劳动,如对道路的养护。很明显,农民群体的幸福程度是最低的,但是在调查中,农民占整个被调查对象的比重是最大的,见图 13-16。

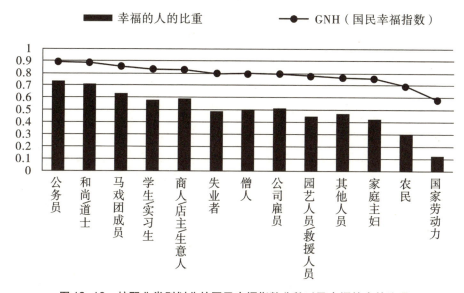

图 13-16　按职业类别划分的国民幸福指数分数以及幸福的人的比重

9. 对很幸福的人进行分析

在幸福的人中,有一部分是"很幸福"的,如果在对幸福进行分析时,分析中没有涉及这部分人,那么这个分析就是不完整的,在不丹的人口中,很幸福的人所占的比重为 8.3% 。其中三分之二是男性,三分之一是女性。很幸福的人口中,有 69% 居住在农村地区,31% 居住在城市地区,这种现象是很有趣的,因为国民幸福指数指出,农村地区的幸福感要比城市地区的幸福感低。国民幸福指数调查中的受访者的年龄分布在 20 岁以下到 65 岁以上之间,就这些很幸福的人而言,59% 的人的年龄在 40 岁以下。不丹的每个地区都有"很幸福"的人,其中廷布、萨姆奇和楚卡宗这三个地区的人数最多。

不过，只有12%的"很幸福"的人居住在廷布。"很幸福"的人中有84%的人已婚，12%的人未婚。26%的人没有接受正规的教育，28%的人只读完了小学，还有一部分人只接受了其他形式的教育。最后，除了就职于国家部门外，其他各个职业都有觉得自己是"很幸福"的人。"很幸福"的人中，有34%是农民，他们所占的比例最大，18%是公务员。这些现象表明按年龄、职业类别、地区和教育背景来划分的话，每个部分也都有"很幸福"的人。事实上，比较有趣的是，在"很幸福"的人中，有三分之二是男性。

平均来说，就"很幸福"的人而言，他们各领域的满足程度为81.5%。然而，观测各领域的不满足程度也是有趣的。整体上来说，"很幸福"的人在以下四个方面的不满足程度是最低的：健康状况、生活水平、时间利用和心理健康。

10. 国民幸福指数的例子

国民幸福指数所蕴含的哲理表明GNH更像是一次活生生的实验，相对于用人均GDP测度福利来说，国民幸福指数更注重全面生动地描述人们的生活。幸福与个人的感受密切相关，如果对幸福进行定义，那么很少有人会赞同这个定义。事实上，就像国民幸福指数告诉我们的那样，影响幸福的因素有很多。这里简单介绍2010年国民幸福指数调查中记录的一些幸福人士的故事，这些例子有助于我们对国民幸福指数的理解，同时还给我们呈现出不同类别的人：学者、文盲、城市地区的人、农村地区的人、年轻的人、年长的人、和尚、农民或者是公司员工，他们都可以是幸福的人。

国民幸福指数的调查对象中有这样一位幸福的人：35岁，已婚，在企业工作，居住在楚卡宗。他已经完成了10年级的课程，就国民幸福指数的各个指标的满足程度而言，他基本上都能满足。他的睡眠不足，而且他觉得自己对社区的归属感不是很强，但是整体上来说，他对自己的生活很满意。当被问到哪些因素对幸福是最重要的，他的回答是：身体健康、满足基本需求、家庭和睦、信教。

国民幸福指数调查中还有一个对象是一位已婚女人，44岁，居住在通萨宗的农村地区。她是文盲，而且她的庄稼经常受到野生动物的侵害，尽管在生活中她认为自己没有得到上苍的眷恋，但是她觉得自己是幸福的。她若有所思地说，当她做家务、收获土豆、编织衣物时，她觉得自己是幸福的。

另一个调查对象是一位70岁,丧偶,居住在廷布农村地区的人。他没有接受过正式教育,而且教育程度、住房条件、睡眠都不好,他也不参与政治活动。他觉得通过耕种获得一个好的收成有助于幸福感的提升。

　　另一个调查对象是26岁的未婚年轻女性,独自居住在塔希冈的城市地区。她拥有学士学位,是一个公务员。尽管她缺少对家庭的归属感,但是她的各领域的满足程度都很高。当被问到哪些因素有助于幸福时,她的回答是:爱、家庭、朋友、教育以及拥有足够多的钱。

　　国民幸福指数除了加深我们对幸福的理解,它的制定还有一个目的:提出一种方法来提升人们的幸福感。不丹的公务员、商界领袖和公民可能会问:"怎样做才能提升国民幸福指数?"可以从实践方面对这个问题进行回答,同时随着时间的推移,国民幸福指数也有助于政府和其他人对国民幸福指数的情况进行监测。总之,通过两种方法可以提升国民幸福指数:一种是提高幸福的人所占的比重,另一种是提升不幸福的人各个领域的满足程度。

　　(1)各领域的不满足程度。为了提升国民幸福指数,我们可以对不幸福的人进行观察,也可以对他们各领域的不满足程度进行观察。59%的人不丹人民是不幸福的,这些人有4个领域的满足程度达不到要求。在33个指标当中,不幸福的人对各指标的不满足程度比幸福的人对各指标的不满足程度都要高。教育、生活水平和时间利用三个方面的不满足程度最高。就不幸福的人而言,女性比男性要多。

　　尽管各领域的不满足程度差不多,但是城市地区的人比农村地区的人要幸福一些。不满足的范围也不相同。城市地区的人主要在治理、时间利用和文化等方面不满足,而农村地区的人主要是在教育和生活水平这两个方面不满足。物质领域方面的不满足与社区关系、文化和精神状况等方面的不满足不同。例如,就不丹的首都廷布而言,最大的不满足是社区活力。

　　就心理健康、健康状况、时间利用而言,不幸福的人的不满足程度要高。在教育、文化多样性和治理这三个方面,以上两组人的价值观、掌握母语、强行着装条例以及政治参与度之间的差异最小。两组之间的教育不满足程度最大,在社区关系、生态方面和生活水平方面,对野生动物侵害的态度和生活水平的差异最为明显。幸福的人和不幸福的人在社会支持、生态方面的不满足程度与城市化方面的不满足程度几乎是相等的。

　　健康状况对不幸福的影响程度最小，其次是社区的活力，教育的影响程度最大。可以对各领域进行分解，以此看出指标中的哪些方面对不幸福的影响程度最大。

　　图 13-17 给我们展示的是教育领域。最大的不满足是知识。不丹人的在文化和历史方面的知识水平较低，健康状况也是如此。

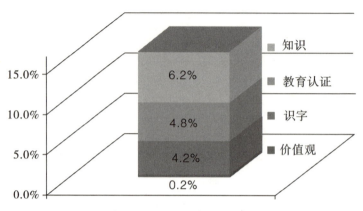

图 13-17　教育指标中各因素对不幸福的贡献程度

　　(2)谁能提升国民幸福指数？幸福感的提升不仅仅是政府所要考虑的。公务员，商业领袖以及其他人都需要明白怎样做才能提升居民的幸福感，见图 13-18。人们试图将指标当作是一种公共产品来使用，不丹国王提到了如下观念：在现实条件下，只有我们的梦想和愿望可以得到满足，我们能够在养育将来子民方面做出承诺，那么我们国家所制定的蓝图才能实现。

　　政策制定的优先考虑对象是那些不幸福的人，因此弄清楚他们在哪些方面是满足的，在哪些方面依旧是不满足的是很重要的。政府、修道院、社区、个人和家庭的努力都有助于国民幸福指数的提升。

　　尽管在指标方面，政府、社区和家庭为幸福感的提升都富有职责，但是这些职责很多方面都是交叉的。

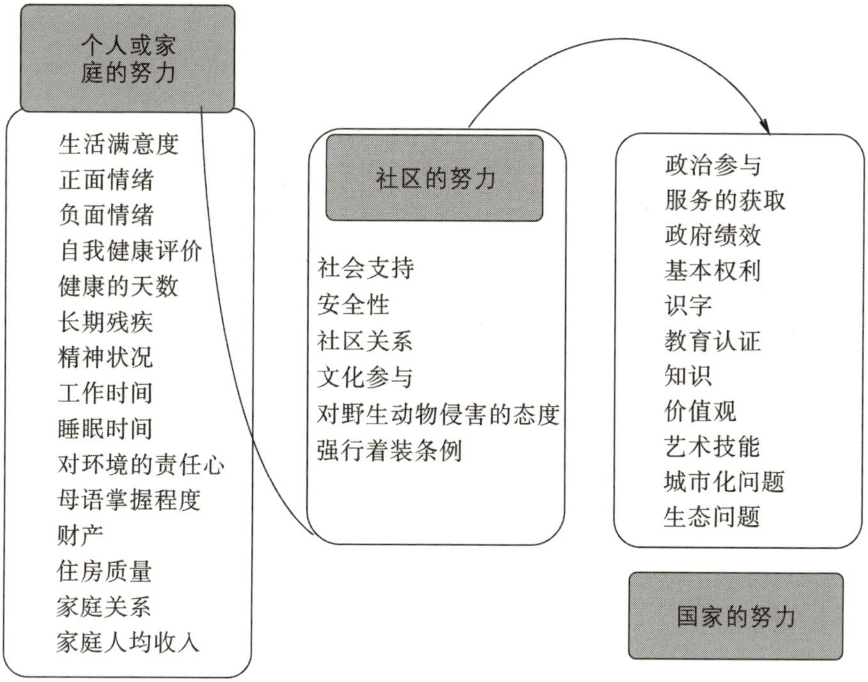

个人或家庭的努力

生活满意度
正面情绪
负面情绪
自我健康评价
健康的天数
长期残疾
精神状况
工作时间
睡眠时间
对环境的责任心
母语掌握程度
财产
住房质量
家庭关系
家庭人均收入

社区的努力

社会支持
安全性
社区关系
文化参与
对野生动物侵害的态度
强行着装条例

政治参与
服务的获取
政府绩效
基本权利
识字
教育认证
知识
价值观
艺术技能
城市化问题
生态问题

国家的努力

图 13-18　各部门提高幸福感的职责交叉

（3）与幸福相关的不满足程度。图 13-19 显示了四个人口组别中各因素对每个领域不满足程度的影响的百分比。就幸福的人这一组来说，各个领域的平均不满足程度是最低的。同时各个指标的不满足程度也是最低的。对不幸福的人来说，对不满足程度影响最大的是生活水平、教育以及心理健康。时间不足、缺少治理以及服务的获取不满足等三个方面所带来的不利影响也很高。对不幸福的人来说，社区关系和生态问题对不满足程度的影响要小一些。

（4）不幸福的人的不满足程度。对个人而言，当有一半以上的领域的满足程度达不到要求时，就认为他是不幸福的。2010 年，10.4% 的不丹人是不幸福的。不幸福的人中，69% 是女性，31% 是男性。84% 居住在农村地区。尽管各个年龄段都有不幸福的人，但是 57% 的人是 40 岁以上的。萨姆奇宗（Samtse）、塔希冈宗（Tashigang）以及楚卡（Chukha）这三个地区，不幸福的人最多；其次是廷布和萨姆德鲁琼卡尔宗（Samdrup Jonkhar），当然其他地区也有不幸福的人。不幸福的人中有 79% 是农民、76% 已婚、90% 没有接受过正

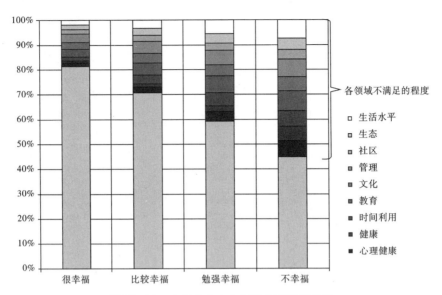

右侧图例：

各领域不满足的程度

□ 生活水平
□ 生态
□ 社区
▨ 管理
▨ 文化
▨ 教育
▨ 时间利用
▪ 健康
▪ 心理健康

横轴标签：很幸福　比较幸福　勉强幸福　不幸福

图 13-19　幸福的人中各领域的不满足程度

规的教育。各领域不幸福的人的不满足程度主要集中在生活水平、健康状况以及心理健康领域。

（5）构建国民幸福指数。国民幸福指数的结果已提交给宗（县）级领导，让他们对照县级结果审查他们的政策，并根据结果调整现有的政策。更广泛的目的是加强政府和民间交流，让政府能够对民生有所了解，同时居民也能感觉到这种交流是如何让他们的国民幸福指数出现提升的。自 2008 年起，相应的政策和实施工具已经使用，无论是公共机构还是私人机构，在提升国民幸福指数时都予以考虑。

通过对不丹的公务员、商人、社会部门的领导人、宗教领袖、家庭成员的观察，认为随着时间的变化，不丹的国民幸福指数将会提升。不丹第五任国王敦促所有部门，特别是政府部门，要深刻地思考他们自身的价值所在，推动共同利益向前发展。

"国民幸福指数对人们来说意味着许多东西，但是对我来说，它仅仅意味着有价值的发展，我们追求经济增长和现代化所带来的利益，同时我们也要确保获得更强的国家地位、更多的财富，但与此同时，我们也不要忘记我们应当让不丹人民更加幸福。家庭关系是否和睦？文化和传统是否能够顺承？我们是否对自然环境进行了保护？我们的人民是否对社区和国家尊重？我们与其他国家和平共处的愿望是否得到了实现？如果这些我们都做到了，那么政府的职责就是要对这些有利于人们的幸福感以及与福利相关的宝贵因素进行保护，我们的政府一定要具有人性化。"（不丹国王陛下所作的皇室成员的纪念性讲座，2009 年 12 月 23 日，新德里）

第十四章

生活质量测度的其他指标及实践

一、物质生活质量指数

物质生活质量指数(Physical Quality of Life Index,PQLI)是 1975 年由美国海外开发委员会提出的,并于 1977 年公布,其目的在于衡量一个国家人们的营养、医疗保健、国民教育等方面的总水平。该指数由三个指数构成:婴儿死亡率指数、一岁的预期寿命指数和识字率指数。计算公式为:

$$PQLI = (识字率指数 + 婴儿死亡率指数 + 1 岁的预期寿命指数)/3$$

其中,识字率指数是指 15 岁以上人口中识字人口占 15 岁以上总人口的百分比。

$$婴儿死亡率指数 = (229‰ - 婴儿死亡率)/2.22‰$$

其中,婴儿死亡率指每千名新生儿中的死亡人数。

该公式是这样得到的:根据联合国记录,自 1950 年以来,婴儿死亡率最高的是加蓬,为 229‰,最低的是瑞典,为 8‰。医学界认为,婴儿死亡率最低可降到 7‰,所以将 7‰作为 0,在尺度上定为 100,这样,婴儿死亡率每降低 2.22‰,婴儿死亡率指数就增加 1 个值。

$$一岁的预期寿命指数 = (1 岁的预期寿命 - 38)/0.39$$

其中,一岁预期寿命是指一批人从一岁起平均每人可存活的年数。

该公式是这样得到的:二战以后,预期寿命最低的是 1950 年的越南,为 38 岁,它作为指数的 0 点;最高的是瑞典,为 77 岁,作为基准 100。这样,一岁的预期寿命每增加 0.39 岁,一岁的预期寿命指数就增加 1 个值。

该指数在一定程度上可以反映出人们的生活福利状况和生活水平,其中婴儿死亡率和平均寿命可以综合反映一国的营养、公共卫生和环境的总水平,识字率则综合反映一国的教育水平。其不足之处是未能全面反映福利状况:比如闲暇、社会公平等。此外,在计算方法上所使用的简单平均数,也过于粗略。尽管存在种种不足,物质生活质量指数仍具有重要意义,它弥补了单纯用 GDP 衡量一国福利状况的不足。

二、快乐星球指数

快乐星球指数(Happiness Planet Index,HPI)是 2006 年由英国独立智库新经济基金会(New Economics Foundation)提出来的对可持续幸福感的测度,或者说是对国家应用生态效应实现幸福感的测度。新经济基金会的报告提供了来自全球 178 个国家的快乐星球指数得分。此后,新经济学基金会在 2007 年、2009 年、2012 年公布了快乐星球指数得分。

1. 测度对象

为了实现各种不同的目标,以及发挥政府和超政府组织的主动性,替代或超越 GDP 的指标迅速推广。快乐星球指数主要从以下两方面来描述一国的表现:第一是人们当下的幸福感,第二是对环境的影响(以及未来福利的含义和可能性)。新经济基金会的目标是使当今人们的幸福感最大化,同时尽量减少对环境的影响。这与布伦特兰报告(Brundtland Report)提出的可持续发展的定义不谋而合,即可持续发展是既能满足当代人的需要,又不对后代人满足需要的能力构成危害的发展。

人们提出了很多测度幸福感的建议,但是其中很多建议都涉及多个维度且这些维度的信息都难以汇总,因此它们不适合构建一个单一的主要指标。快乐星球指数包含自身目标的两个方面——健康和幸福体验。当然像就业、教育和良好的治理等对人们的生活也是很重要的。

测度对环境的影响也必须是测度进步的中心环节。如果全部人口是幸福和健康的,但是由于他们消耗资源而使后代被迫陷入糟糕的境地,那么我们也不能说自己生活得很好。因此,从概念上讲,快乐星球指数是对投入产出效率的测度,它代表着单位资源消耗所带来的福利产出,见图 14-1。

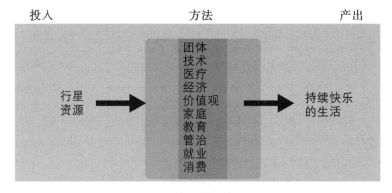

图 14-1 社会目标和资源的模型

几乎与快乐星球指数同时产生的是世界自然保护联盟(International Union for Conservation of Nature and Natural Resources,IUCN)提出的可测度的衡量标准:从自然中提取出单位(资源)或者强加给自然单位负担所产生的人类福利(不一定是物质产品)。

2.快乐星球指数的计算

健康和幸福体验可以运用幸福生活的年数来计算,这个衡量标准是由荷兰社会学家鲁特·维恩霍文提出的。该指标与另外一个幸福体验中提出的国民平均生活期望值相一致,也就是"健康寿命年"。在 2009 年的报告中,幸福体验的主要数据来源是盖洛普世界民意调查中关于生活满意度的调查。

世界价值观调查或者盖洛普世界民意调查中的替代问题可以作为测度方法来使用。其分母是资源消耗,即人均生态足迹,它是由马西斯·瓦克纳格尔和威廉·E.里斯提出的,由全球足迹网络计算得出。它是根据支撑一国的消费,特别是基于粮食、自然资源消耗、碳排放需要的土地面积来说明的,这种测度考虑了一个国家消耗的全部生产物品。

为了确保结果不受其他条件的影响,也为了使结果从 0 到 100 之间变化,快乐星球指数指标做了一些微调。

3.快乐星球指数表明了什么

幸福生活年数与生态足迹的关系见图 14-2。

2009 年快乐星球指数,它涵盖了 143 个国家,结果表明没有一个国家可以通过量入为出来实现高福利。一方面,也有富裕的西方国家成功实现高福利水平的产出,但是却是以巨大的环境消耗为代价;另一方面,有一些贫

第十四章 生活质量测度的其他指标及实践

穷的发展中国家,如撒哈拉以南的非洲地区,它们在保护环境这个方面做得很好,在环境条件允许的情况下提升福利。

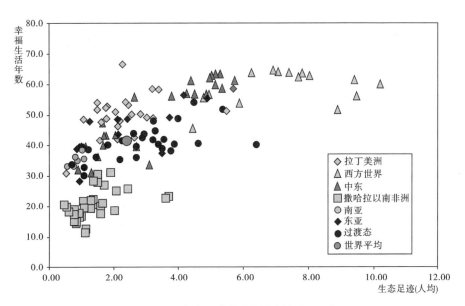

图 14-2 生态足迹和幸福生活年(2005)

表 14-1 选定国家的 HPI 和子指标(颜色代表表现与关键阈值之比)

HPI 排名	国家	生活满意度	预期寿命	EF		HPI
1	哥斯达黎加	8.5	78.5	2.3	=	76.1
2	多米尼加共和国	7.6	71.5	1.5	=	71.8
3	牙买加	6.7	72.2	1.1	=	70.1
6	哥伦比亚	7.3	72.3	1.8	=	66.1
9	巴西	7.6	71.7	2.4	=	61.0
20	中国	6.7	72.5	2.1	=	57.1
35	印度	5.5	63.7	0.9	=	53.0
43	荷兰	7.7	79.2	4.4	=	50.6
74	英国	7.4	79.0	5.3	=	43.3
114	美国	7.9	77.9	9.4	=	30.7
143	津巴布韦	2.8	40.9	1.1	=	16.6

349

从图 14-2 和表 14-1 中可以看到所选国家的表现和排名情况，我们可以看出拉丁美洲地区做得非常好。哥斯达黎加实际上拥有最高的快乐星球指数水平和全世界最高的幸福生活年数，其生态足迹仅略高于世界自然基金会（World Wide Fund for Nature or World Wildlife Fund，WWF）所称的"在一个地球上生活"标准（人均 2.1 全球公顷的生态足迹）。

与此同时，排名最高的"发达"国家是荷兰。图 14-3 展示了部分 OECD 成员国从 1960 年以来的表现。这些国家几乎都有明显的进步，但美国随着时间的推移有明显的下降。

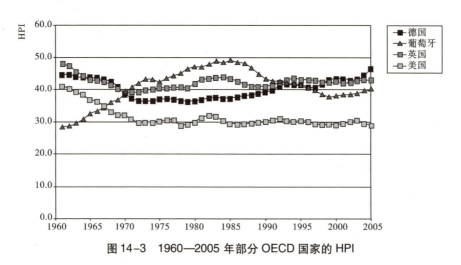

图 14-3　1960—2005 年部分 OECD 国家的 HPI

4. 快乐星球指数的含义

快乐星球指数为各国提供了行动指南，但是它并没有回答人们如何做才能成为"快乐星球"。尽管如此，也提供了一些思路。2009 年的报告强调以下几个通向快乐星球的路径：重新分配工作并减少工作时间；扩大公民社会的民主参与；终身学习同时倡导积极的生活方式；向积极的和公共的交通转变；缩减业务；重新定义价值和进步；通过技术发展来提高资源生产率而不是劳动生产率。

5. 对 2012 年快乐星球指数的结果进行解读

新经济基金会 2012 年发布快乐星球指数的排名，哥斯达黎加成为全球最快乐的国家，排在第二位的是越南，排在第三位的是哥伦比亚。美国排在 104 位，英国排在 41 位。这份排行显示，经济社会发达程度并不是民众感觉快乐的首要因素。快乐星球指数主要考虑民众自身的快乐感受、预期寿命和环境的可持续性等方面,经济规模和增长速度则不在考虑之列。根据新经济基金会的调查比较,哥斯达黎加、哥伦比亚和越南在民众幸福感受、预期寿命和环境可持续性方面综合排名远超过世界其他国家和地区。除越南之外,进入这份排行榜前 10 名的国家大多都是南美国家,如伯里兹、圣萨尔瓦多、牙买加、巴拿马、尼加拉瓜、委内瑞拉和危地马拉等。值得一提的是,越南在这份排名上前进很快,2006 年越南排名第 12 位,2009 年排名第 5 位。排名比较靠后的国家主要是一些发生战乱的西亚和非洲国家,如卡塔尔、乍得和博茨瓦纳。新经济基金会高级学者萨玛·阿德拉指出,虽然富裕工业国家和贫穷的欠发达国家面临着完全不同的问题,但是在提升民众幸福感上的任务却是相同的。

新经济基金的官员解释道,排名是以人们对生活的满意度指数乘以人均寿命,然后除以当地资源消耗指数而排列的。新经济基金组织发现,贫富差距、社会诚信度、犯罪率、民众与政府关系等对指数也有较大影响。其别出心裁之处是把硬指标数据与国民的主观感受结合起来,用来表现人们幸福度与物质生活水平的关系。这个全新的标准与气候、能源、环保等密切相关。它衡量公民的预期寿命、对生活的满意度,同时也考虑各地人均消耗资源量以及对环境造成的污染程度。新经济基金会的统计学家尼克·马克斯在"技术、娱乐、设计"(technology,entertainment,design,TED)①演讲中论述了快乐星球指数的环境理念:人们应该快乐,而整个地球也应该快乐,一个国家的最终追求是为它的公民带来快乐、健康的生活,但我们必须要记住它最基本的一个衡量元素,那就是我们使用了地球上多少的资源,哥斯达黎加为什么能在快乐星球指数榜上名列第一? 马克斯对此的解释是:人均寿命78.5 岁,比美国要长;根据盖洛普全球民意调查,哥斯达黎加是地球上最快乐的国家,比瑞士和丹麦都更快乐;它有着在拉丁美洲甚至全世界最高的识

---

① TED(指 technology,entertainment,design 在英语中的缩写,即技术、娱乐、设计)是美国的一家私有非营利机构,该机构以它组织的 TED 大会著称,该会议的宗旨是"用思想的力量来改变世界"。TED 诞生于 1984 年,其发起人是理查德·索·乌曼。2001 年起,克里斯·安德森接管 TED,创立了种子基金会(The Sapling Foundation),并运营 TED 大会。

字率;还有更重要的一点,这个最快乐的国家,只使用了的西方国家所用资源的四分之一。哥斯达黎加的电力99%来自可再生能源,它也是最早承诺在2021年之前做到碳中和的国家之一。

对快乐星球指数的争议一直存在,该指数衡量了143个国家和地区(占世界99%的人口),在10个得分最高的国家中,有9个是拉美国家,东南亚国家的排名也靠前,而这些国家都是经济并不发达的中小发展中国家。8个最发达工业国中,德国的环境最干净而且人们的健康也最高,但其排名仅列第51位。经济体量小、人口少的国家最快乐,但他们难以产生示范影响。有学者解读,快乐星球指数之所以和人们的感受有出入,是因为这个指数并不是"快乐指数",而是"快乐的资源效率指数"。该指数由3个指标计算得出,分别是:生活满意度、人均预期寿命、生态消耗。除去国民的主观因素,按指数的衡量标准,发达国家在生态消耗(资源合理利用)方面得分肯定不高,因此生态消耗影响了最终排名。

快乐星球指数仍然具有很大的影响力,最重要的是它为我们提供了一种新标准,即不再以GDP作为衡量社会发展和成功的根本标准,而是从基本原则出发,将健康、快乐、积极的生活确立为人类的普遍目标,并将人类所依赖的自然资源明确为基本的投入。根据这个理念,快乐星球指数的创建者指出:一个成功的社会,是可以不以牺牲环境为代价来维持优质生活的社会。

今天,经济学家已经警告我们:"经济增长给我们带来的福利已经接近极限。"人类必须重新思索:财富的快速增长真的使人类更加幸福了吗?人类发展的终极目标到底是什么?在人类的创富过程中,还有哪些最重要、最珍贵的东西被丢弃了?

三、个人生活状况指数

个人生活状况指数作为欧洲社会指标体系(European Social Indicator System,EUSI)的一部分,旨在通过一种简单方法对生活质量进行综合。该指数很容易评估一定人口的生活状况,并且能够比较不同国家和不同时间内人们的生活状况,还能衡量欧洲公民的生活状况的改善情况。与其他指数不同,生活状况指数是基于个人和家庭层面的微观数据计算的,因此,该指数可以被进一步细分,从而提供囊括一定人口子群情况(如不同年龄群体、男性和女性、教育程度)的比较。

1. 个人生活状况指数的构成

个人生活状况指数应简化和提炼出欧洲社会指标体系中多个单一指标提供的复杂信息,综合说明生活状况的各维度情况。为了对个人生活状况进行有代表性的测度,该指数计算时使用了 7 个二级指标(收入与生活水平、住房、住房面积、教育、健康、社会关系和工作)的均值,每个指标从 1 到 5 档变化。因此,生活状况指数也相应地从 1 档(最差的)到 5 档(最好的)变化。该指数的数据计算始于 1995 年,止于 2001 年的欧共体住户小组的研究(European Community Household Panel Study)。用于计算个人生活状况指数的变量已经被选入到了 EU-SILC——统一标准的连续跟踪数据库(European Community Household Panel, ECHP)的后续数据库中。因此,根据 EU-SILC 微观数据集的有效性和可获得性,我们可以更新 2001 年以后的生活状况指数,也可计算未被 ECHP 选取的欧盟成员国的个人生活状况指数。

2. 欧盟国家个人生活状况指数的发展

该指数能够为一些欧盟成员国提供监测其 1995—2001 年个人生活状况一般水平的变化。图 14-4 显示出欧洲的生活状况水平普遍较高,得分在 3.4(葡萄牙)和 4.1(丹麦)之间,也显示出欧洲北部和南部各国之间的差异。从纵向的发展来看,生活状况略有改善,但国家之间的差距很小。如果生活状况指数可以根据 EU-SILC 的数据进行计算,那么国家范围就能扩展到 27 个欧盟成员国,这样就能监测和评估整个欧洲范围的生活状况,即北部和南部之间,东部和西部国家之间。同时,随着时间的推移,可以进一步地监测和评估收敛和发散的过程,以及欧盟的凝聚政策是否成功。

图 14-5 给出了意大利和丹麦两个国家 2001 年的结果,并通过对一些社会人口特征进行分类比较。图 14-5 清楚地表明丹麦的生活状况总体表现得更好,但两个国家生活状况分组差异的方式是非常相似的:两个国家受过良好教育和高收入群体普遍比教育程度较低以及贫穷的人拥有更好的生活状况,就业者比失业者或退休者的生活状况好,中年人比年轻人、老年人生活状况好,离婚的或丧偶的比已婚或单身的生活状况糟。总体而言,数据结果表明指数的合理性和可靠性。当然也可以做各种统计分析,如对相关

性计算或回归分析,与基于个人调查数据得到的个人生活状况指数相比,又具有了一个优势。

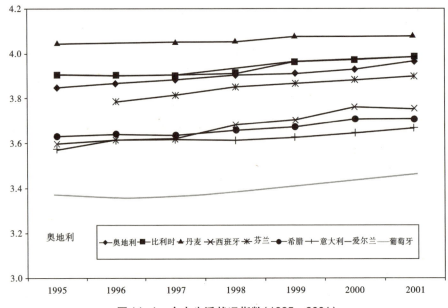

图 14-4　个人生活状况指数(1995—2001)

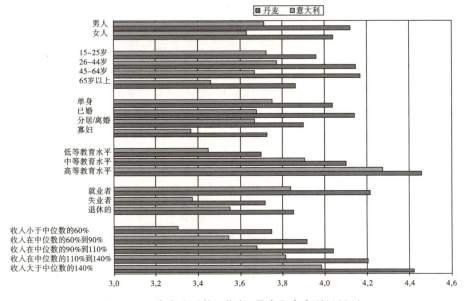

图 14-5　个人生活状况指数:丹麦和意大利(2001)

3.欧洲社会指标体系

个人生活状况指数是欧洲社会指标体系的必要组成部分。在该体系中,认为它是对客观生活状况的综合的、概括的测度。欧洲社会指标体系已初步发展成为由欧盟资助的一个理论研究和工程服务项目内的计划,且随后制度化为德国社会科学基础设施服务的一部分。

欧洲社会指标体系已被用于监测并分析生活质量、社会凝聚力和可持续发展以及在欧洲国家和欧洲联盟的社会结构的变化。由于认为它是观念驱动型的(指标)体系,指标的选择是基于一个概念框架,该框架用以区分福利变化和社会总体变化的8个主要方面,涵盖13个生活领域:人口、住户和家庭;交通;闲暇、媒体和文化;社会和政治参与整合;收入、生活水平和消费模式;教育和职业培训;健康;住房;劳动力市场和工作状况;社会保障;公共安全和犯罪;环境;生活总体情况。

该指标体系提供了30多个国家的时间序列数据:欧盟成员国、瑞士、挪威以及两个主要的参考国:美国和日本,但该指标体系的着眼点是欧盟成员国。根据所提供的数据,时间序列从20世纪80年代初开始,大多数指标的时间序列可以按不同的社会人口变量分解,并且正在尽可能提供按区域分类的时间序列数据。目前,欧洲社会指标体系提供了上述13个生活领域中的9个方面的600多项指标的时间序列数据,该指标体系在不断更新和完善。

欧洲社会指标体系是建立在能够确保不同国家和不同时间具有最佳可比性的数据资源的基础上的。使用的数据资源包括国际上汇总的官方数据,例如,来自欧盟统计局(European Statistics Agency)、经合组织(OECD)、世界卫生组织(WHO)、跨国调查的微观数据,以及来自欧共体住户小组研究、欧洲社会调查(European Social Survey,ESS)、欧洲晴雨表的调查和国际社会调查项目的数据。

欧洲社会指标体系满足了社会学家、国家和超国家层面的政策制定者、大学和学校的师生以及新闻记者的需要。数据库对在其涵盖的国家和国家之间有关生活质量的发展、社会凝聚力、可持续发展、社会结构和价值取向的比较研究方面特别有用。此外,社会指标体系也是欧洲政策制定的重要参考,并且作为监控国家和国际政策目标实现过程进展情况的一种工具。

四、能力指数

1. 能力指数的提出

2007 年 11 月，在以"测度进步、真实财富和国民福利"为主题的布鲁塞尔大会上提出了能力指数（capability index）。

2. 具体和量化能力方法的早期探索

有关能力方法的文献更新得很快，也就是说，今天做的调查在 6 个月后就会过时。最近的一项实证调查显示，目前，还缺少生活质量能力指数的理论基础，质量指数的操作性和实证检验性也是如此。因此，在普遍使用新技术的今天，开发能力指数是一项开拓性的工作，不过，目前的文献确实提供了开发能力指数的两个重要见解。

3. 开发能力指数的两个重要见解

我们需要知道基于现有的二手统计数据以及基于用足够时间和资源搜集到的有关能力的大量数据是如何被用于构建指数的。现有的实证研究主要由数据集的有效性、能力指标的选取以及测度能力的可能性来决定。几乎所有这些应用性的工作都使用那些不是专门为此而建立的数据集，这有局限性。如果我们受到可用数据集的限制，那么我们可能会与生活质量的可行能力指数距离很远。由于我们主要感兴趣的是对概念探索，因此我们假设在数据搜集方面没有任何限制。

我们需要关注的是指标本身的特性：人们想构建的指标应该基于什么水平的汇总？指标应符合的标准之一就是利于政策设计与评价，实际上，政府政策制定以及能力指数的制定应该基于比文献中所指出的困难程度要大很多。

在理论上，人们会优先考虑能力方法为测度生活质量的基础方法。然而，必须牢记能力方法的实证研究仍处于发展的初步阶段。进一步的研究很可能揭示基于能力的生活质量指数的诸多局限性，目前这一指数尚未得到充分的认可。全面构建能力指数仍将需要很多艰苦而细致的工作。

五、幸福生活年

1. 测度一国生活质量的必要性

如何评估一国发展得如何？一种方法是看其居民的生活质量。这种观点得到了政策制定者和公众的重视。因此这就引出一个问题,即生活质量的准确内涵以及如何全面地测度生活质量。

2. 假定生活质量

一国的生活质量,通常是通过评估那些被认为能够改善生活的条件来衡量的,如经济发达、充分就业和教育。这些条件的影响通常由指数来衡量,如人类发展指数或社会进步指数。

指标中各项通常都是那些在政治议程上讨论的事情,但这些指标并未告诉我们政策发展的方向是否正确,即这些政策的效果能否真的改善人们的生活;另外,这些措施通常假设生活质量的效用越多越好(即边际收益大于0),但这些假设并不说明最优状态,如受教育年限多长是最优的。

3. 表观的生活质量

另一种方法是评估社会中人们的发展状况。重点是生活结果,而不是先决条件。身体成长状况通常反映在人的一生中,人们的成长反映在情感体验上,且人们能够评价他们在较长一段时间的感受,对较长时间的情感判断是评价幸福感的依据。因此,在人类世界,成长反映了他们生存时间的长短以及生活的幸福程度。

4. 幸福生活年的测度

如何评估一个国家的人们生存时间的长短和生活幸福的程度？可以将一般人口调查评估得来的平均幸福感数据与从民事登记资料获得的寿命数据结合起来测度(图14-1)。幸福是一个人对其生活的喜欢程度。由于是人的主观想法,可以使用简单直接的问题来衡量。

有关幸福调查的例子:总体上说,你对现在的生活是满意还是不满意？

1　　2 3 4 5 6 7 8 9　10

不满意　　　　　　　　　　满意

幸福生活年 = 出生时的预期寿命 × (0 - 1) 幸福感

图14-1　幸福生活率的测度方法

假设一个国家的平均寿命是 60 年。如果这个国家每个人都非常幸福（均值为 10），人们就会幸福生活 60 年。如果平均得分为 5 分，那么快乐生活的年数明显减少，在这种情况下就是 30 年（60×0.5）。如果寿命也是 60 年，平均幸福得分是 8，那么幸福生活年数是 48 年（60×0.8）。

5. 各国幸福生活年的显著差异

理论上讲，该指标值变化范围比较大，如果没有人生活在这个国家，则其幸福生活年为 0，而如果社会是理想的且它的居民是长生不老的，那么幸福生活年将无穷大。但实际的范围大约是 50 年，幸福生活年数最高的是瑞士（63.9 年），最低的津巴布韦（11.5 年），见表 14-2。

表 14-2　21 世纪初各国的幸福生活年

最高 > 60 年		中间范围 ±40 年		最低 < 25 年	
瑞士	63.9	菲律宾	44.1	摩尔多瓦	23.7
丹麦	62.7	韩国	43.8	乌干达	23.3
爱尔兰	62.2	伊朗	41.4	安哥拉	17.6
奥地利	61.0	匈牙利	40.0	坦桑尼亚	15.2
澳大利亚	60.7	摩洛哥	37.9	津巴布韦	11.5

注：全部 95 个国家的列表可在以下网址找到：

http://worlddatabaseofhappiness.eur.nl/hap_nat/findingreports/RankReport2006 -2b.htm 2b.htm

6. 欧盟 8 国、日本和美国幸福生活年的变化

自 20 世纪中期以来，大多数发达国家的幸福感略有提升，且预期寿命大幅上升，幸福生活年数显著增加，见图 14-6。

7. 幸福生活年对政策制定者可以改善的事情很敏感

各国约三分之二的有关幸福生活年的巨大差异可以通过在经济富裕、自由、平等、友爱和公正等方面的社会变化得以解释，表 14-3 给出了这些指标的相关性问题。

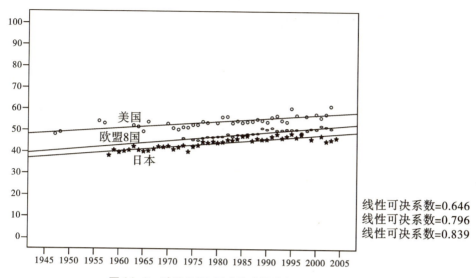

线性可决系数=0.646
线性可决系数=0.796
线性可决系数=0.839

图14-6 欧盟8国、日本和美国幸福生活年的变化

注:16个国家的趋势线可在以下网址找到:

http://worlddatabaseofhappiness.eur.nl/hap_nat/findingreports/TrendReport2007-2.pdf 2.pdf.

表14-3 20世纪90年代67个国家的社会状况和幸福生活年

国家状况		HLY 相关系数		
		零阶	财富控制	N
财富	人均购买力	+0.73	–	67
自由	经济的	+0.71	+0.38	64
	政治的	+0.53	+0.13	63
	个人的	+0.61	+0.31	45
平等	收入不平等	−0.10	+0.37	62
	性别歧视	−0.46	−0.12	51
	幸福不平等	−0.64	−0.37	54
手足情谊	容忍度	+0.72	+0.43	55
	同胞信任	+0.20	+0.20	37
	义务工作	+0.40	+0.31	53
	社会保障	+0.34	−0.27	34

续表 14-3

国家状况		HLY 相关系数		
		零阶	财富控制	N
公正	法律法规	+0.65	+0.20	64
	尊重民权	+0.60	+0.20	60
	腐败	−0.73	−0.32	40
解释变量		66%		60

表 14-3 的所有变量都受到了政策制定者一定的控制。因此,这些数据无疑说明了政策关乎最终生活质量,也说明什么才是最重要的。经济富裕仍然是一个主要因素,但"容忍度"和"法律法规"似乎也很重要。

但是,幸福生活年并非包含一切。例如,收入不平等似乎与幸福生活年正相关,而社会保障支出则与其负相关。这说明与假定生活质量之间存在差异。

六、国民福利指数

国民福利指数由德国关于社会福利和可持续增长的新的政策信息方法而来。如果经济和 GDP 都在增长,那么是否会有机会实现可持续发展? 为了回答这个问题,可持续发展指标提供了经济、环境和社会发展方面的全面信息。可持续发展指标为计划的制订、政治决策的评价,以及社会过程的转变提供了一种强大且广泛的工具。

在德国,以联邦环境局为首的机构已经对用来测定社会福利发展的综合指数进行了研究。国民福利指数属于"超越 GDP"议程的一部分,而且以价值形式展现了德国国家和经济质量的发展形势。

只有可持续的生产和消费才可以保证社会的长期进步。国民福利指数包含 21 个价值指标,相对于 GDP 来说,它提供了关于经济发展不同效果的变量:经济增长的社会和生态成本也包含在内,促进国家福利发展的非市场活动也包含在内,见表 14-4。国民福利指数包括三个汇总级别:单变量;经济、社会和生态;综合指数。

表 14-4　国民福利指数在公众、政策和社会改革发展过程中的作用

政治功能	社会功能
新的经济报告系统(监控)	议程设定的工具
信息政策的制定(工程)	公众舆论的形成
对政策措施以及环境质量的评估	依据社会重构量化的经济增长
投入新的优先讨论(目标寻找)	行业政策变化的方向,"绿色"增长或经济"稳态"增长
政策学习(启示)的开始	便于接受新的生态福利概念
创新信息系统指的是从定量的经济增长到生态转型和社会福利的变化	

七、美好生活指数

2011 年,OECD 推出美好生活指数(Better Life Index,BLI),倡导对生活质量和社会进步进行测度,对各国居民生活质量进行评估,以比较不同国家经济与社会的进步状况。它是对居民生活质量进行综合评价的指标体系,包括物质生活条件分类指数(Material Living Condition,MLC)和生活品质分类指数(Quality of Life,QOL),涵盖有关居民生活质量的住房、收入、工作、社区、教育、环境、政府管理、健康、生活满意度、安全和工作生活平衡度共计 11 个领域(见表 14-5),通过测度和比较,反映不同国家经济发展和社会进步状况。

表 14-5　YBLI 指标体系

分类指数	指标	
物质生活条件指数（MLC）	一、住房（Housing）	1. 人均房间数量（Room per person）
		2. 无基本设施的居住场所的比率（Dwellings without basic facilities）
		3. 住房支出（Housing expenditure）
	二、收入（Income）	4. 调整后的住房可支配净收入（Household net adjusted disposable income）
		5. 住户金融财富（Household financial wealth）
	三、工作（Jobs）	6. 就业率（Employment rate）
		7. 长期失业率（Long-term unemployment rate）
		8. 工作安全（Job security）
		9. 个人收入（Personal earnings）
生活品质指数（QL）	四、社区（Community）	10. 社会支持网络质量（Quality of support network）
		11. 教育程度（Education attainment）
	五、教育（Education）	12. 学生阅读技能（Student reading skills）
		13. 受教育年限（Years in education）
		14. 空气污染度（Air pollution）
	六、环境（Environment）	15. 水质量（Water quality）
		16. 投票率（Voter turnout）
	七、政府管理（Governance）	17. 政策制定过程中的协商度（Consultation on rule-making）
		18. 预期寿命（Life expectancy）
	八、健康（Health）	19. 自我评价的健康状况评估（Self-reported health）
	九、生活满意度（Life Satisfaction）	20. 生活满意度（Life Satisfaction）
	十、安全（Safety）	

后 记

  2008 年年初,法国时任总统萨科齐(Nicolas Sarkozy)委托斯蒂格利茨(Joseph E. Stiglitz)、森(Amartya Sen)和菲图西(Jean-Paul Fitoussi)成立了一个由世界一流专家组成的"经济表现和社会进步测度委员会"(the Commission on the Measurement of Economic Performance and Social Progress),发起了经济表现和社会进步测度的专项研究。2009 年,测度委员会发布了"经济表现和社会进步测度报告"(Report by the Commission on the Measurement of Economic Performance and Social Progress,简称 SSF 报告),测度报告的主要内容为 GDP 统计、生活质量测度和可持续发展测度三部分,SSF 报告较为系统地概括了经济表现和社会进步的测度方法。本书是对生活质量测度问题的进一步研究,明晰了生活质量的概念、测度方法和客观特征等,并梳理了欧盟、法国、不丹等国家的生活质量测度方法与实践。

  本书是国家社科基金年度项目"经济表现和社会进步测度研究状况和趋势"(21ATJ003)和河南省高等学校哲学社会科学创新团队项目(2017-CXTD-07)的阶段性成果。作为河南省高等学校哲学社会科学优秀著作资助项目的主要成员,武汉大学经济与管理学院博士后研究人员刘婷祎协助撰写了第一、二、三、四、五章(约 18 万字),东北财经大学统计学院博士生申童童协助撰写了第六、七、八章(约 4 万字)。